Rolf Goetz · Jürg Schrammel

Surselva

Laax – Flims – Disentis – Valsertal – Andermatt

50 ausgewählte Wanderungen

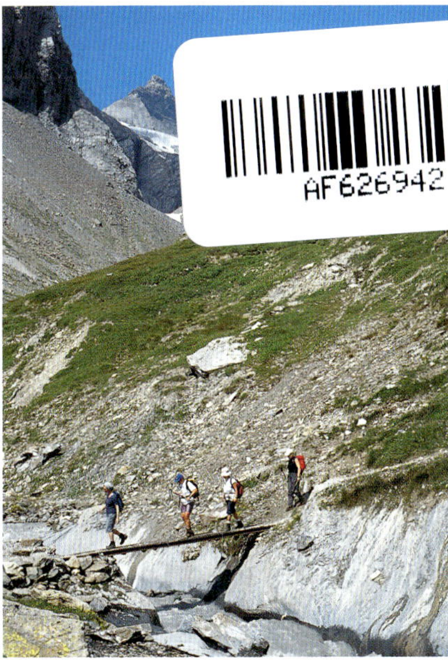

ROTHER
BERGVERLAG

ROTHER WANDERFÜHRER

Aargau
Abruzzen
Achensee
Adlerweg
Ahrsteig
Alb Südrand-Weg HW2
Albanien
Albsteig
Algarve
Allgäu 1, 2, 3, 4
Allgäuer Alpen
AlpeAdriaTrail
Altmühltal
Altmühltal-Panoramaweg
Andalusien Süd
Annapurna Treks
Antholz - Gsies
Aostatal

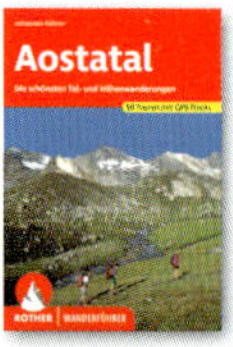

Appenzellerland
Apulien
Ardennen
Arlberg - Paznaun
Arnoweg
Asturien
Augsburg
Außerfern
Australien
Auvergne
Azoren
Baskenland
Bayerische Alpen Trekking
Bayerischer Wald
Berchtesgaden - Lienz
Berchtesgadener Land
Bergisches Land
Berlin
Bern
Berner Oberland Ost
Berner Oberland West
Bodensee Nord, Süd
Bodensee - Rätikon
Böhmerwald
Böhmische Schweiz
Bolivien
Bornholm
Bosnien u. Herzegowina
Bozen - Kaltern
Brandnertal
Bregenzerwald
Bremen - Oldenburg
Brenta
Bretagne
Bulgarien
Burgund
Cevennen
Chalkidiki - Thassos
Champagne - Ardennen
Chiemgau
Chiemsee
Chur - Hinterrhein
Cilento
Cinque Terre
Comer See
Cornwall-Devon
Costa Blanca
Costa Brava
Costa Daurada
Côte d'Azur
Dachstein-Tauern Ost
Dachstein-Tauern West
Dänemark-Jütland
Dalmatien
Dauphiné Ost, West
Davos - Prättigau
Dolomiten 1, 2, 3, 4, 5, 6, 7, 8
Dolomiten-Höhenwege 1-3, 4-7, 8-10
Donausteig
E1 Deutschland Nord
E1 Deutschland Süd
E5 Konstanz - Verona
Ecuador
Eifel
Eifelsteig
El Hierro
Elba
Elbsandsteingebirge
Elsass
Emmental
Ober-, Unterengadin
England Mitte, Nord, Ost, Süd
Fichtelgebirge
Fränkische Schweiz
Fränkischer Gebirgsweg
Frankfurt
Franziskusweg
Freiburg
Friaul-Julisch Venetien
Fuerteventura
Galicien
Gardaseeberge
Garhwal - Ladakh
Garmisch - Brixen
Gasteinertal
Genfer See
Georgien
Gesäuse
Glarnerland
Glockner-Region
Goldsteig
La Gomera
Gotthardweg
Gran Canaria
Grazer Hausberge
Grenzgänger-Weg
Griechenland - Pindosgebirge
Gruyère - Diablerets
GTA
Hamburg
Harz
Haute Route
Hawaii
Hochkönig
Hochschwab
Hohenlohe
Hunsrück
Ibiza
Innsbruck
Irland
Isarwinkel
Island
Israel
Istrien
Italienische Riviera
Jakobsweg - Camino Primitivo
Jakobsweg - Caminho Português
Jakobsweg - Camino del Norte
Französischer Jakobsweg Le Puy - Pyrenäen, Straßburg - Le Puy
Jakobsweg Marburg - Vézelay
Jakobswege Österreich
Jakobswege Schweiz
Spanischer Jakobsweg
Südfranzösischer Jakobsweg - Via Tolosana
Südwestdeutsche Jakobswege
Julische Alpen
Jura, Französischer
Jura, Schweizer
Kärntner Seen
Kalabrien
Kanadische Rocky Mountains
Kapverden Nord
Karawanken
Karnischer Höhenweg
Karwendel
Kaunertal
Kitzbüheler Alpen
Kleinwalsertal
Korfu
Korsika
Korsika - GR 20
Korsika - Mare e Monti
Kraichgau
Kreta
La Palma
La Réunion
Lago Maggiore
Lahnwanderweg
Languedoc-Roussillon
Lanzarote
Lappland
Lechweg
Lesbos - Chios
Limesweg
Lofoten
Lothringen
Lungau
Luxemburg - Saarland
Madeira
Mallorca
Malta - Gozo
Marken - Adriaküste
Marokko
Masuren
Maximiliansweg
Mecklenburgische Seenplatte
Menorca
Meran
Meraner Höhenweg
Mittelsachsen
Mont Blanc
Montafon
Montenegro
Mosel
Moselhöhenweg
Moselsteig
Mühlviertel
München
München - Venedig
Münsterland
Nationalpark Kalkalpen
Neanderlandsteig
Golf von Neapel
Neckarweg
Neuseeland
Neusiedler See
Niedere Tauern Ost
Niederlande
Niederrhein
Nockberge
Nordhessen
Normandie
Norwegen Mitte, Süd, Jotunheimen
Nürnberg
Oberlausitz
Oberpfälzer Wald
Oberschwaben
Odenwald
Odenwald Mehrtagestouren
Öland
Ötscher
Ötztal
Ötztal - Pitztal Trekking
Ossola
Ostfriesland
Ostseeküste
Ost-Steiermark
Osttirol Nord, Süd

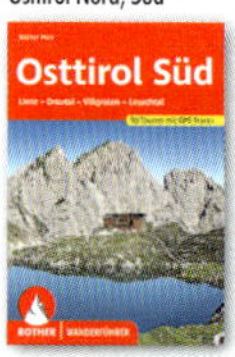

Patagonien
Peaks of the Balkans
Peloponnes
Peru
Pfälzer Weinsteig
Pfälzerwald
Pfaffenwinkel
Picardie
Picos de Europa
Piemont Nord, Süd
Pinzgau
Pitztal
Portugal Nord
Provence
Pyrenäen 1, 2, 3, 4
Pyrenäen - GR 11

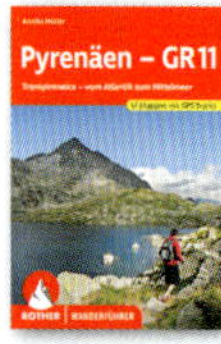

Regensburg
Rhein-Neckar
Rheinhessen
Rheinsteig
Rhodos
Rhön
Riesengebirge
Rom - Latium
Rota Vicentina
Route de Ländle
Rügen
Ruhrgebiet
Rumänien - Ostkarpaten
Rumänien - Südkarpaten
Saar-Hunsrück-Steig
Salzalpensteig
Salzburg
Salzburg - Triest
Salzkammergut Ost, West
Sardinien
Sauerland
Savoyen
Schaffhausen
Schottland
Schwabenkinder-Wege Oberschwaben, Schweiz - Liechtenstein, Vorarlberg
Schwäbische Alb Ost
Schwäbische Alb West
Schwarzwald Fernwanderwege
Schwarzwald Mehrtagestouren Mitte/Nord, Süd/Mitte
Schwarzwald Nord, Süd
Schweden Mitte, Süd
Seealpen
Seefeld - Leutasch
Sentiero della Pace
Sierra de Gredos
Sierra de Guadarrama
Sizilien
Spessart
Steigerwald
Steirisches Weinland
Sterzing
Stubai - Wipptal
Trekking im Stubai
Stuttgart
Südafrika West
Südniedersachsen
Surselva
Sylt, Amrum, Föhr
Tannheimer Tal
Tasmanien
Hohe Tatra
Niedere Tatra
Tauern-Höhenweg
Hohe Tauern Nord
Tauferer Ahrntal
Taunus
Tegernsee - Sterzing
Tegernseer und Schlieseer Berge
Teneriffa
Tessin
Teutoburger Wald
Thüringen Mitte/Nord
Thüringer Wald
Tiroler Höhenweg
Toskana Nord, Süd
Türkische Riviera
Uckermark
Umbrien
Ungarn West
USA Südwesten
Usedom
Vanoise
Veltlin
Vía de la Plata
Via Francigena
Via Gebennensis
Vierwaldstättersee
Vinschgau
Vizentiner Alpen
Vogelsberg
Vogesen
Vogesen Mehrtagestouren
Vogesen-Durchquerung
Vogtland
Vom Gletscher zum Wein
Trekking in Vorarlberg
Wachau
Waldviertel
Wales
Oberwallis
Unterwallis
Walliser Alpen
Weinviertel
Welterbesteig Wachau
Weserbergland
West Highland Way
Westerwald
Wien
Wien - Lago Maggiore
Wiener Alpenbogen
Wiener Hausberge Nord, Süd
Wilder Kaiser
Zillertal
Trekking im Zillertal
Zürichsee
Zugspitze
Zypern Süd & Nord

Vorwort

Der Name Surselva (rätoromanisch »das Land oberhalb des Waldes«) ist außerhalb der Schweiz einem bislang lediglich kleinen Kreis bekannt. Dies mag vielleicht daran liegen, dass für das etwa 60 Kilometer lange Tal des jungen Rheins die deutsche Bezeichnung »Vorderrheintal« geläufiger ist. Was die Bergkulisse angeht, braucht der zwischen dem Oberalppass und der Graubündner Kantonshauptstadt Chur gelegene und überwiegend rätoromanisch geprägte Kulturraum den Vergleich zu anderen Schweizer Alpenregionen nicht zu scheuen – an grandiosen Landschaften und Gipfelzielen herrscht kein Mangel.
Auf relativ kleinem Raum bietet sich die Surselva als ausgesprochen vielseitiges Wanderrevier an. Von stillen Waldspaziergängen und bequem begehbaren Höhenwegen bis hin zu grandiosen Canyontrips und anspruchsvollen Hochgebirgstouren ist alles möglich. Zahlreiche Zweitausender und etliche Dreitausender können relativ problemlos bestiegen werden. Zu entdecken gibt es die zauberhafte Greina-Hochebene an der Grenze zum Tessin oder die Rheinquelle am idyllisch gelegenen Tomasee. Berühmt und seit 2008 Weltnaturerbe der UNESCO sind die bizarr gezackten Tschingelhörner mit dem Martinsloch, spektakulär sind die Rheinschlucht oder der schwindende Eisstrom des Läntagletschers, um nur einige der Highlights zu nennen.
Wie überall in den Schweizer Alpen ist das Wegenetz in der Surselva hervorragend ausgebaut und markiert. Die Anfahrtswege sind kurz, dank sehr guter Bus- und Bahnanbindungen kann gar auf das Auto leicht verzichtet werden. Etliche Bergbahnen und Wanderbusse »ersparen« mühevolle Aufstiege.
Das Wandergebiet dieses Führers umfasst die ganze Surselva einschließlich ihrer teils sehr ursprünglichen Seitentäler Val Medel, Val Lumnezia, Valsertal und Safiental. Dabei können auf historischen Passwegen auch Abstecher ins Tessin und ins Glarnerland unternommen werden. Als Zugabe gibt es einigeTouren im Gotthardmassiv. Bleibt nur noch, Ihnen erholsame und genussvolle Tage in der »Ferienecke der Schweiz« zu wünschen.

Berlin und Burgdorf, im Sommer 2021 Rolf Goetz und Jürg Schrammel

Liebe Leserinnen und Leser,

infolge der Corona-Krise können sich Änderungen ergeben haben, die bei Redaktionsschluss noch nicht absehbar waren. Soweit möglich, werden wir aktuelle Hinweise unter www.rother.de (beim Buch) zur Verfügung stellen. Bitte informieren Sie sich vor der Wanderung zusätzlich über die derzeitigen Gegebenheiten.
Sollten Sie geänderte Gegebenheiten vor Ort feststellen, freuen wir uns über Korrekturhinweise per E-Mail an leserzuschrift@rother.de.

Inhaltsverzeichnis

Allgemeine Hinweise

Anforderungen

Die meisten Wanderungen in der Surselva verlaufen auf gut markierten und deutlichen Pfaden und Wegen. Diese Tatsache sollte jedoch nicht darüber hinwegtäuschen, dass einige der Touren eine gute Kondition, Trittsicherheit, Schwindelfreiheit und Orientierungssinn erfordern. Beachtet werden sollte auch, dass sich die Schwierigkeiten bei ungünstiger Witterung erheblich erhöhen können. Zur besseren Einschätzung der jeweiligen Anforderungen wurden die Tourenvorschläge (Tourennummern) mit verschiedenen Farben markiert.

Leicht Diese Wege sind meist ausreichend breit und nur mäßig steil, daher auch bei Schlechtwetter relativ gefahrlos zu begehen. Sie können auch von Kindern und älteren Leuten ohne große Gefahr begangen werden.

Mittel Diese markierten Pfade und Steige sind häufig schmal und können über kurze Abschnitte etwas ausgesetzt sein. Deshalb sollten sie nur von trittsicheren Bergwanderern begangen werden. Kürzere Passagen können erhöhte Anforderungen an das Orientierungsvermögen stellen.

Schwierig Diese Steige und Saumpfade sind häufig schmal und steil angelegt. Stellenweise können sie sehr ausgesetzt bzw. bei Hangquerungen geröllig und abrutschgefährdet sein, in einigen Fällen ist auch die Zuhilfenahme der Hände notwendig. Diese Wege sollten daher nur von trittsicheren, konditionsstarken und alpin erfahrenen Bergwanderern angegangen werden, die ein gutes Orientierungsvermögen mitbringen.

Im Kanton Graubünden ist auf den Wanderwegen Mountainbiken erlaubt, doch Wanderer haben Vortritt.

Gehzeiten

Die Zeitangaben enthalten nur die reine Gehzeit – ohne Rast- oder Fotopausen!

Ausrüstung

Von einigen leichten Wanderungen auf Forst- und Almwegen abgesehen, ist für alle anderen Touren solides Schuhwerk mit Profilsohlen notwendig. Nicht fehlen dürfen ausreichend Trinkwasser, Tourenproviant, Regen- und Sonnenschutz sowie warme Kleidung – auf 3000 m kann es auch im Sommer empfindlich kühl sein. Zur Entlastung der Kniegelenke empfehlen sich für die teils langen An- und Abstiege Teleskopstöcke.

Symbole

	mit Bahn/Bus erreichbar		Bushaltestelle
	Einkehrmöglichkeit unterwegs		Bahnhof
	für Kinder geeignet		Fahrt mit Seilbahn
	Ort mit Einkehrmöglichkeit		Fahrt mit Sessellift
	bewirtschaftete Hütte, Gasthaus, Hotel	†	Gipfel
	Schutzhaus, Unterstand	)(	Pass, Sattel
	Kirche, Kapelle, Kloster	)(	Brücke
	Ruine		Aussichtsplatz
P	eingerichteter Parkplatz		Picknickplatz
			Wasserfall

Gefahren

Die meisten Touren folgen deutlich ausgeschilderten und markierten Wegen. Auf wegloses Terrain, mit Ketten gesicherte Kletterpassagen oder Weg-

Gletschersee am Fuß des Vorab an der Kantonsgrenze zwischen Graubünden und Glarus.

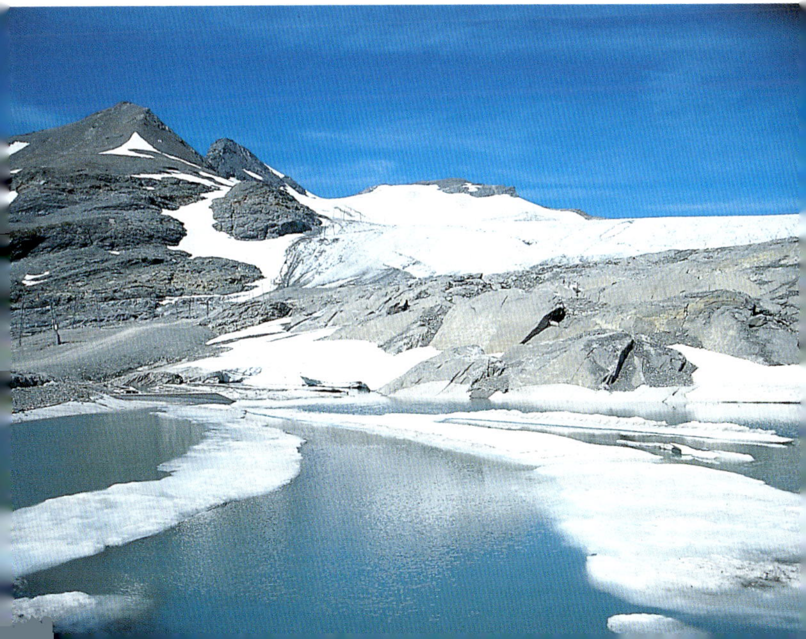

stücke, die Schwindelfreiheit erfordern, wird gesondert hingewiesen. Gipfelbegehungen sind in der Schweiz bis auf wenige Ausnahmen (z. B. Tour 32 und 36) nicht markiert. Einige der in diesem Führer beschriebenen Gipfeltouren auf 2800 m und höher setzen Trittsicherheit und Orientierungsvermögen voraus. In den Alpen können plötzlich aufziehende Wolken und Nebel die Sicht erheblich einschränken. In Höhenlagen ab 2500 m sind in manchen Jahren bis in den Hochsommer hinein Altschneefelder zu queren, die besondere Aufmerksamkeit erfordern. Nach starken Regenfällen besteht auf manchen Routen Steinschlaggefahr.

Beste Jahreszeit

Tal- und Höhenwege bis zu 2000 m können in der Surselva bereits ab Mai begangen werden. Alpine Hochgebirgstouren und Passwege (Segnaspass 2627 m; Kistenpass 2729 m) sind dagegen oftmals bis in den Frühsommer hinein verschneit. Für manche Gipfelziele (Faltschonhorn 3022 m, Fanellahorn 3124 m) empfiehlt sich die Besteigung nicht vor Ende Juni. Die beste Wanderzeit in der Surselva sind die Sommermonate Juli bis September. Die ersten Schneefälle setzen in der Regel Mitte bis Ende Oktober ein.

Landkarten und Führer

Für die Wanderungen sind die Kartenausschnitte mit der eingezeichneten Route zumeist ausreichend. Detailliert ist die vom Bundesamt für Landestopographie erstellte »Offizielle Karte der Schweizer Wanderwege« im Maßstab 1:50.000, aus wasserabweisendem und reißfestem Papier, ausgewählte Ausschnitte im Maßstab 1:33.333 (z. B. 3310 T Safiental). Im Internet ist die Landeskarte (inkl. Wanderwege und zahlreiche Zusatzinfos) unter map.schweizmobil.ch einseh- und ausdruckbar. Der größte Teil der Wandervor-

GPS-Tracks und Koordinaten der Ausgangspunkte

Zu diesem Wanderführer stehen auf www.rother.de GPS-Tracks und Koordinaten der Ausgangspunkte zum kostenlosen Download bereit.
6. Auflage, Passwort: **411106kde**
Sämtliche GPS-Daten wurden von den Autoren im Gelände oder anhand einer topografischen Karte erfasst. Verlag und Autoren haben die Tracks und Wegpunkte nach bestem Wissen und Gewissen überprüft. Dennoch können wir Fehler oder Abweichungen nicht ausschließen, außerdem können sich die Gegebenheiten vor Ort zwischenzeitlich verändert haben. GPS-Daten sind zwar eine hervorragende Planungs- und Navigationshilfe, erfordern aber nach wie vor sorgfältige Vorbereitung, eigene Orientierungsfähigkeit sowie Sachverstand in der Beurteilung der jeweiligen (Gelände-)Situation. Man sollte sich für die Orientierung auch niemals ausschließlich auf GPS-Gerät und -Daten verlassen.

schläge dieses Führers wird durch die vier Blätter »Disentis/Mustér« (256 T), »Klausenpass« (246 T), »Safiental« (257 T) und »Sardona« (247 T) abgedeckt. Fast das komplette Wandergebiet auf einem Kartenblatt enthält die Kümmerly+Frey Wanderkarte »Surselva« (1:60.000), diese basiert ebenso wie die Kompass Wanderkarte »Flims, Surselva, Valser Tal« (1:50.000) auf der Schweizer Landeskarte. Vor Ort von dem von den Verkehrsämtern herausgegebenen Kartenmaterial sind »Disentis« (1:50.000), »Vals-Valsertal« (1:50.000), »Obersaxen« (1:40.000) und insbesondere »Flims–Laax–Falera« (1:25.000) zu empfehlen. Ein nützliches Bestimmungsbuch zur Alpenflora ist »Blumen der Alpen« von Dietmar Aichele (Verlag Franckh-Kosmos).

Einkehr und Unterkunft

Der Schweizer Alpen Club (SAC) unterhält in der Surselva etliche Berghütten (Gesamtverzeichnis im Internet über www.sac-cas.ch), die in der Regel von Juni bis Oktober bewartet sind und warme Küche offerieren. Als weitere Einkehrmöglichkeiten bieten sich Almwirtschaften und Berggasthöfe an (Hinweise bei der jeweiligen Tourenbeschreibung). Bei den Wandervorschlägen in diesem Führer handelt es sich ausschließlich um Tagestouren, sodass die Übernachtung in Berghütten nicht unbedingt erforderlich ist.

Weitwanderwege

Die **Senda Sursilvana** durchläuft der Länge nach die ganze Surselva vom Oberalppass bis nach Chur. Der Höhenweg wurde durchgehend mit der Nummer 85 markiert und ist größtenteils bequem begehbar. Er führt stets auf der linken Seite des Vorderrheintals entlang, einige Streckenabschnitte gehen über wenig befahrenen Teerstraßen. Die Höhendifferenzen sind moderat, von der ersten Etappe abgesehen verläuft der Weg meist ohne größere Steigungen. Für den insgesamt 100 km langen Weitwanderweg sind fünf Tagesetappen von jeweils 4½ bis 6½ Std. Gehzeit anzusetzen. Als Etappenziele unterwegs bieten sich an: Oberalppass – Disentis – Brigels – Ruschein – Flims – Chur. In allen Etappenzielen gibt es Übernachtungsmöglichkeiten. Von und zu allen Orten bestehen Bus- und Bahnanschlüsse, die auch einzelne Tagesetappen möglich machen. Für den Überblick nützlich ist die von Bündner Wanderwege (BAW) herausgegebene Karte »Senda Sursilvana« im Maßstab 1:50.000 (www.baw-gr.ch).
Mit 27 km Länge wesentlich kürzer ist die **Senda Lumneziana** von Ilanz nach Vrin. Die Route durch das Val Lumnezia ist bequem in zwei Tagesetappen machbar (www.surselva.info).

Themenwege

Der 85 km lange und mit der Routennummer 45 markierte **Vier-Quellen-Weg** beginnt am Oberalppass und führt in fünf Etappen zu den Quellen von Rhein, Reuss, Ticino und Rhone (www.vier-quellen-weg.ch).

Die Top-Touren in der Surselva und am Gotthard

Naturwunder

Greinaebene

Der Wanderklassiker macht mit einer Schweizer Urlandschaft wie aus dem Bilderbuch bekannt – die Tundraebene der Greina ist Teil des Naturparks Parc Adula. Zustiege von der Graubündner Seite sind Vrin und Tenigerbad, ein idealer Standort für mehrtägige Touren die Terrihütte (Tour 30, 9 Std.).

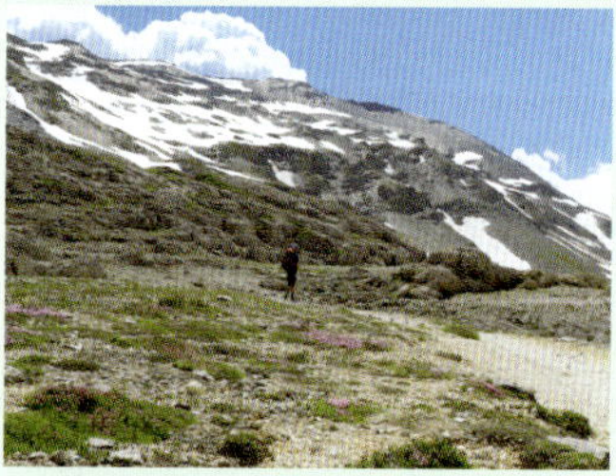

UNESCO-Welterbe Tektonik-Arena

Die spektakuläre Hochgebirgslandschaft über Flims wartet mit mehreren erlebnisreichen Touren auf. Rundwege führen durch Gletschervorfelder und Schwemmlandebenen. Überaus lohnend ist die Wanderung zu Tschingelhörnern und Segnaspass, eine beliebte Einkehr ist die Segnashütte (Tour 39, 5 Std.).

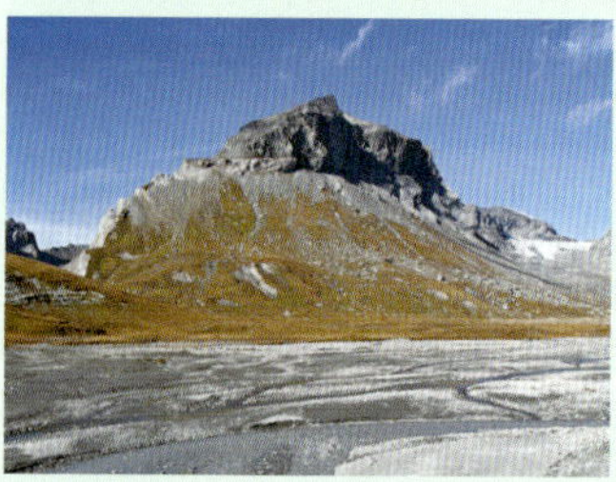

Durch den »Swiss Grand Canyon«

Imposanter Abstieg von der Flimser Bergsturzterrasse in die Rheinschlucht; zuvor erlaubt die Aussichtsplattform Il Spir eine imposante Gesamtschau auf den tief eingefrästen Flusslauf (Tour 42, 5.40 Std.).

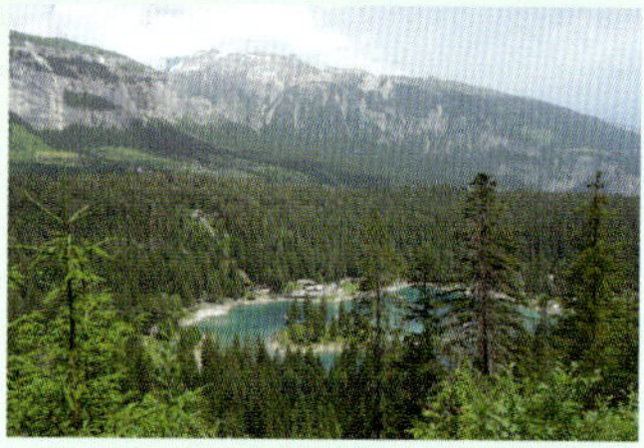

Gipfelziele

Piz Mundaun, 2064 m

Seine frei stehende Lage und nicht zuletzt die leichte Erreichbarkeit machen den Mundaun zu einem der beliebtesten Aussichtsgipfel der Surselva. Unweit der Gipfelbänke lädt eine Berghütte zur Rast (Tour 29, 5.15 Std.).

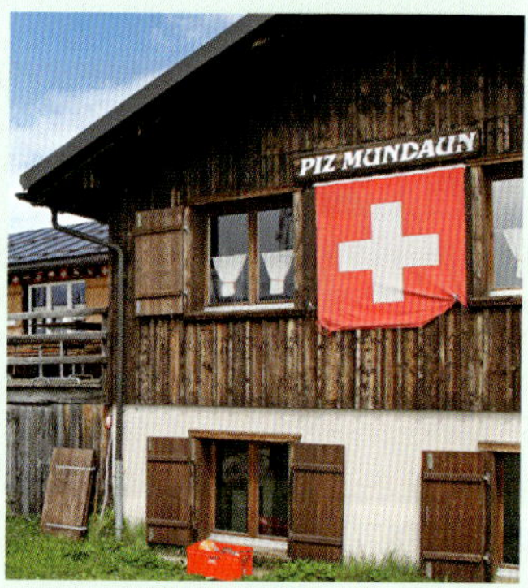

Fanellahorn, 3124 m

Beim Aufstieg auf den prächtigen Dreitausender gilt es unbequeme Felshalden zu queren, doch der Weg lohnt. Beim Aufstieg zum Gipfel kommt man dabei zusätzlich auch noch am idyllischen Guraletschsee vorbe (Tour 36, 5.45 Std.).

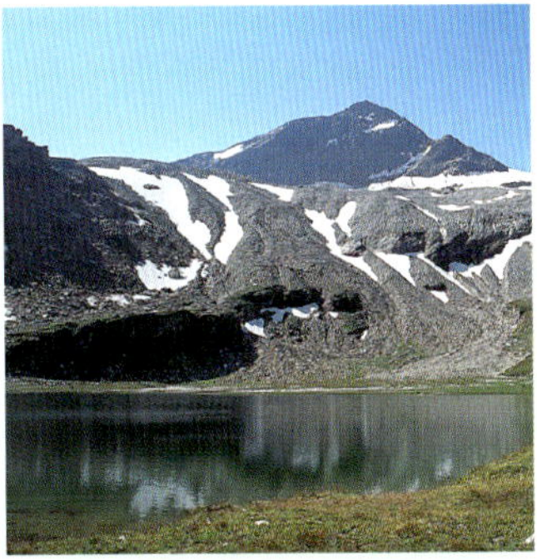

Alpenpässe

Lukmanierpass – Ausflug ins Tessin

Großartige Runde vom Lukmanierpass in die Tessiner Alpen. Reizvoll ist der Abstieg zum Cadagno-See (Tour 18, 8.15 Std.).

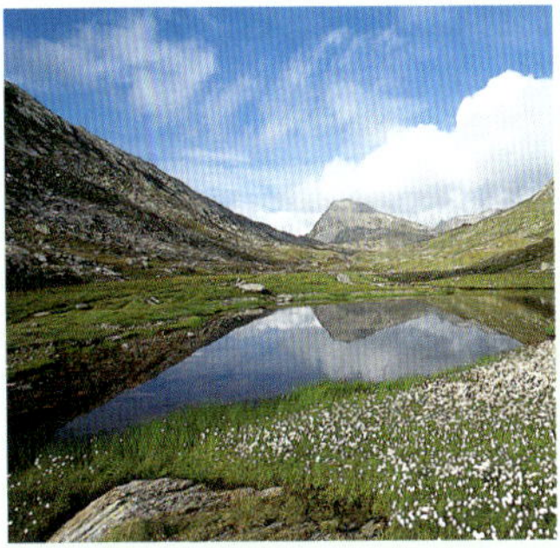

Kistenpass – Übergang ins Glarnerland

Luftiger Passanstieg zum Fuß des Tödi; den Aufstieg begleiten die markanten Gipfel von Kistenstöckli und Bifertenstock. Nahe der bewarteten Bifertenhütte hält sich oft ein großes Steinbockrudel auf (Tour 22, 5.30 Std.).

Bergseen

Göscheneralpsee

Beschaulicher Seenrundweg mit lohnenden Abstechern zu Gletscherzungen und Berghütten (Tour 1, 5.45 Std.).

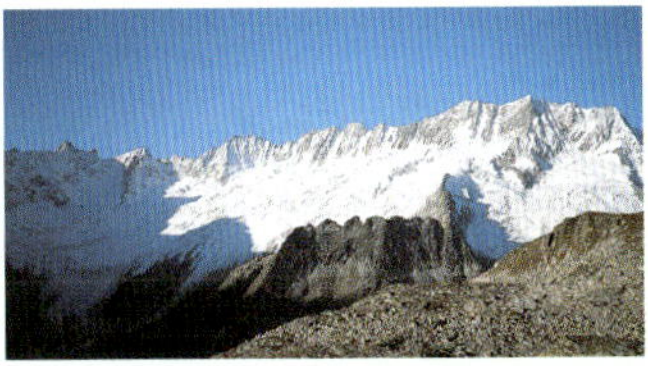

Rheinquelle

Die Rundtour führt zum Quellsee des 1320 km langen Stromes, zuvor wird der aussichtsreiche Pazolastock besucht (Tour 7, 4 Std.).

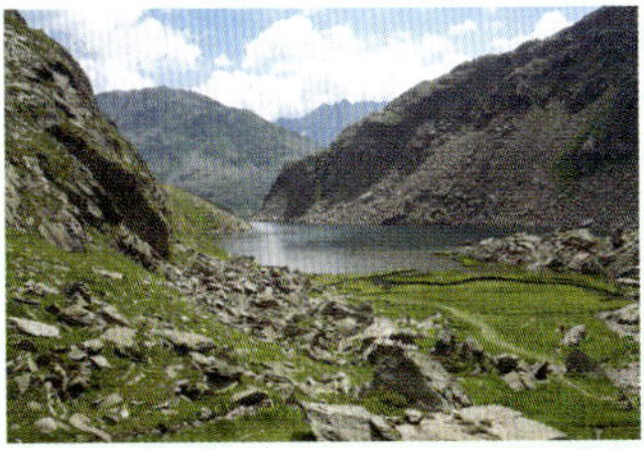

Lago Retico

Eine Kondition erfordernde Drei-Pässe-Tour mit zauberhaften Ausblicken und einer idyllischen Rastmöglichkeit am Seeufer (Tour 20, 7.15 Std.).

Wandern in der Surselva

Die Surselva umfasst das Gebiet des Vorderrheins von der Quelle am Oberalppass bis zum Zusammenfluss mit dem Hinterrhein bei Reichenau. Zu der 1470 km^2 großen Region gehören auch die südlichen Seitentäler Val Medel, Val Lumnezia, Valsertal und Safiental. Der zu Deutsch Bündner Oberland genannte Teil von Graubünden wird von drei Seiten von mächtigen Gebirgsmassiven eingerahmt: im Norden vom lang gestreckten Kamm der Glarner Alpen, im Süden von der Rheinwaldgruppe, gegen Westen schließt der Oberalppass die Talschaft ab. Lediglich im Osten ist der Zugang ohne eine Passüberquerung möglich.
Die 26.000 Einwohner verteilen sich auf 110 Ortschaften und etliche Almen. Größere Städte gibt es nicht, Hauptorte sind Ilanz (4700 Einw.), Disentis (2100 Einw.) und Flims (2800 Einw.). Verwaltet wird die Talschaft von Graubündens Hauptstadt Chur (37.000 Einw.). Der Tourismus bewirkte in der ehemals bäuerlich geprägten Region einen tief greifenden Strukturwandel. Man lebt heute in erster Linie vom Fremdenverkehr, insgesamt stehen 50.000 Gästebetten bereit. Flims, die heimliche Hauptstadt der Surselva, ist in den letzten Jahren zu einem der bekanntesten Schweizer Skiresorts angewachsen und platzt in der Hauptsaison aus allen Nähten. Das benachbarte Laax zählt zu den Top-Destinationen der Snowboarder-Szene, Vals hat sich durch ein extravagantes Thermalbad einen Namen gemacht.

Vegetation und Tierwelt

Nicht nur die majestätische Bergwelt der Alpen begeistert. 3000 verschiedene Blüten- und Farnpflanzen haben die Botaniker im Alpenraum bestimmt, 160 davon stehen in der Schweiz unter Schutz, darunter auch einstmals als typisch erachtete Alpenblumen wie der Enzian, das Edelweiß, der Rittersporn und das Alpenveilchen.

Obwohl es streng geschützt ist, hat sich das Edelweiß rar gemacht. Fliegenpilze lässt man ebenfalls besser stehen.

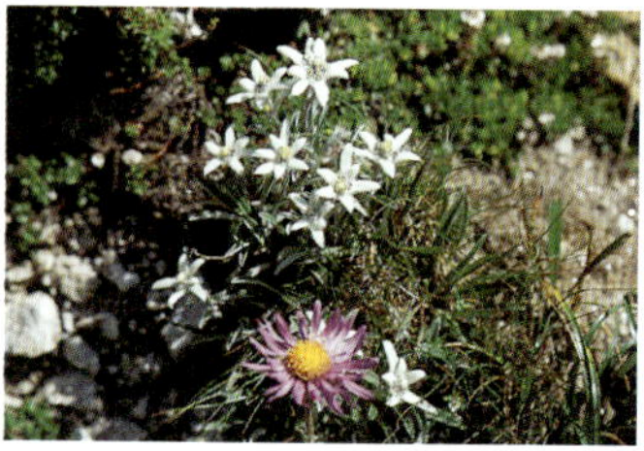

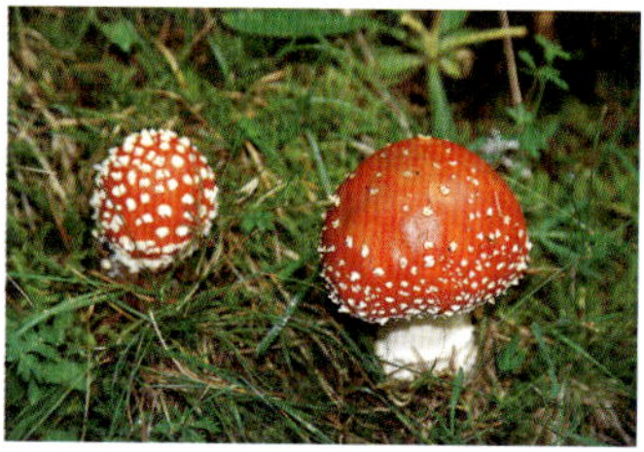

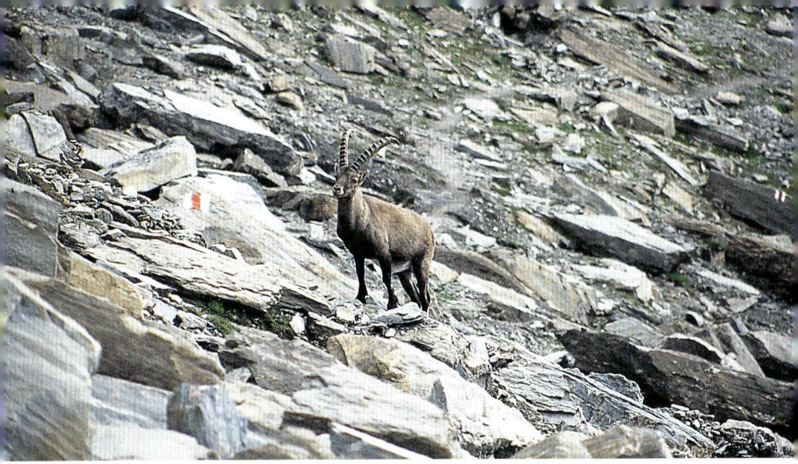

Steinböcke sind am ehesten am Patnaul-Pass und am Alperschällihorn anzutreffen.

Kaum ist im April in den Tälern der letzte Schnee geschmolzen, strecken Krokusse und Alpenglöckchen ihre Blütenkelche der Sonne entgegen. Beste Zeit für botanische Exkursionen ist der Frühsommer, wenn die Bergwiesen in einem Blütenmeer zu ertrinken scheinen. Ab Juni präsentieren sich die Hänge in einem feuerroten Kleid von Alpenrosen. In den Hochmooren stehen auf Schwingrasen Wollgras, Alpenastern und der Gold-Pippau. Im Sommer kann man zum »zweiten Frühling« in die Hochlagen aufsteigen und Steinbrech und Leimkraut bewundern, die sich in dichten Kissen über Geröll- und Schuttfluren breit machen. Ein Überlebenskünstler, der auch unter extremen Bedingungen in Höhenlagen bis zu 3000 m zurechtkommt, ist der Gletscher-Hahnenfuß.

Auch die Tierwelt kann sich sehen lassen, wenn auch die Stars der Alpenfauna ein eher zurückgezogenes Leben führen und ihre natürliche Scheu gegenüber dem Wanderer nicht ablegen wollen. Als Wappentier Graubündens begegnet man dem Steinbock allerorten, in »natura« muss man ihn allerdings suchen. Vor 200 Jahren war der »König der Alpen« in Graubünden völlig ausgestorben, er wurde aber Anfang des 20. Jahrhunderts wieder erfolgreich ausgewildert. Mit etwas Glück kann man kleine Kolonien in den Felsregionen an der Bifertenhütte (Tour 22), am Patnaulpass (Tour 32) und der Alperschällilücke (Tour 50) antreffen. Auch die in niedrigen Lagen beheimatete Gämse lässt sich beobachten. Murmeltiere tummeln sich in großer Zahl auf den Bergweiden oberhalb der Baumgrenze; auch wenn man sie nicht sieht, hört man zumindest ihre schrillen Pfiffe. Größere Kolonien leben beispielsweise am Pazolastock (→ Tour 7), im Riedboda (→ Tour 37 und 38) und am Lukmanierpass (→ Tour 18, 19 und 20).

Informationen und Adressen

Anreise

Mit der Bahn: Von Hamburg, Dortmund und Köln verkehren ICE-Züge direkt nach Chur, von dort mit der Rhätischen Bahn weiter in die Surselva.
Mit Pkw: Von Basel auf der A3 über Zürich nach Chur und weiter auf der Landesstraße 19 in die Surselva. Alternativ auf der A2 über Luzern nach Andermatt und über den Oberalppass. Das Befahren der Schweizer Autobahnen ist kostenpflichtig, die Vignette gibt es an der Grenze und in ADAC-Geschäftsstellen.

Auskunft

- Surselva Tourismus, Tel. +41 81 9201100, www.surselva.info, Tourismusbüros in Breil/Brigels, Ilanz, Obersaxen, Vella, Versam und Trun
- Gästeinformation Flims – Laax – Falera, Tel. +41 81 920 92 00, www.flims-laax.com
- Sedrun Disentis Tourismus, Tel. +41 81 920 40 30, www.disentis-sedrun.ch, Tourismusbüros in Disentis und Sedrun

Eine Fahrt im berühmten Glacier Express durch die Surselva ist ein touristisches Muss.

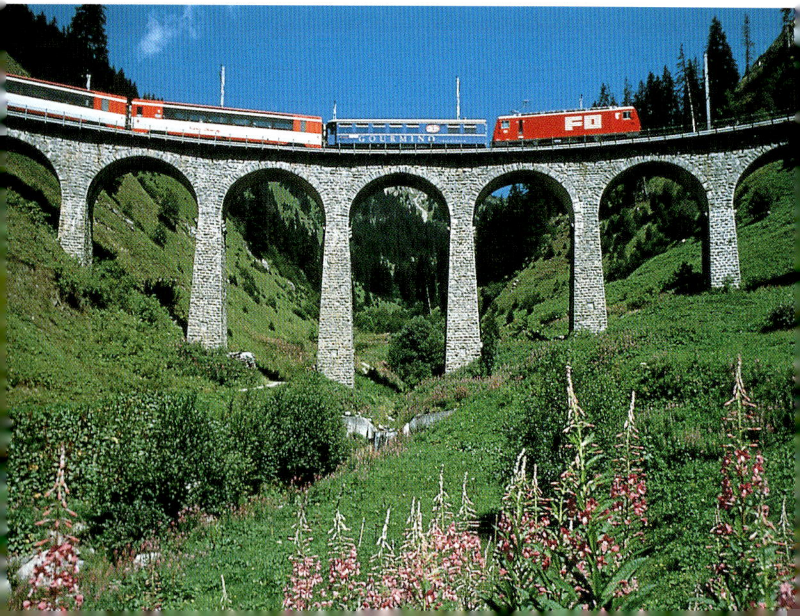

- Graubünden Ferien, Alexanderstr. 24, CH-7000 Chur, Tel. +41 81 2542424, www.graubuenden.ch

Camping

- Camping Carrera, CH-7122 Valendas, Tel. +41 79 4429701, www.camping-carrera.ch, oberhalb vom Dorf Carrera auf der rechten Seite der Rheinschlucht (Mai–Okt.)
- Gotthard Camping, CH-6490 Andermatt, Tel. +41 79 2263076, www.gotthard-camping.ch (Anfang Juni–Mitte Okt.), kleiner Platz am westlichen Ortsrand an der Talstation zum Gemsstock
- Camping Flims, Via Prau la Selva 4, CH-7018 Flims Waldhaus, Tel. +41 81 9111575, www.camping-flims.ch (ganzjährig)
- Camping Viva Rueras, CH-7188 Sedrun, Tel. +41 79 1268061, www.campingviva.ch (Ende April–Anfang Okt.), an kleinem Badesee
- TCS Camping Fontanivas, CH-7180 Disentis/Mustér, an der Straße zum Lukmanier, Tel. +41 81 9474422, www.campingtcs.ch (Ende April–Ende Sept.), naturbelassene Bergwiese mit teils lichtem Kiefernwald, Badesee in der Nähe

Notruf

- Polizeinotruf: Tel. 117
- ADAC-Notrufzentrale München: Tel. +49 89 222222 (rund um die Uhr)
- Pannenhilfe des Touring Club Schweiz (TCS): Tel. 0800 140 140

Gästekarten und Graubündenpass

Surselva Gästekarte: Gewährt in der Region Obersaxen u. a. freie Fahrt bei verschiedenen Bergbahnen und Postautolinien, Dorfführungen und der Teilnahme an Wildbeoachtungen sowie Rabatte in ausgewählten Restaurants und Bädern. (Tel. +41 81 9201100, www.surselva.info). Weitere kostenlose Gästekarten für Übernachtungsgäste gibt es in den Regionen Disentis – Sedrun sowie Flims – Laax – Falera.

Graubünden-Pass: An drei wählbaren Tagen innerhalb einer Woche freie Fahrt mit dem Postauto und der Rhätischen Bahn im ganzen Kanton Graubünden. Der kostenpflichtige Pass lohnt sich vor allem für Vielfahrer (Tel. +41 81 254 24 24, www.graubuenden.ch).

Sprache

Rund zwei Drittel der Einwohner der Surselva sprechen rätoromanisch, deutsch wird jedoch überall verstanden. Deutschsprachige Enklaven sind das Valsertal, Obersaxen und das Safiental.

Telefon

Die Vorwahl in die Schweiz ist 0041. Von der Schweiz nach Deutschland wählt man 0049, nach Österreich 0043.

Öffentliche Verkehrsmittel

Das öffentliche Verkehrsnetz in der Surselva ist hervorragend ausgebaut, von den 50 Tourenvorschlägen sind 48 Ausgangspunkte mit Bus oder Bahn erreichbar. Fahrpläne halten die Verkehrsbüros bereit.

Postauto: Alle wichtigen Orte in der Surselva sind mit dem Postauto erreichbar, die Haltestellen befinden sich in der Regel vor dem Postamt des jeweiligen Ortes. Knotenpunkt ist Ilanz, von wo zehn Linien mit den umliegenden Dörfern verbinden (u. a. Flims, Vals, Lumbrein, Ladir, Vrin). Andere für Wanderer wichtige Strecken führen von Versam-Station nach Thalkirch im Safiental sowie von Disentis zum Lukmanierpass. Fahrplanauskünfte erteilt jedes Postamt. Infos im Internet unter www.sbb.ch.

Wanderbusse:

Nagens-Bus: Verkehrt Ende Juni bis Mitte Oktober sechsmal täglich ab Laax Murschetg (Bergbahnen) zur Alp Nagens (www.flims.com).

Flims Laax Falera Shuttle: Ist die wichtigste öffentliche Buslinie in der gleichnamigen Ferienregion; Inhaber einer Gästekarte fahren bis auf die Strecke Fidaz–Bargis zum Nulltarif.

Valser Wanderbus: Bringt Wanderer an mehreren Wochentagen nach Riefawald/Riefa, Peiltal und zur Leisalp (Fahrplan unter www.pizaul.ch/wanderbus.html, Anmeldung über Tel. +41 81 9351649).

Bus Alpin Greina: Verkehrt von Anfang Juli bis Ende September täglich ab Bahnhof Rabius zum Wanderparkplatz am Stausee Runcahez (Fahrplanaus-

Alphornbläser vor dem Zervreilahorn.

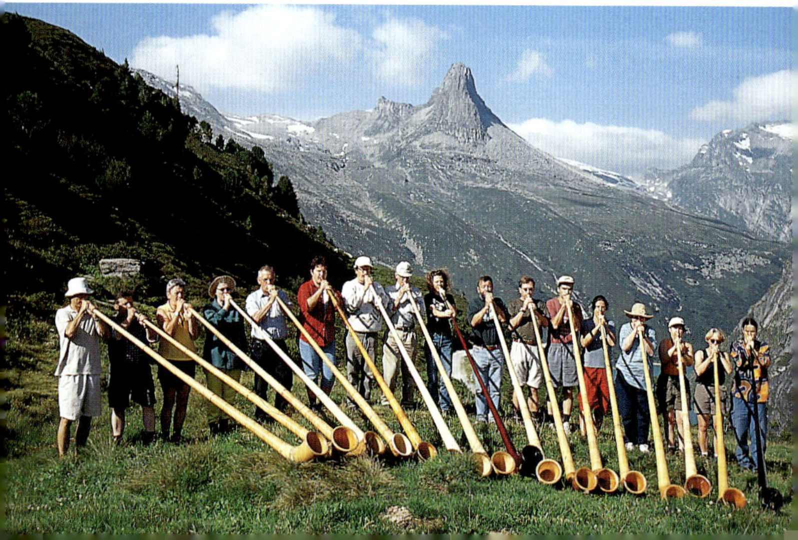

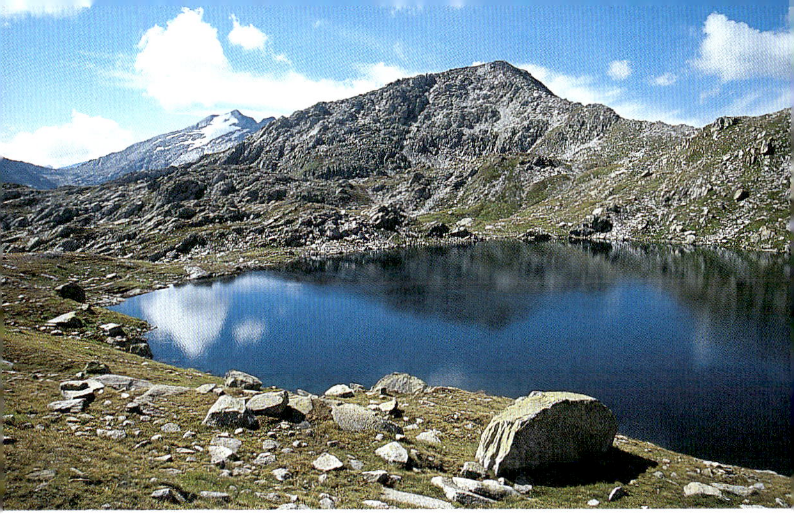

Der tiefblaue Lago Orsino kontrastiert effektvoll mit der schroffen Hochgebirgslandschaft im Gotthardmassiv. Im Hintergrund spitzt der Pizzo Lucendro hervor.

kunft unter www.busalpin.ch und www.vallumnezia.ch, Voranmeldung über Tel. +41 79 4838369). Außerhalb des Fahrplans kann ein Funktaxiservice in Anspruch genommen werden (Tel. +41 79 3578574). Eine zweite Linie bedient die Strecke von Vrin nach Puzzatsch.

Bahn:

Rhätische Bahn: Verbindet im Stundentakt Chur mit Disentis/Mustér (Haltebahnhöfe sind u. a. Trin, Versam-Safien, Valendas-Sagogn, Ilanz, Rueun, Tavanasa und Rabius). Fahrplanauskunft Tel. +41 81 2886565, www.rhb.ch oder www.sbb.ch.

Matterhorn Gotthard Bahn: Verkehrt ebenfalls stündlich von Disentis über Sedrun und Oberalppass nach Andermatt. Tel. +41 848 642442, www.matterhorngotthardbahn.ch.

Bergbahnen: Sessellifte und Seilbahnen bieten sich als »Aufstiegshilfe« an. Betriebszeiten sind in der Regel von Anfang Juli bis Mitte Oktober. Die wichtigsten sind: Luftseilbahn Disentis–Caischavedra (www.disentis3000.ch), Sesselbahn Flims–Foppa–Naraus (www.flimslaax.com), Gondelbahn Vals–Gadastatt (www.vals.ch).

Wettervorhersage

Wetteransage für die gesamte Schweiz unter Tel. 162; im Internet für die Regionen Flims, Disentis und Andermatt www.wetteronline.de. Sehr gut auch die Wetterprognosen von www.meteoschweiz.ch und von www.srf.ch/meteo.

Talorte im Überblick

Andermatt, 1436 m

Andermatt im Kanton Uri im Herzen der Schweiz profitiert seit alters von der günstigen Lage am Schnittpunkt vier wichtiger Passstraßen. Der Bau der waghalsigen Teufelsbrücke über die Schöllenenschlucht machte den Ort bereits vor 800 Jahren in ganz Europa bekannt. Die Gotthardroute ist nach wie vor der kürzeste Alpentransit zwischen Süddeutschland und Oberitalien. Die Alpenstraße über den Oberalppass ist das westliche Tor zur Surselva, die Furkastraße verbindet mit dem Wallis und die Grimselstraße mit dem Berner Oberland. Andermatt ist Ausgangspunkt für Bergtouren ins Gotthardmassiv. Verkehrsbüro Andermatt, CH-6490 Andermatt, Tel. +41 41 8887100, www.andermatt.ch

Breil/Brigels, 1287 m

Der keltische Ortsname belegt, dass das exponiert auf einer Sonnenterrasse über der Talsohle des Vorderrheintales gelegene Dorf bereits in vorchristlicher Zeit besiedelt war. Sehenswert ist die Kapelle St. Eusebius mit einem spätgotischen Altar von Ivo Strigel. Brigels ist Ausgangspunkt für Touren ins Val Frisal, zum Kistenpass und zur Burgruine Kropfenstein.
Centre Turistic, CH-7165 Breil/Brigels, Tel. +41 81 9411331, www.surselva.info

Karge Hochgebirgsszenerie am Fuß von Piz Cavardiras und Piz Run.

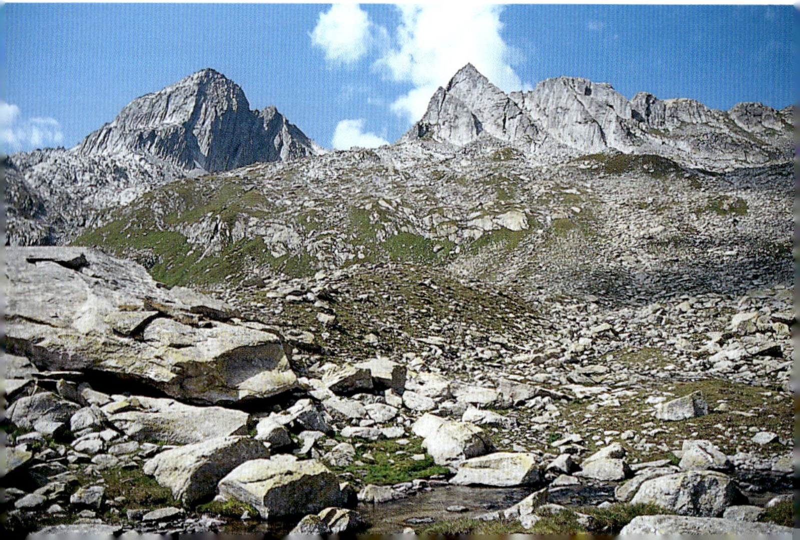

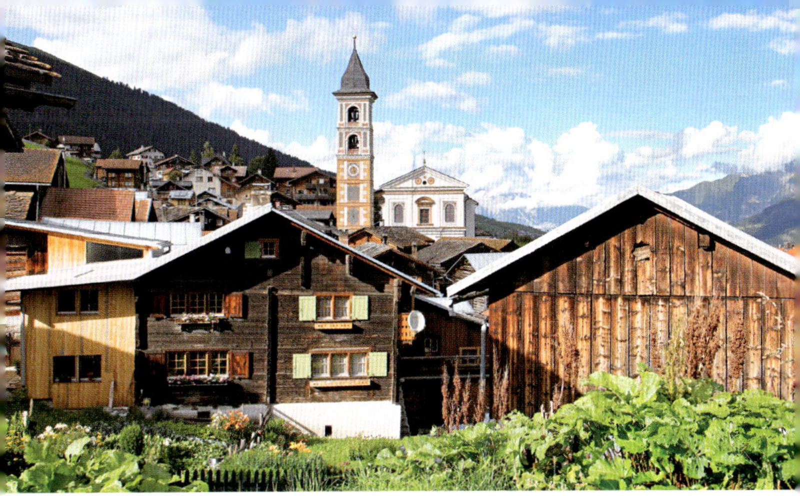

Der Stolz von Vrin ist die vom italienischen Barock beeinflusste Pfarrkirche.

Curaglia, 1332 m

Der Hauptort an der Passstraße zum Lukmanier liegt in einem sonnigen Kessel am Eingang des Val Medel und gefällt durch sein geschlossenes Ortsbild mit schönen Beispielen alter Holzhäuser. Curaglia ist Ausgangspunkt für Wanderungen zum Medelsergletscher und zur Alp Soliva.

Disentis/Mustér, 1142 m

Der Hauptort der »Cadi« genannten hinteren Talstufe des Vorderrheintales liegt am Fuß der Passstraßen über den Lukmanier ins Tessin und den Oberalp in die Zentralschweiz. Von der um 720 gegründeten Benediktinerabtei St. Martin wurde jahrhundertelang das Bündner Oberland verwaltet. Die Stiftskirche von 1712 wurde im Stil des Vorarlberger Barock errichtet.
Sedrun Disentis Tourismus, CH-7180 Disentis, Via Acletta 2, Tel. +41 81 9204030, www.disentis-sedrun.ch

Falera, 1213 m

Im Sog der beiden bekannten Nachbarorte Flims und Laax wurde auch Falera vom Tourismus erfasst. Der Ort konnte seinen ursprünglichen Charakter weitgehend bewahren. Kunsthistorisch gehört die am Dorfrand stehende spätromanische Kirche St. Remigius zu den wichtigsten Sakralbauten der Surselva. Nahe der Kirche weisen megalithische Steinsetzungen auf einen vorchristlichen Kultplatz hin.
Flims – Laax – Falera Tourismus, CH-7153 Falera, Via Principala 45 a, Tel. +41 81 920 92 00, www.flimslaax.com

Flims, 1100 m

Der Ort liegt malerisch am Fuß des Flimserstein auf einer eiszeitlichen Bergsturzterrasse zwischen der Rheinschlucht und den Dreitausendern Vorab und Piz Segnas. Im Verbund mit Laax und Falera ist Flims eines der größten Skigebiete der Schweiz. Ein hervorragend ausgebautes Wegenetz macht die Region zu einem der besten Wandergebiete Graubündens. Highlight ist die 2008 von der UNESCO zum Weltnaturerbe erklärte Tektonik-Arena Sardona, zu der die zackigen Tschingelhörner, das Martinsloch und die Segnasböden gehören (www.unesco-sardona.ch). Extra Pluspunkt: Der Caumasee erwärmt sich im Sommer auf über 20 °C, sodass man nach einer schweißtreibenden Bergtour den Nachmittag im Strandbad ausklingen lassen kann.
Flims – Laax – Falera Tourismus, CH-7017 Flims Dorf, Via Nova 62, Tel. +41 81 920 92 00, www.flimslaax.com

Göschenen, 1102 m

Der kleine Ferienort liegt verkehrsgünstig am Nordportal des Gotthardtunnels. Göschenen hat sich in jüngster Zeit als Schweizer Modellregion für einen umweltverträglichen Alpintourismus profiliert. Der Ort ist Ausgangspunkt für Touren in die Göscheneralp.
Verkehrsbüro Göschenen, CH-6487 Göschenen, Tel. +41 41 8887100, www.goeschenen.ch

Flims am Fuß des Flimsersteins ist der bedeutendste Ferienort der Surselva.

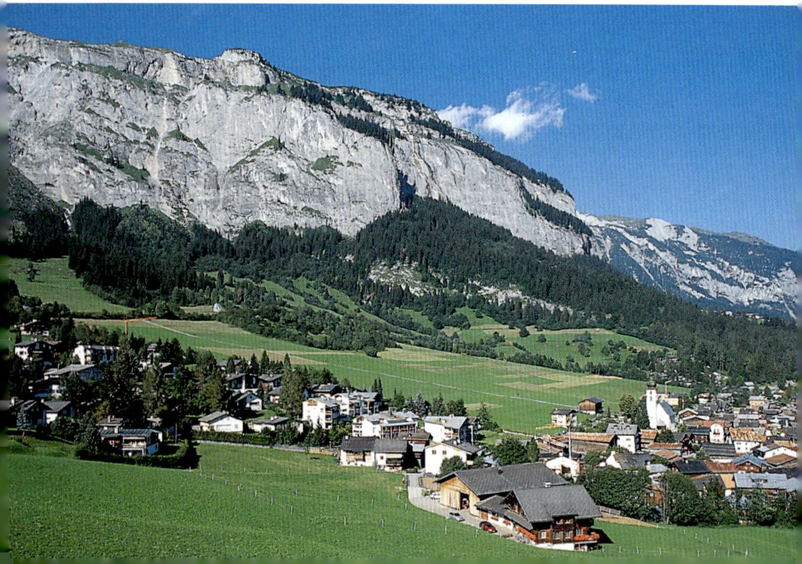

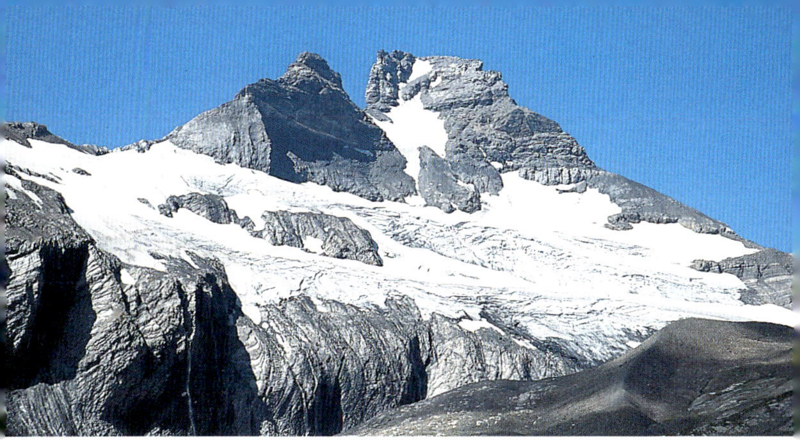

Hausstock mit Glacier da Mer.

Ilanz, 698 m

»Erste Stadt am Rhein« nennt sich stolz die inmitten einer breiten Talsohle im Vorderrheintal gelegene Kleinstadt. Aus dem 13. Jahrhundert sind noch Reste der alten Stadtmauer erhalten, Wahrzeichen ist das mit einem barocken Aufbau versehene Obertor. Der Busbahnhof mit zehn Linien in die umliegenden Dörfer sowie der Bahnanschluss machen Ilanz zu einem sehr guten Standort für nicht motorisierte Wanderer.
Surselva Tourismus (im Bahnhof), CH-7130 Ilanz, Tel. +41 81 9201105, www.surselva.info

Laax, 1016 m

Oberhalb des alten Ortskerns am Laaxer See zieht der Ortsteil Murtschetg (1050 m) mit modernen Unterkünften, vielfältigen Outdoor-Aktivitäten und Nightspots ein vornehmlich junges Publikum an. Im Winter ist Laax das bekannteste Snowboarder-Mekka der Schweiz, im Sommer wird die gute Infrastruktur von vielen Mountainbikern und Wanderern genutzt.
Flims – Laax – Falera Tourismus, CH-7031 Laax, Tel. +41 81 9209200, www.flimslaax.com

Meierhof, 1302 m

Mittelpunkt der deutschsprachigen Gemeinde Obersaxen ist Meierhof. Die Walsergründung liegt zusammen mit 28 anderen Streusiedlungen auf einem etwa 10 km langen Plateau 400 bis 500 m über dem Talgrund des Vorderrheins.
Surselva Tourismus, CH-7134 Obersaxen-Meierhof, Tel. +41 81 9332222, www.surselva.info

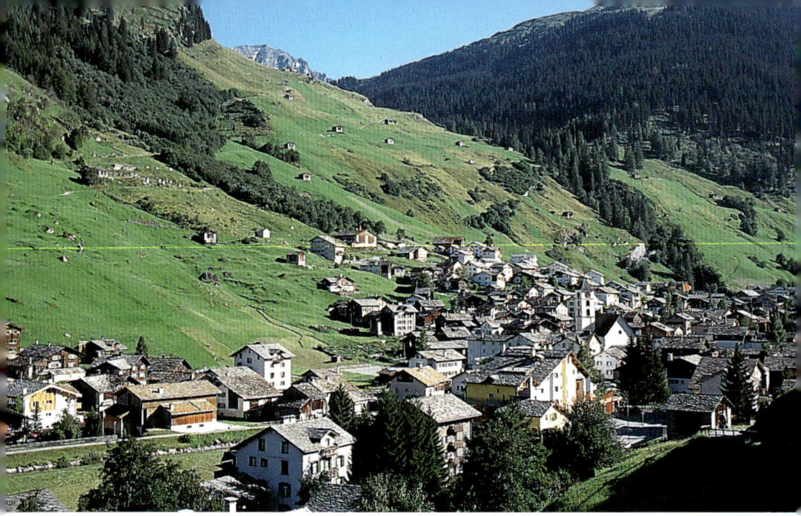

Mit seinen im typischen Strickbaustil errichteten rustikalen Holzhäusern ist Vals einer der schönsten Orte in der Surselva.

Safien Platz, 1315 m

Das von Versam über ein enges Sträßchen erreichbare Safiental ist touristisch bislang kaum erschlossen. Für Wanderer sind vor allem die alten Passübergänge (Tomülpass, Glaspass, Alperschällilücke und Safierberg) interessant.
Safiental Tourismus, CH-7104 Versam, Haus Signina,Tel. +41 81 6306016, www.safiental.ch

Sedrun, 1406 m

Vom Oberalppass kommend ist Sedrun der erste größere Ort der »Tujetsch« genannten oberen Talstufe der Surselva. Sedrun befindet sich direkt oberhalb des Gotthard-Basistunnels, der im Jahr 2016 nach siebzehnjähriger Bauzeit eröffnet werden konnte. Er ist mit 57 km der längste Tunnel der Welt (www.alptransit.ch). Nach einem ausgefüllten Wandertag verspricht das Erlebnisbad Bogn Sedrun Wellness und Entspannung.
Sedrun Disentis Tourismus, CH-7188 Sedrun, Via Alpsu 62, Tel. +41 81 9204030, www.disentis-sedrun.ch

Tenna, 1642 m

Der kleine Ort mit knapp 100 Einwohnern liegt hoch über dem Safiental auf einer Sonnenterrasse am Abhang der Signinagruppe. Eine gut geführte Bergpension macht den Ort zu einem idealen Ausgangspunkt für Wanderungen im Safiental, beliebte Touren führen auf Schlüechtli und Piz Fess.

Trin, 876 m

Im Osten ist Trin das Tor zur Surselva. Der Ferienort ist Ausgangspunkt für Touren in die Rheinschlucht und den Flimser Wald.
Verkehrsverein Trin, CH-7014 Trin, Tel. +41 81 6351888, www.trin-verkehrs-verein.ch

Vals, 1252 m

Der Hauptort des Valsertales wurde im 14. Jahrhundert von den Walsern besiedelt und ist bis heute eine deutschsprachige Enklave im rätoromanischen Kulturraum der Surselva geblieben. Die steingedeckten Dächer geben dem sehenswerten Ortsbild einen einheitlichen Charakter, der Dorfplatz wird von typischen Walserhäusern gesäumt. Ergiebige Mineralquellen machten Vals in der ganzen Schweiz bekannt. Die Felsentherme (www.therme-vals.ch) zählt wegen ihrer schlichten Architektur aus übereinandergeschichteten grauen Quarzitplatten zu den eigenwilligsten Wellness-Tempeln der Alpen. Das Wegenetz für Wanderer ist sehr gut ausgebaut, im Sommer verkehrt ein Wanderbus zu den wichtigsten Ausgangspunkten im Tal. Das obere Valsertal riegelt der Staudamm des 3 km langen Zervreilasees ab.
Visit Vals, CH-7132 Vals, Tel. +41 81 9207070, www.vals.ch

Vella, 1244 m

Vella ist der Hauptort des Val Lumnezia (dt. Lugnez), dem größten Seitental der Surselva. Der gefällige Dorfplatz wird von stattlichen Holzhäusern eingerahmt. Nahe der Kirche ist das als Schloss de Mont bekannte Herrenhaus aus dem 17. Jahrhundert eine Besichtigung wert.
Surselva Tourismus, CH-7144 Vella, Tel. +41 81 9311858, www.surselva.info

Vrin, 1448 m

Das Dorf im hinteren Val Lumnezia konnte sein ursprüngliches Ortsbild mit Walserhäusern weitgehend bewahren. Die schöne Barockkirche von 1689 ist mit ihrem Campanile deutlich von der oberitalienischen Architektur beeinflusst. Vrin gilt im alpinen Raum als Modellprojekt, bei dem mithilfe von infrastrukturellen Maßnahmen mit viel Erfolg der Landflucht entgegengewirkt wird. Der Ort bildet den Ausgangspunkt für Wandertouren in die landschaftlich reizvolle Greina-Hochebene.

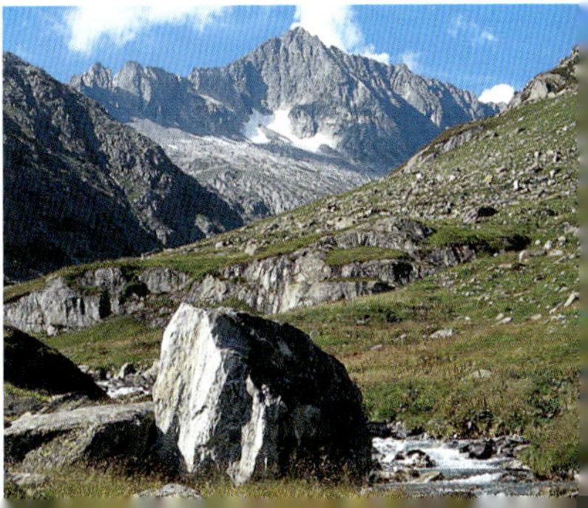

Der Witenalpstock am Talschluss des Val Strem.
Folgende Doppelseite: Die Greinaebene im Parc Adula.

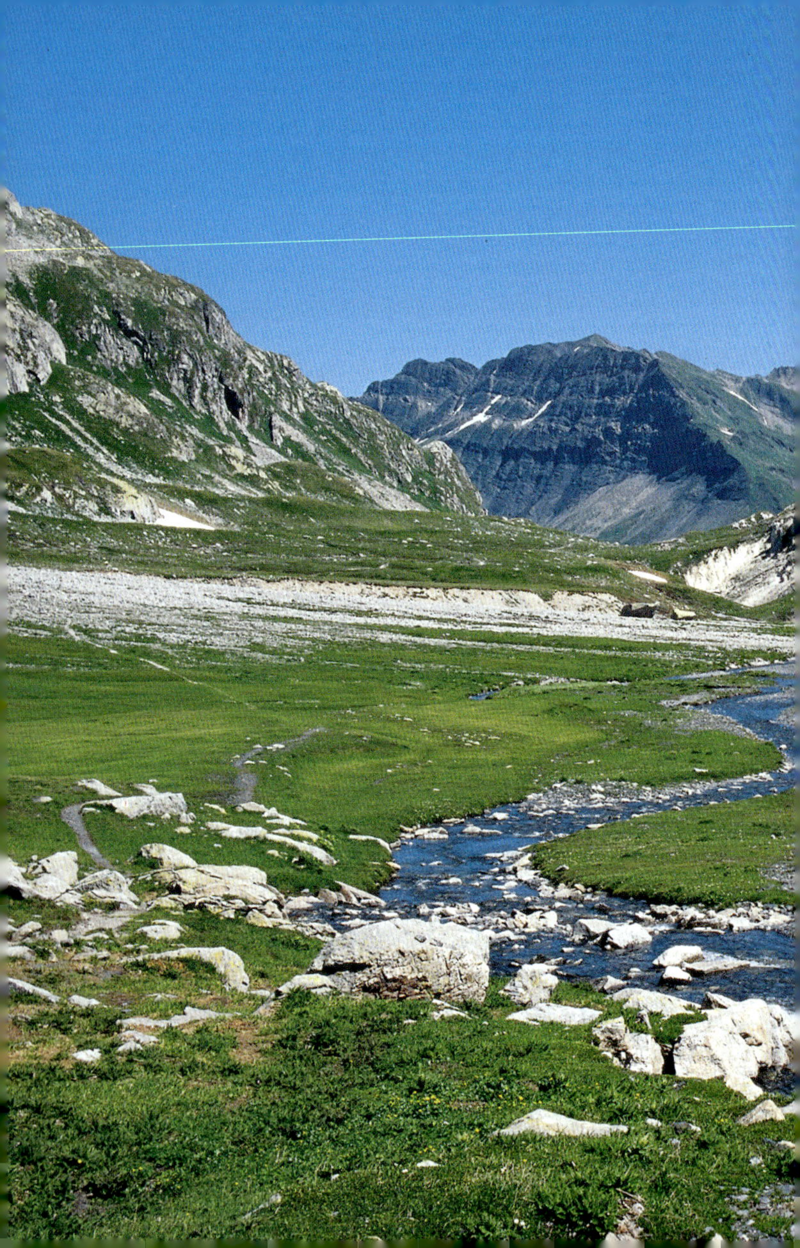

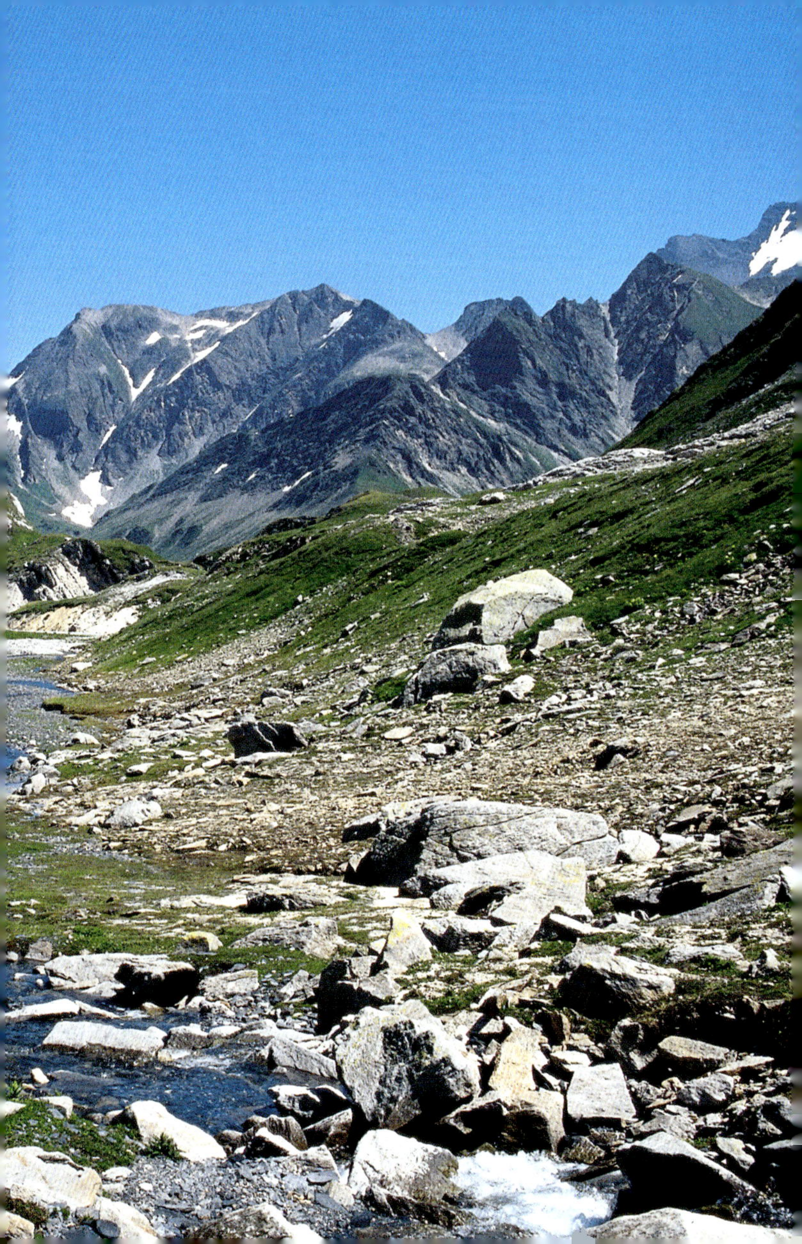

TOP **1**

Göscheneralpsee

5.45 Std.

Beschauliche Rundtour am Fuß des Dammastocks

Der Göscheneralpsee ist wegen seiner außerordentlichen landschaftlichen Schönheit ein viel besuchtes Wanderrevier. Für Abstecher ist reichlich gesorgt: Von dem Rundweg um den im Jahre 1960 angelegten Stausee erreicht man drei Berghütten. Wer ganz nahe an den Gletschern sein will, wählt die Dammahütte oder den etwas längeren Weg zur Chelenalphütte. Doch auch die auf engen Kehren erreichbare Bergseehütte an dem kleinen Gebirgssee hat mit wunderbaren Ausblicken auf Dammastock und Galenstock ihre Reize.

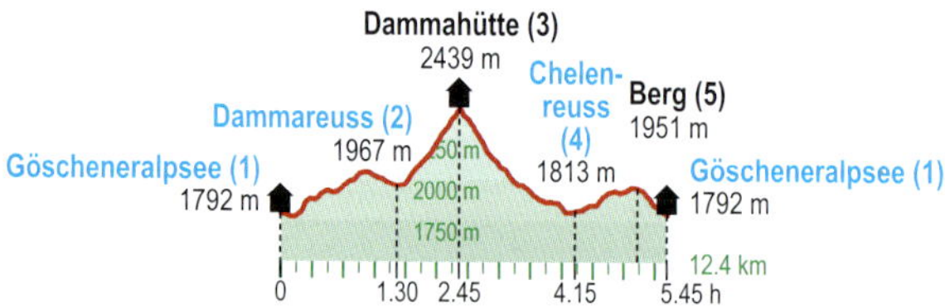

Ausgangspunkt: Göscheneralpsee, 1792 m. Anfahrt vom 10 km entfernten Göschenen mit Pkw oder Postauto.
Höhenunterschied: 930 m.
Anforderungen: Vom Spätherbst bis in den Frühsommer hinein wegen Lawinen- und Steinschlaggefahr nicht zu empfehlen.

Einkehr und Unterkunft: Berggasthaus Dammagletscher, Tel. +41 41 886 8868, www.dammagletscher.ch; Dammahütte, Tel. +41 41 885 1781, www.dammahuette.ch. An den Varianten: Bergseehütte (2370 m), Tel. +41 41 885 1435, www.sac-angenstein.ch. Chelenalphütte, Tel. +41 41 8851930, www.chelenalp.ch.

Vom Parkplatz und der Bushaltestelle vor dem Berggasthaus Dammagletscher erreichen wir nach wenigen Schritten die Staumauer des **Gösheneralpsees (1)**, 1792 m. Am Ende der Dammkrone beginnt ein Steig, der über dem Südufer des Stausees bis auf 2050 m Höhe führt, um sich dann ins Tal der **Dammareuss (2)**, 1967 m, abzusenken. Über dem Wildbach erhebt sich die spektakuläre Kulisse des Dammastocks (3630 m). Direkt nach der Brücke über die Dammareuss führt ein gut markierter felsiger Steig durch eine schroffe Wand zur **Dammahütte (3)**, 2439 m. Von der am Fuß des Moosstock (2582 m) gelegenen Berghütte bietet sich ein prächtiges Panorama ins Göscheneralptal sowie auf die Glarner und Urner Alpen.
Zurück an der **Dammareuss (2)** folgen wir über Schuttfelder dem Wildbach abwärts, wobei der Pfad ein kurzes Stück auf schmalem Sims an einer Felswand entlangläuft. Am westlichsten Zipfel des Sees gelangen wir zur **Chelenreuss (4)**, 1813 m, an der ein Pfad zur 2 Std. entfernten Chelenalphütte ab-

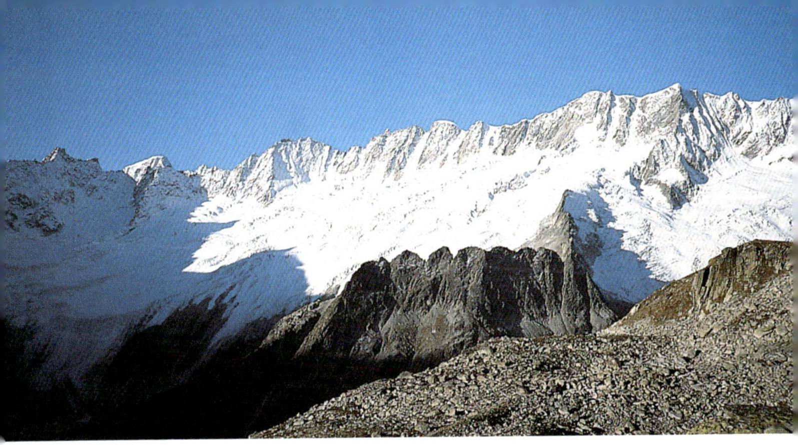

Panorama-Ansicht der Dammakette, links im Bild der Galenstock.

geht. Unsere Route steigt das Nordufer des Stausees hinauf, wobei sich grandiose Aussichten auf Dammastock und Galenstock ergeben. Von der Aussichtsterrasse **Berg (5)**, 1951 m, zweigt links ein Steig zur Bergseehütte ab (1.30 Std.). Kurz vor Ende des Rundweges durchwandern wir die unter Naturschutz gestellte Brätschenflue. Zwischen geschliffenen Felsrippen entfaltet sich eine einzigartige Moorlandschaft mit Moosen, Erika, Farnen und Moorbirken. Bevor wieder zur Staumauer am **Göscheneralpsee (1)** abgestiegen wird, lädt mitten in der Flue ein Rastplatz mit Sitzbank zum Verweilen ein.

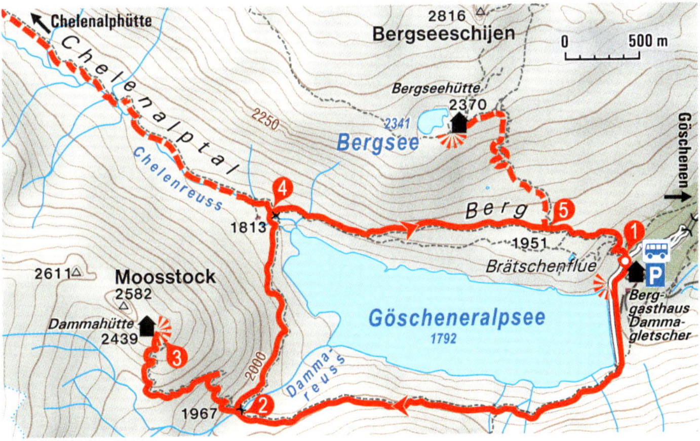

2 Urschner Höhenweg

5.00 Std.

Panoramaklassiker hoch über dem »Bärental«

»Mir ist's unter allen Gegenden, die ich kenne, die liebste und die interessanteste«, schrieb Johann Wolfgang von Goethe 1799 bei seiner Reise durch das Urserental. Trotz der verkehrsmäßigen Erschließung mit Passstraßen zur Furka und zum Gotthard lohnt die lang gestreckte Talschaft westlich von Andermatt nach wie vor einen Besuch. Der Urschner Höhenweg darf getrost ein Panoramaweg der Extraklasse genannt werden. Von Tiefenbach aus läuft man unterhalb eines lang gestreckten schroffen Grates etwa 5 Stunden auf einem Höhenniveau von 2000 bis 2300 Metern und steigt dann schließlich in den Talgrund nach Andermatt ab.

Ausgangspunkt: Tiefenbach, 2106 m. Anfahrt von Andermatt mit dem Postauto.
Endpunkt: Andermatt, 1436 m.
Höhenunterschied: 500 m im Anstieg und 1170 m im Abstieg.
Anforderungen: Lange, doch wenig anstrengende Tour auf meist gut ausgetretenen Pfaden.
Einkehr: Außer in der Albert-Heim-Hütte (Abstecher) keine Einkehrmöglichkeit.
Variante: Die Tour kann um den Abstecher zur Albert-Heim-Hütte am Fuß des Galenstock (2543 m) erweitert werden, zusätzliche Wanderzeit 1.30 Std.

Der Galenstock über dem Urschner Höhenweg.

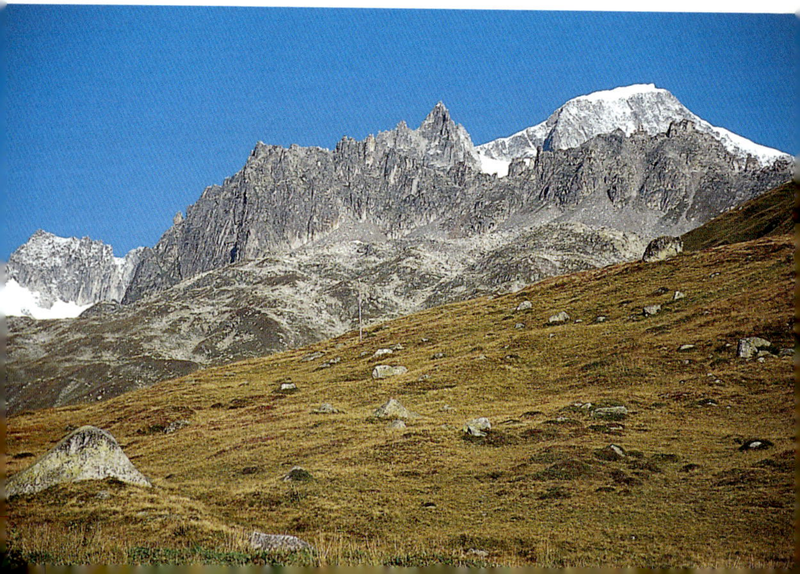

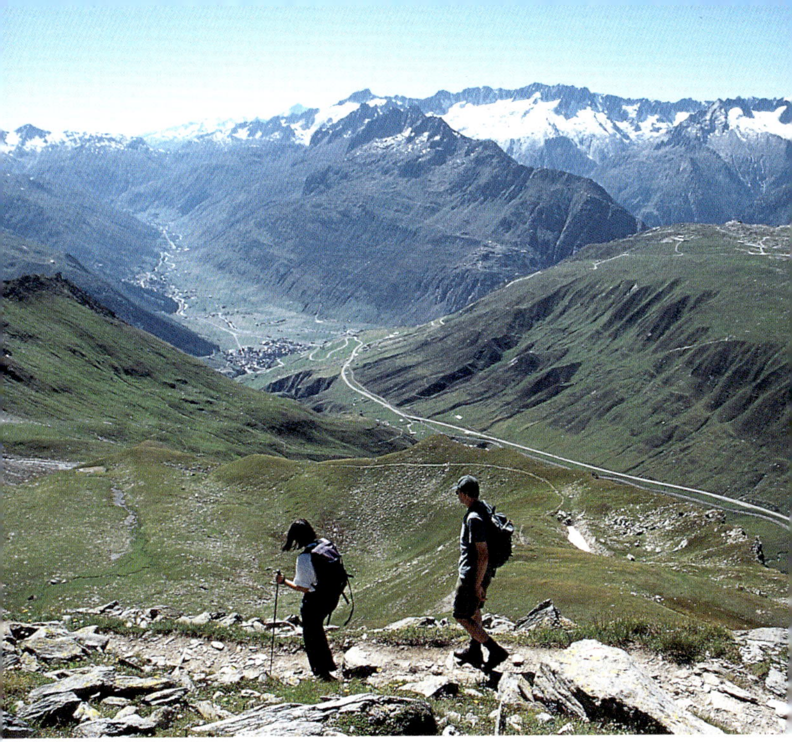

Westlich von Andermatt streckt sich das Urserental bis zum Furkapass hinauf (gesehen vom Aufstieg zum Pazolastock).

Von der Bushaltestelle am Hotel **Tiefenbach (1)**, 2106 m, gehen wir den Schotterweg in Richtung Albert-Heim-Hütte bergan und biegen oberhalb des Hotels rechts in einen markierten Pfad ein. Dieser trifft nach 20 Minuten vor der großartigen Kulisse des Galenstocks (3583 m) wieder auf den Weg

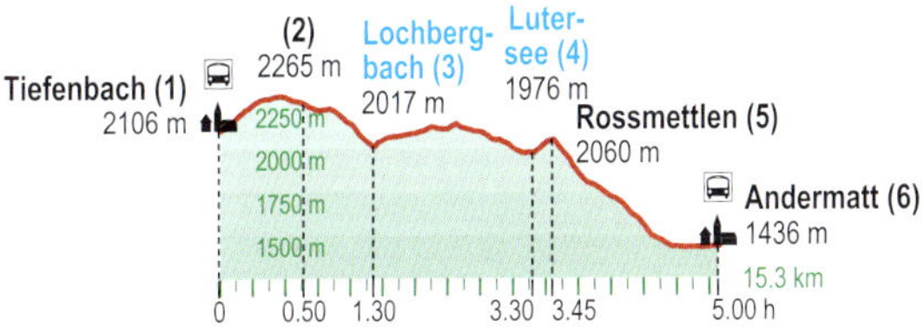

zur Berghütte. Wir verlassen den Weg am Abzweig zur Berghütte geradeaus in einen Wiesenpfad und haben nun erstmals einen Blick hinab ins Urserental bis nach Andermatt und zum v-förmigen Passeinschnitt des Oberalp. Im Osten wird das Urserental von den Gipfeln des Gotthardmassivs beherrscht, zur Linken begleiten uns die schroffen Gratausläufer von Winterstock (3203 m) und Blauberg (3039 m), im Rücken liegt der von den Furkahörnern, dem Galenstock und den Muttenhörnern eingerahmte Furkapass.
Ein Almweg bringt uns an eine **Hütte (2)**, 2265 m, von hier starten an schönen Tagen Gleitschirmflieger. Etwa 100 m nach der Hütte geht von dem Almweg ein markierter Pfad ins **Lochbergtal** ab.
Im Tal stößt der Weg von der Albert-Heim-Hütte auf unseren Höhenweg, der nun nach Osten abknickt und bergab zu einem kleinen Stauwehr läuft. An der Verzweigung 50 m unterhalb des Wehrs queren wir den **Lochbergbach (3)**, 2030 m, und wandern bald unterhalb der schroffen Wände von Blauberg und Müeterlishorn zum im Sommer meist ausgetrockneten Blauseeli.
Nach einem treffend »Im Steinschlag« genannten Schuttfeld bietet sich am **Lutersee (4)**, 1976 m, eine Rast an. Wir machen nicht gleich am ersten, sondern am schöneren zweiten See Halt. Über den von Blaubeeren und Heide-

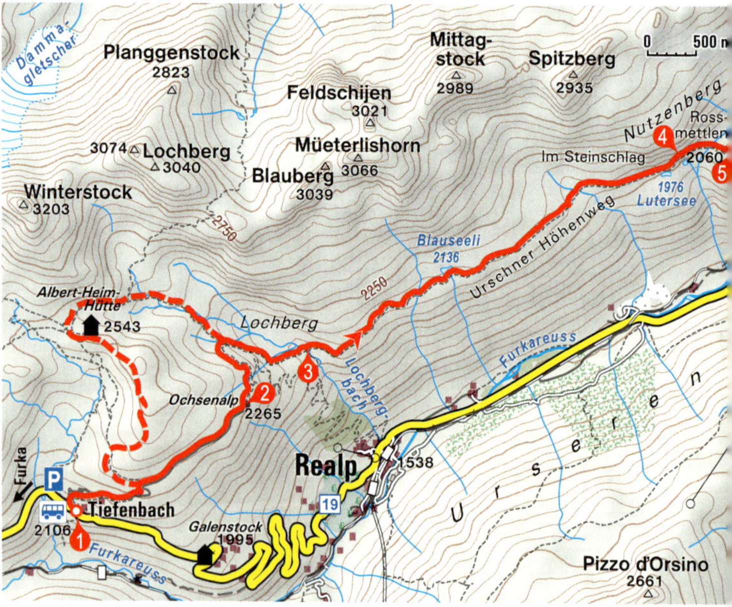

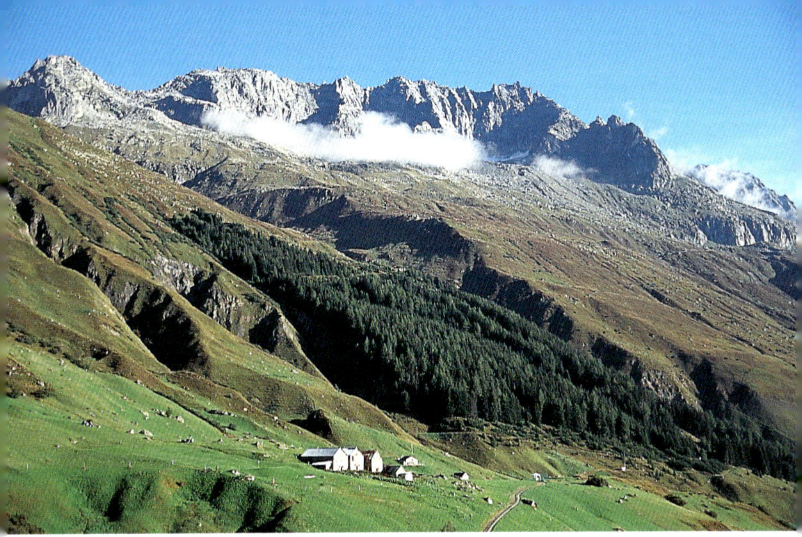

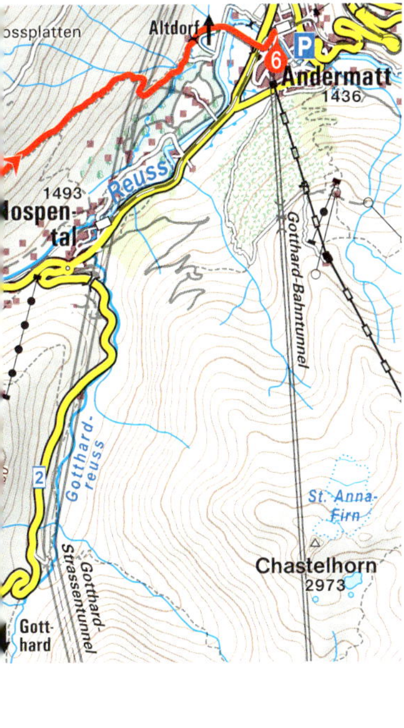

Der Urschner Höhenweg läuft unterhalb einer Kette von Dreitausendern entlang, links der Lochberg, daneben Müeterlishorn, Mittagstock und Spitzberg.

kraut umgebenen Felsen am Seeufer ragt senkrecht die Wand des Nutzenberg (2280 m) auf.
Vom Lutersee bringt uns ein kurzer Anstieg nach **Rossmettlen (5)**, 2060 m, hinauf. Hier läuft der Höhenweg kurzzeitig südostwärts, tief unter uns zieht von Hospental die Passstraße zum Gotthard. Der Rechtsabzweig nach Hospental bleibt unbeachtet. Das letzte Stück des Abstiegs gestaltet sich steil und leicht ausgesetzt. Oberhalb eines Golfplatzes wenden wir uns nach links und steigen ganz in den Talgrund ab. Hier queren wir die Reuss und gehen nach der Straßenunterführung links zum Bahnhof **Andermatt (6)**, 1436 m.

3 Laghi d'Orsirora, 2444 m

4.10 Std.

Pittoreske Seenrunde am »Königspass« der Alpen

Seit 800 Jahren ist der Gotthard der wichtigste Alpentransitweg zwischen Mitteleuropa und Italien. Am Schnittpunkt zwischen der Alpennord- und der Alpensüdseite ist er Klimascheide und zugleich Sprach- und Kulturgrenze zwischen der deutschsprachigen Zentralschweiz und dem italienischsprachigen Tessin. Die leichte Erreichbarkeit macht die Passhöhe zu einem beliebten Wanderrevier – einer der schönsten Rundwege im Gotthardmassiv ist die Wanderung zu den Laghi d'Orsirora.

Ausgangspunkt: Gotthardpass, 2091 m. Anfahrt von Andermatt mit dem Pkw oder Postauto.
Höhenunterschied: 680 m.
Anforderungen: Bis auf den steinigen Abstieg zum Lago di Lucendro gut markierte und ausgebaute Pfade.
Einkehr und Unterkunft: Ospizio San Gottardo, Tel. +41 91 8691235, www.passosangottardo.ch.

Vom Parkplatz vor dem Museo Nazionale und dem **Ospizio am Gotthardpass (1)**, 2091 m, folgen wir in Richtung »Laghi di Orsirora« der Pflasterstraße zur eigentlichen Gotthard-Passhöhe (2106 m). Dort beginnt ein markierter Pfad, wir können jedoch auch auf der Straße 3 Minuten weitergehen, um dann nach der Unterführung zur Staumauer des Lago di Lucendro hinaufzusteigen. In **Mottolone** (2160 m) verlassen wir den Fahrweg rechts in einen Pfad, der an der Berghütte Cascina di Giacobi (2157 m) vorbei zum Nordufer des **Lago d'Orsino (2)**, 2286 m, aufsteigt. Der Pfad schwenkt danach in weitem Bogen nach Süden und erlaubt über den kristallklaren Bergsee hinweg Aussichten auf die Gotthardgruppe mit dem Chastelhorn (2973 m) und dem Pizzo Centrale (2999 m). Kaum haben wir dem Orsinosee den Rücken zugewandt, tauchen die **Laghi d'Orsirora (3)**, 2444 m, unter uns auf. Am Ufer des größeren der beiden Bergseen gibt es vor der Kulisse des namensgebenden Pizzo d'Orsirora (2603 m) schöne Rastplätze.
An der **Bassa Valletta (4)**, 2500 m, kurz unterhalb von der Gatscholalücke (Abstiegsmöglichkeit nach Realp) ist der höchste Punkt des Rundweges erreicht. Wir halten uns links und gelangen nach wenigen Minuten zu den **Laghi della Valletta** (2432 m). Unter uns rückt der Gotthardpass wieder ins Bild. Während des Abstiegs zum Stausee Lucendro können wir den Verlauf des Passweges zum Passo

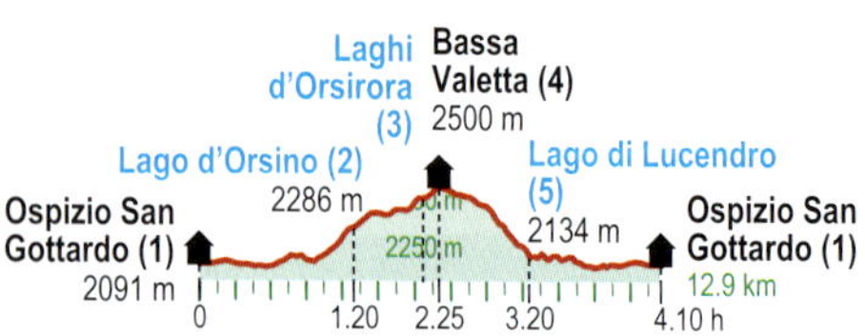

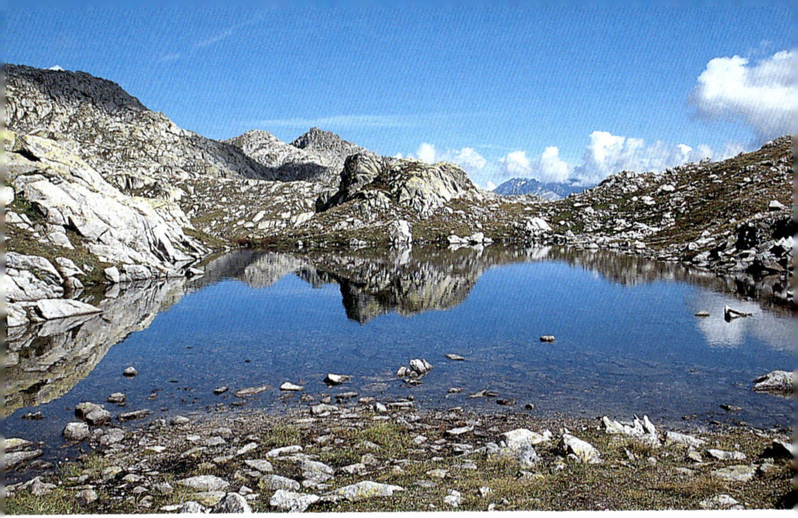

Die Laghi della Valletta setzen der Runde pittoreske Farbtupfer auf.

di Lucendro ausmachen (→ Tour 4). Am Nordufer des **Lago di Lucendro (5)**, 2134 m, treffen wir auf einen Almweg, der uns links über Mottolone zum **Ospizio am Gotthardpass (1)** zurückbringt.

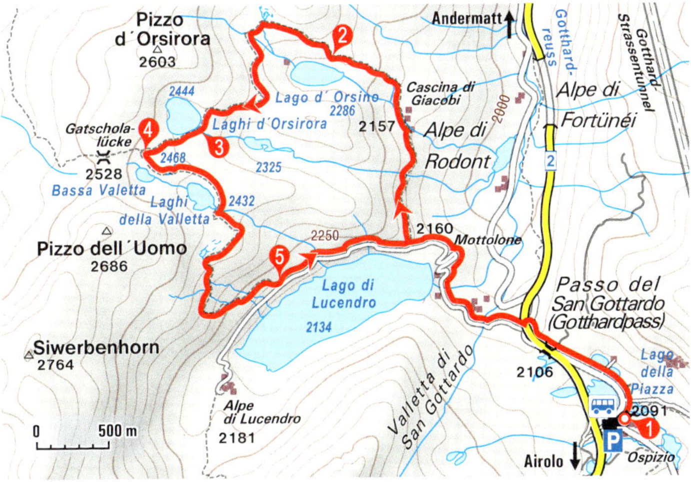

4 Lago di Lucendro

4.30 Std.

Aussichtsreicher Rundweg an der Tessiner Seite des Gotthard

Der Stausee westlich vom Gotthardpass hat seinen Namen vom Pizzo Lucendro, mit 2963 Meter einer der auffälligsten Gipfel im Gotthardmassiv. Der Rundweg steigt bis zum Lucendro-Pass am Fuß des Gipfelaufbaus auf und senkt sich dann zu dem winzigen Scuri-See ab. Das letzte Wegstück läuft parallel zur Gotthardstraße wieder zum Ausgangspunkt zurück.

Ausgangspunkt: Gotthardpass, 2091 m. Anfahrt von Andermatt mit dem Pkw oder Postauto.
Höhenunterschied: Jeweils gut 600 m im An- und Abstieg.
Anforderungen: Rundweg auf gut ausgebauten Almwegen und Bergpfaden, für das letzte Stück sollte man schwindelfrei sein.
Einkehr und Unterkunft: Ospizio San Gottardo, Tel. +41 91 8691235, www.passosangottardo.ch.

Vom Parkplatz vor dem Museo Nazionale und dem **Ospizio am Gotthardpass (1)**, 2091 m, folgen wir in Richtung »Laghi d'Orsirora« zunächst der Pflasterstraße am See entlang zur eigentlichen Gotthard-Passhöhe (2106 m). Dort beginnt ein markierter Pfad, wir können jedoch auch auf der Straße 3 Minuten weitergehen, um dann nach der Unterführung zur Staumauer des **Lago di Lucendro** hinaufzusteigen. Der befahrbare Almweg läuft zunächst bequem am Nordufer entlang zur **Alpe di Lucendro (2)**, 2181 m, an der südwestlichsten Ecke des Stausees. Hier beginnt ein teils gepflasterter Weg, der gut ausgebaut und mäßig steil einen felsigen Einschnitt zum **Passo di Lucendro (3)**, 2532 m, aufsteigt. Links reckt sich der wie eine Burg geformte Gipfelkranz des Pizzo della Valletta (2726 m) in den Himmel, rechts der Pizzo Lucendro, der mit seinen fast 3000 m seine Nachbarn noch ein gutes Stück überragt.

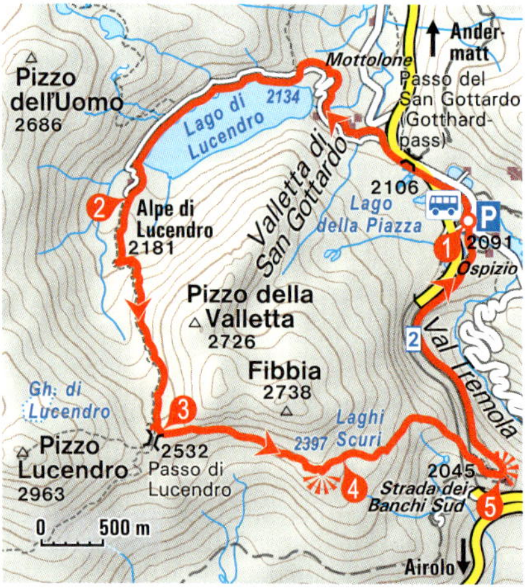

Auf der Passhöhe weist die Ausschilderung nach Osten in Richtung Airolo, zu-

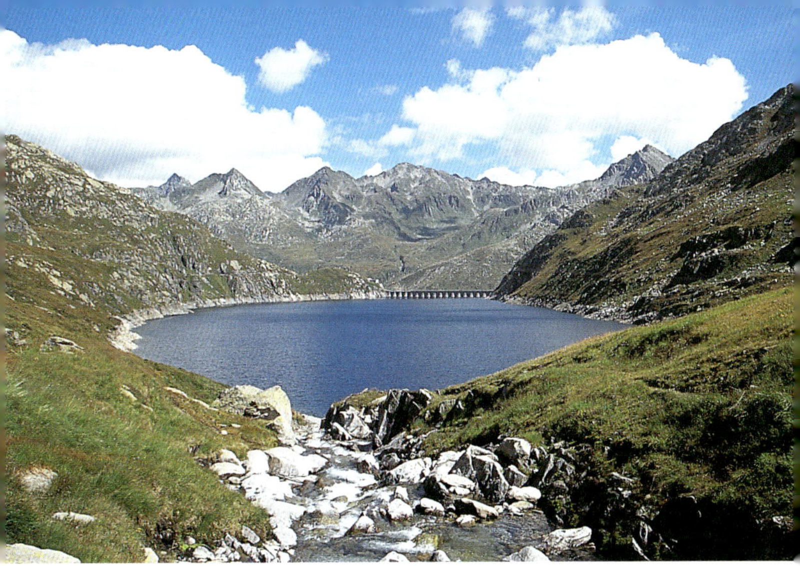

Während des Passanstieges genießt man die Aussicht auf den Stausee Lucendro.

nächst wird der Hang der Fibbia (2738 m) traversiert. Bald können wir die Aussicht ins Valle Leventina und Val Bedretto mit Airolo am Südportal des Gotthardtunnels genießen. Wir steigen zu einer Schutzhütte an den **Laghi Scuri (4)**, 2397 m, ab. Auf überschaubarem Pfad geht es weiter einen Kamm zu einer kreisrunden Bunkeranlage (2131 m) hinab. Fast auf gleicher Höhe stehend schauen wir auf das Hospiz und Museum am Gotthardpass. An der Kreuzung **Strada dei Banchi Sud (5)**, 2045 m, 10 Minuten unterhalb des Bunkers gehen wir scharf links höhehaltend auf die Galerien der Gotthardstraße zu. Die Route gewinnt nochmals eine abenteuerliche Note: Der Pfad führt über einen schmalen Sims, von dem die Wand stellenweise senkrecht abfällt. Doch der Weg ist breit genug, um die Passage ohne Schwindelgefühl zu genießen. Das letzte Wegstück gehen wir entlang der Straßengalerie zum **Gotthardpass (1)** zurück.

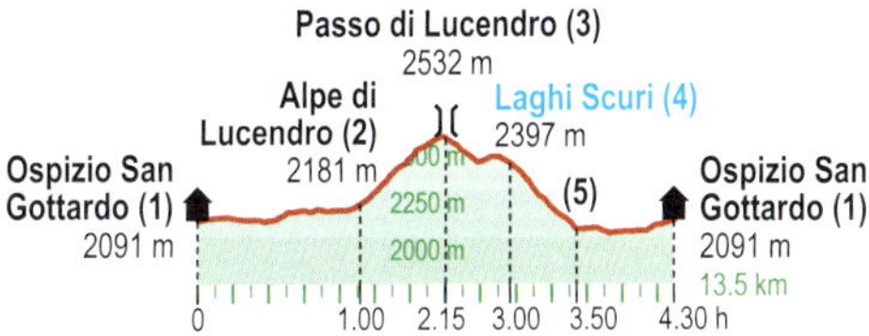

5 Auf den Giübin, 2776 m

3.45 Std.

Auf einen Aussichtsgipfel am Rand des Gotthardmassivs

Aufgrund seiner Bedeutung als zentraler Alpenübergang war der Gotthard schon immer der am besten gesicherte Alpenpass. Die Route auf den Panoramaberg Giübin führt an einer mit Militärbaracken gespickten ehemaligen eidgenössischen Verteidigungslinie entlang. Nicht unbedingt eine Wanderung für Romantiker, die eine heile Bergwelt suchen, doch dafür eine recht einfache Hochgebirgstour mit außergewöhnlicher Gipfelschau.

Ausgangspunkt: Lago della Sella, 2256 m. Anfahrt von Andermatt mit dem Pkw zum Gotthardpass und weiter auf engem Teersträßchen zum Lago della Sella. Oder mit dem Postauto zum Gotthardpass und von dort zu Fuß auf dem 2,4 km langen Sträßchen zum Stausee Sella (zusätzliche Wanderzeit hin und zurück 1.15 Std.).
Höhenunterschied: 650 m.
Anforderungen: Mäßig steiler Anstieg auf gut ausgebautem Passweg. Am Gipfelgrat ist Trittsicherheit erforderlich.
Einkehr und Unterkunft: Ospizio San Gottardo, Tel. +41 91 8691235, www.passosangottardo.ch.

Vom Parkplatz unterhalb der Staumauer des **Lago della Sella (1)**, 2256 m, steigen wir zur Dammkrone auf und genießen gegen Norden zunächst die Aussicht auf den sich über dem See erhebenden markanten Gipfel des Gamsspitz (2925 m). Wir gehen nicht über die Staumauer, sondern folgen dem Fahrweg geradeaus höhehaltend am westlichen Seeufer entlang. Am Ostende des Stausees queren wir auf einer Bogenbrücke einen Gebirgsbach. Hier beginnt ein breiter steiniger Weg, der in spitzen Kehren den Hang hinaufzieht. Bald lässt sich eine Kehre auf einem Pfad abkürzen. Wieder auf

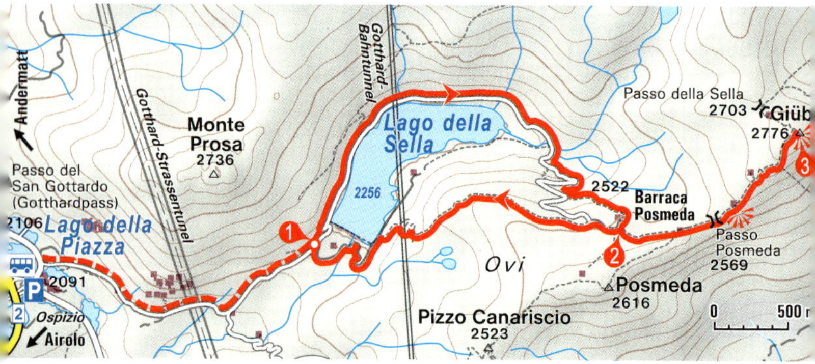

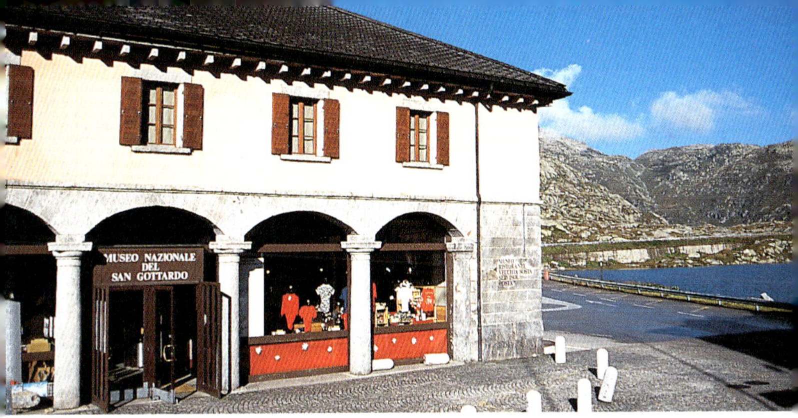

Das Nationalmuseum St. Gotthard auf der Passhöhe.

dem Steinweg verlassen wir diesen in der nächsten Spitzkehre und gelangen gut 15 Minuten später zur **Barraca Posmeda (2)**, 2522 m, einem schindelgedeckten Steinhaus, das noch bis zum Zweiten Weltkrieg als militärischer Stützpunkt diente. Hier stoßen wir auf den von Ovi hochkommenden Weg, auf dem wir nach der Gipfelbesteigung zum Stausee zurückwandern werden. Von der Baracke kann man gut den weiteren Wegverlauf überblicken. In östlicher Richtung wird zunächst ein Schutthang traversiert. Wir steigen zu einer zweiten Steinhütte auf, von der sich der Pfad in einem leichten Linksbogen den Südwestgrat hinaufzieht, an dessen Ende man den Steinmann auf dem Giübin ausmachen kann. Ein Vorgeschmack des Gipfelpanoramas ergibt sich bereits am **Passo Posmeda**, 2569 m, an dem das Gotthardmassiv steil zum Valle Leventina abfällt. Nun geht es auf dem zackigen Grat auf weiterhin gut ausgebautem Steig über Altschneefelder an zwei weiteren Steinhäusern vorbei bis zur Verzweigung kurz unterhalb des Gipfels. Links zieht der Weg weiter zum Sellapass und zur Vermigelhütte (Abstiegsmöglichkeit nach Andermatt), rechts erreichen wir in 5 Minuten den fast 2 m hohen Steinmann auf dem **Giübin (3)**, 2776 m.
Vom Gipfel steigen wir auf gleicher Route wieder zur **Barraca Posmeda (2)** ab und nehmen von dort links haltend den breiten Weg. Dieser wird bereits nach 4 Minuten geradeaus in einen Pfad verlassen, der sanft den felsigen Hang abfällt. An einer Hütte halten wir uns links und steigen durch einen bizarren Felsgarten wieder zur Staumauer des **Lago della Sella (1)** ab.

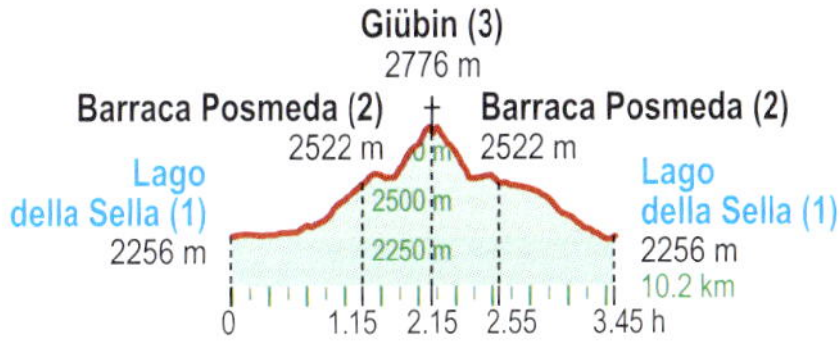

6 Über den Lolenpass nach Andermatt

5.30 Std.

Abstieg vom Oberalppass nach Unteralp

Vom Oberalppass kann auf etlichen Wegen nach Andermatt abgestiegen werden. Die Route über den Lolenpass am Südfuß des Piz Tagliola macht mit dem reizvollen Val Maighels bekannt und auch die Tiefblicke ins Tal der Unteralpreuss beeindrucken. Dank der guten Verkehrsanbindung kommt man von Andermatt problemlos wieder zum Ausgangspunkt zurück.

Ausgangspunkt: Oberalppass, 2044 m. Anfahrt von Andermatt oder Sedrun mit Pkw oder Bahn.
Endpunkt: Andermatt, 1436 m. Zurück zum Oberalppass oder weiter nach Sedrun/Disentis per Bahn.
Höhenunterschied: 540 m im Anstieg und 1150 m im Abstieg.
Anforderungen: Kurze, nicht allzu steile Anstiege, langer Abstieg auf teils ausgesetztem Saumpfad.
Einkehr und Unterkunft: Maighelshütte, Tel. +41 81 9491551, www.maighelshuette.ch.

Am **Oberalppass (1)**, 2044 m, folgen wir von dem Infocenter Rheinquelle neben dem roten Leuchtturm zunächst der Passstraße in Richtung Disentis. Nach 25 m biegen wir rechts in einen Pfad ein, der parallel zur Straße an einem Willkommensschild der Surselva vorbeiläuft.
Nach 10 Minuten wird die Straße nochmals kurz berührt, der Pfad schwenkt dann in Richtung »Maighelshütte«, traversiert die Höhe haltend einen Hang

Wollgraswiesen am Lolenpass vor der prächtigen Kulisse von Pizzo Centrale (links), Gemsstock und Gurschenstock.

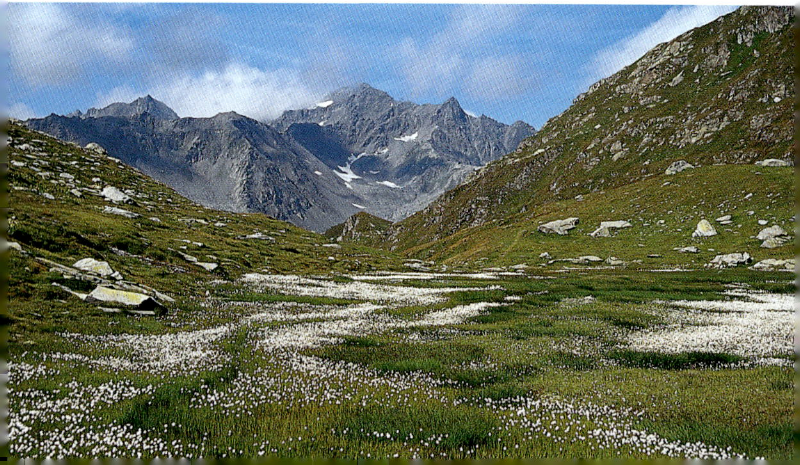

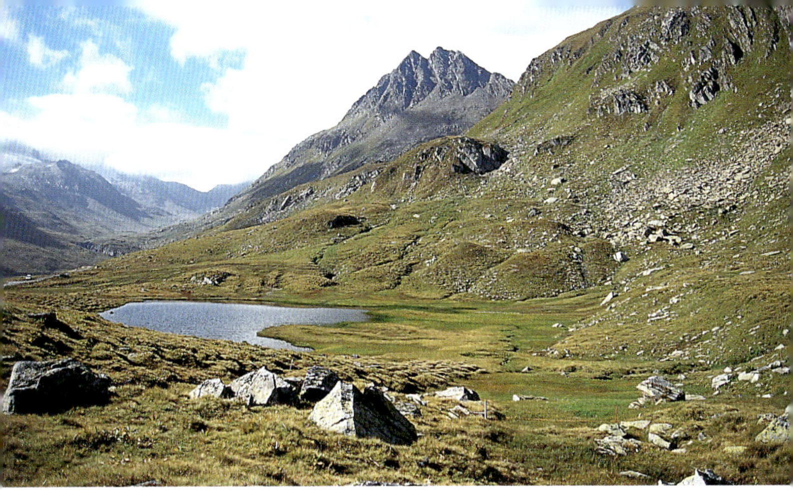

Der Schwarzberg (Piz Nair) über dem Val Maighels. Im Einschnitt rechts des Gipfels versteckt sich der Lolenpass.

und hält auf die breite Einsattelung zwischen dem Piz Cavradi (2612 m) und dem Piz Tuma (2784 m) zu. Nach einem Abzweig zum Lai da Tuma und zur Badushütte mündet der Pfad in einen breiten Almweg. Vorbei am Hochmoor Plidutscha (2156 m) wird ein zweiter Rechtsabzweig zum Tomasee passiert. Auf dem Sattel erreichen wir den Lai Urlaun (2248 m), von dem links ein Pfad zur **Maighelshütte (2)**, 2310 m, emporführt. Von der Terrasse der Berghütte genießt man nach Süden eine grandiose Aussicht in das Val Maighels, das im Osten vom Piz Alpletta (2845 m) und vom Tgiern Ravetsch (2942 m) eingefasst und nach Süden vom Maighelsgletscher abgeschlossen wird.

Von der Hütte gehen wir wieder zur Einsattelung hinab und queren den Almweg. Vorbei an dem kleinen Lai Carin (2255 m) läuft zwischen dem Piz Tagliola (2708 m) und dem Schwarzberg (2764 m) ein Zickzackpfad zum auch Pass Tagliola genannte **Lolenpass (3)**, 2399 m, hinauf. Das Val Maighels im Rücken wird der lang gezogene Passübergang zwischen den Kantonen Graubünden und Uri durchwandert, der sich zu einem pittoresken Hochtal mit Wollgraswiesen weitet. Gegen Westen genießen wir

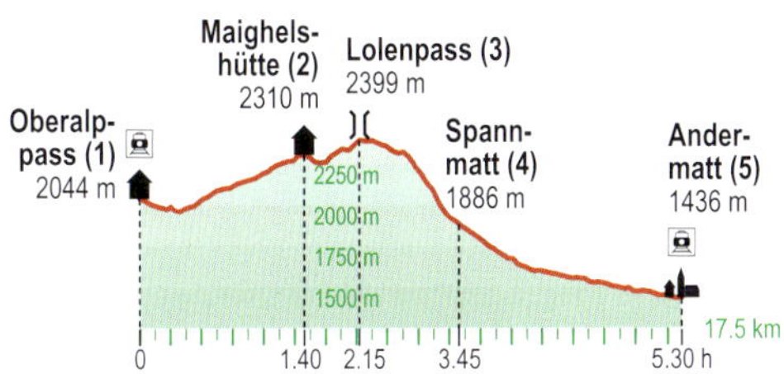

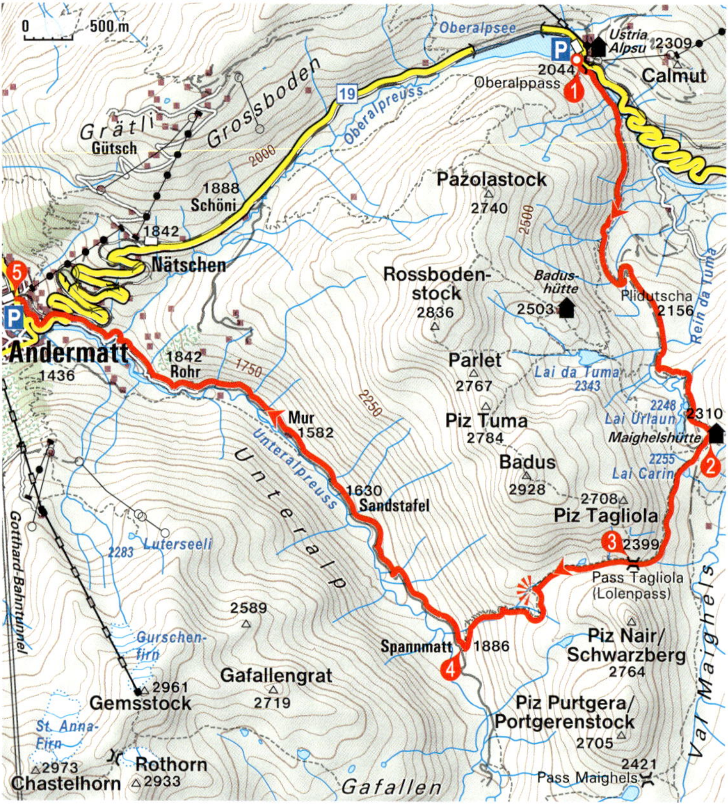

die Aussicht auf den Gemsstock (2961 m), der zur Linken vom Pizzo Centrale und rechts vom Gurschenstock flankiert wird.

Der Weg schwenkt kurzzeitig nach Süden und läuft schließlich in engen Kehren in das tief unten liegende Tal der Unteralpreuss hinab. Bei **Spannmatt (4)**, 1886 m, mündet der Steig in einen bequemen Fahrweg (links Abstecher zur Vermigelhütte), der uns flussabwärts nach **Andermatt (5)**, 1436 m, bringt. Am Hotel Alpina folgen wir der Oberalpstraße links zur großen Kreuzung in der Ortsmitte, von der man rechts in 5 Minuten zum Bahnhof gelangt.

Die Maighelshütte in beherrschender Lage am Südwestrücken des Piz Cavradi.

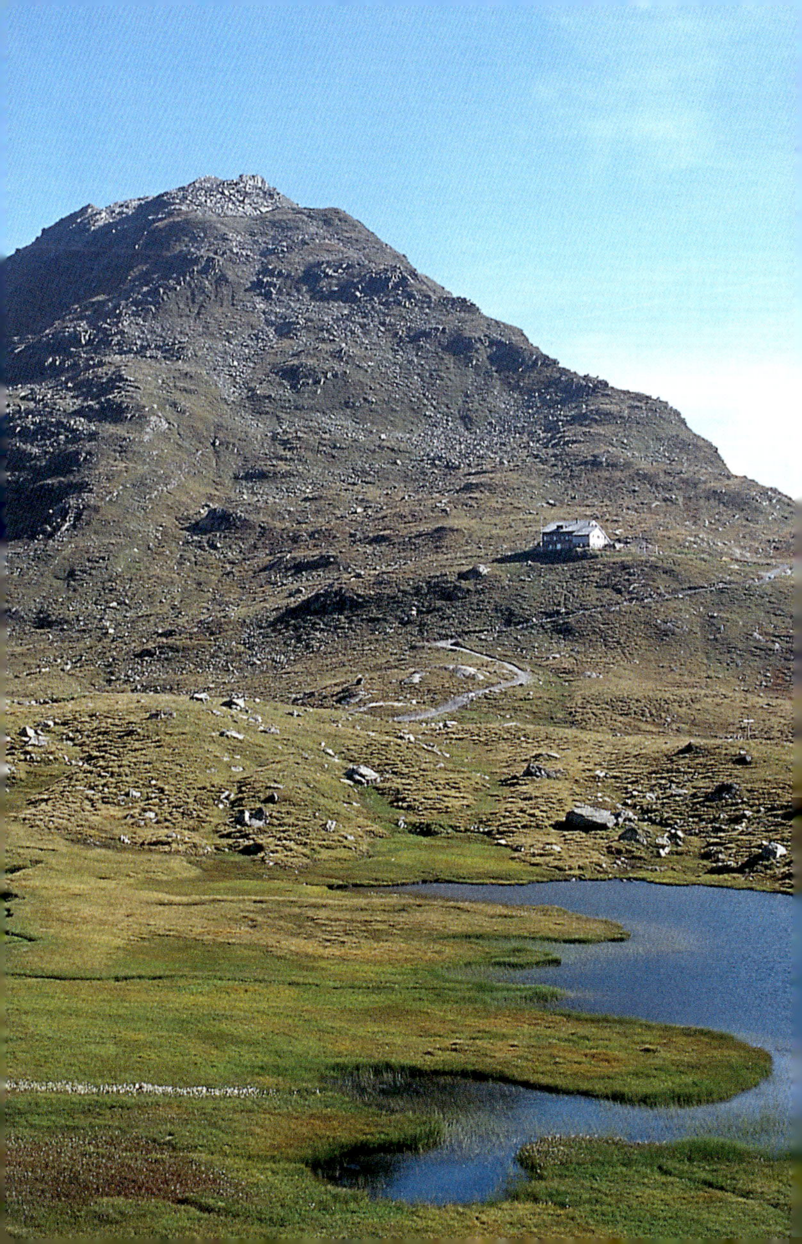

TOP **7**

Zur Rheinquelle über den Pazolastock, 2740 m

4.00 Std.

In die Kinderstube des jungen Rhein

Eigentlich hat der Rhein mindestens zwei Quellflüsse – den Vorder- und den Hinterrhein. Beide vereinen sich am Ausgang der Surselva und suchen von dort die nächsten 1300 Kilometer gemeinsam ihren Weg in die Nordsee. Was die Länge angeht, hat der Vorderrhein die Nase vorn, er ist 3 Kilometer länger als sein Bruder. Die reizvolle Wanderung zum Ursprung des Flusses führt uns zum idyllisch gelegenen Tomasee im Gotthardmassiv. Der geografischen Bedeutung entsprechend eine viel begangene Tour!

Ausgangspunkt: Oberalppass, 2044 m. Anfahrt von Andermatt oder Sedrun mit Pkw oder Bahn.
Höhenunterschied: Gut 800 m.
Anforderungen: Zu Beginn steiler und lang gezogener Aufstieg auf stellenweise steinigem Pfad.
Einkehr und Unterkunft: Badushütte, Tel. +41 32 512 83 84, www.badushuette.ch. Einkehrmöglichkeit auch in der Ustria Alpsu am Oberalppass.

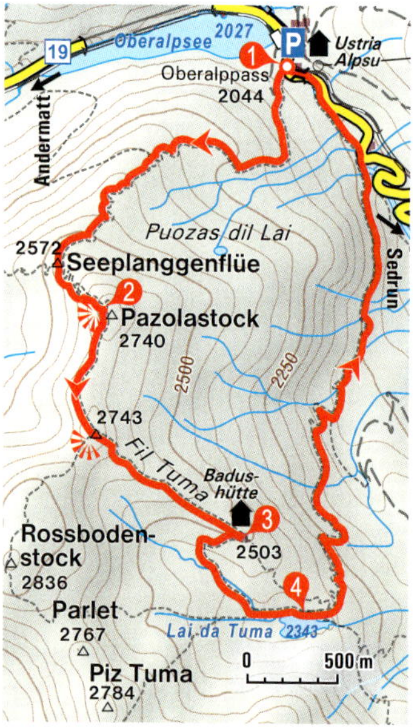

An der Passhöhe des **Oberalp (1)**, 2044 m, weisen am Infocenter Rheinquelle neben dem roten Leuchtturm Schilder zum »Pazolastock/Lai da Tuma« einen anfangs gepflasterten Weg hinauf. Der Pflasterweg wird nach gut 100 m rechts in einen ausgewaschenen Pfad verlassen, der durch Matten von Alpenrosen steinig und zunehmend steil die Nordflanke des Pazolastock hinaufführt. Je mehr wir an Höhe gewinnen, umso beeindruckender werden die Tiefblicke in das »Cadi« genannte obere Tal der Surselva. Nach einer guten Aufstiegsstunde erreichen wir eine Gabelung. Rechts runter geht es nach Andermatt, wir halten uns geradeaus. Am Talschluss des weiten Hochtales können wir die Furka-

Aufstieg zum Pazolastock mit dem Piz Tiarms (Mitte) im Rücken, rechts davon der lang gestreckte Grat des Crispalt.

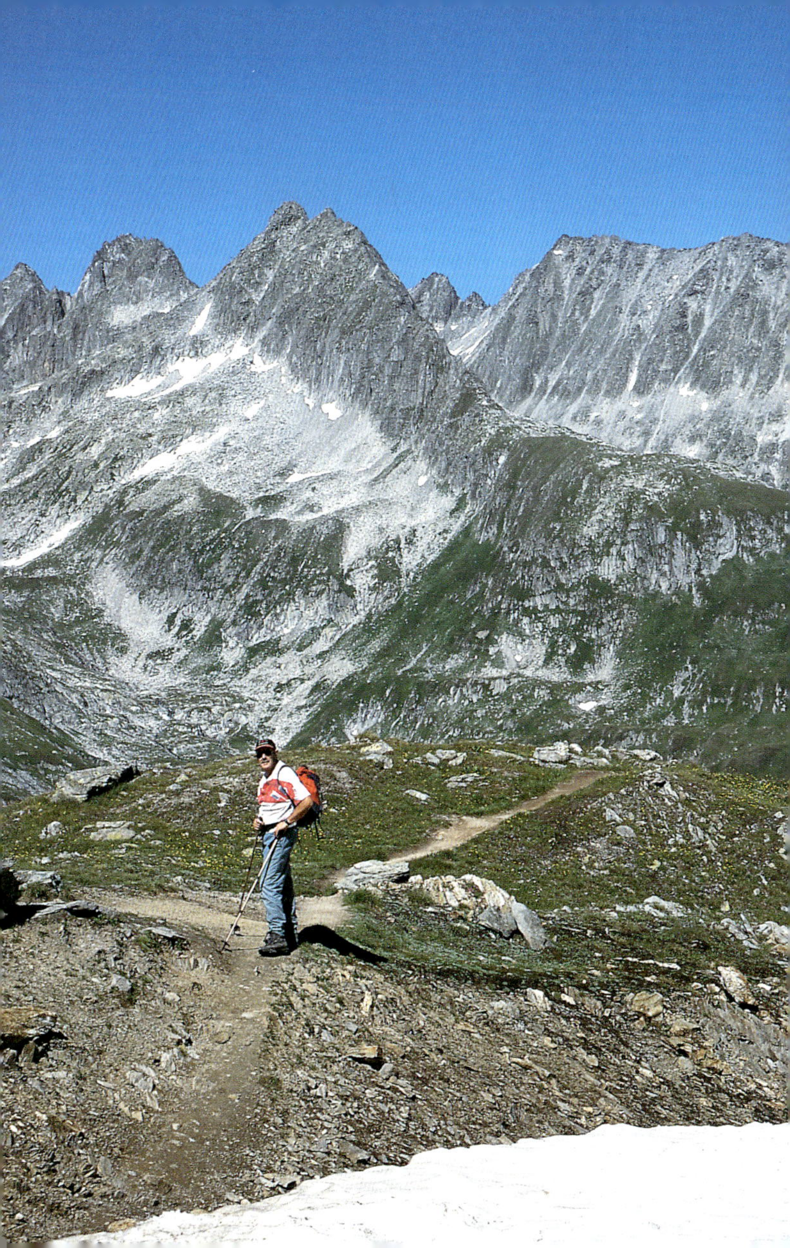

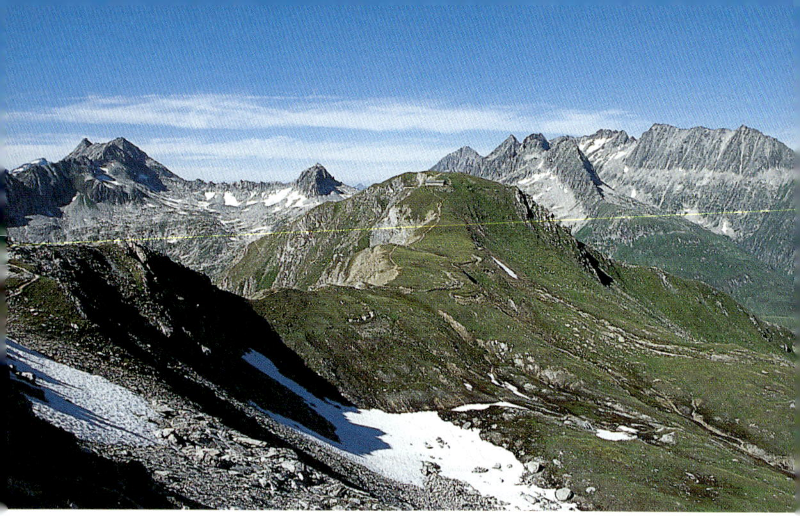

Die gerundete Kuppe des Pazolastock (Bildmitte) nimmt sich trotz der Höhe von 2740 m vor der umliegenden Felsenarena recht bescheiden aus – links der Schijenstock, rechts der Crispalt-Grat.

passstraße ausmachen. Rechts von Andermatt ist der Einschnitt der Schöllenenschlucht erkennbar. Der stellenweise ausgesetzte Saumpfad windet sich oberhalb der Seeplanggenflüe (2572 m) im Zickzack zur Militärbaracke unterhalb des **Pazolastock (2)**, 2740 m, hinauf. Zwei Minuten darauf schlagen wir an der Steinsäule auf dem Gipfel an und genießen das Rundumpanorama. Sedrun liegt wie eine Spielzeugstadt unter uns, bei guter Sicht lässt sich das Vorderrheintal bis Chur überblicken.

Zurück an der Hütte läuft der Pfad zunächst auf dem Südgrat ein kurzes Stück abwärts, um dann im Gegenanstieg nochmals steil anzusteigen. Die Passage sieht schwieriger aus, als sie ist, und kann überraschend einfach gemeistert werden. Vom Grat genießen wir fulminante Aussichten nach hüben und drüben – zur Rechten auf Andermatt und Furka, zur Linken in die Surselva. 20 Minuten nach dem Pazolastock wird der **Gratkopf** (2743 m) erreicht – höher geht es heute nicht mehr.

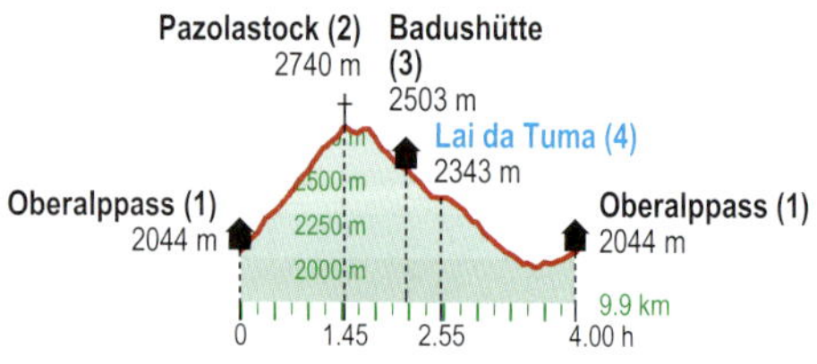

Wir steigen nun unterhalb des felsigen Grates des Fil Tuma zur **Badushütte (3)**, 2503 m, ab. Auf der Ter-

rasse lässt es sich bei einer Flasche Rivella genüsslich rasten.
Von der Berghütte führen zwei Routen zum See. Wir wählen die schönere und ein paar Minuten längere Variante, die von der Hütte rechts bergab an großen Steinmännchen vorbei durch grüne Matten in ein sumpfiges Kerbtal läuft. In der Talsohle gehen wir am Bach entlang, queren diesen und blicken dann auf den von bizarren Felsblöcken umgebenen, **Lai da Tuma (4)**, 2343 m, den Quellsee des Vorderrheins. Kurz vor dem See queren wir ein zweites Mal den durch Wollgraswiesen mäandernden Wildbach. Wir steigen links das Nordufer hinauf und treffen oberhalb des Sees auf den anderen von der Badushütte kommenden Pfad. Der nun breite felsige Weg läuft hangabwärts auf die unter uns liegende Passstraße zu. Am Abzweig zur Camona da Maighels halten wir uns links und erreichen eine halbe Stunde darauf auf einem sumpfigen Wiesenpfad wieder den **Oberalppass (1)**.

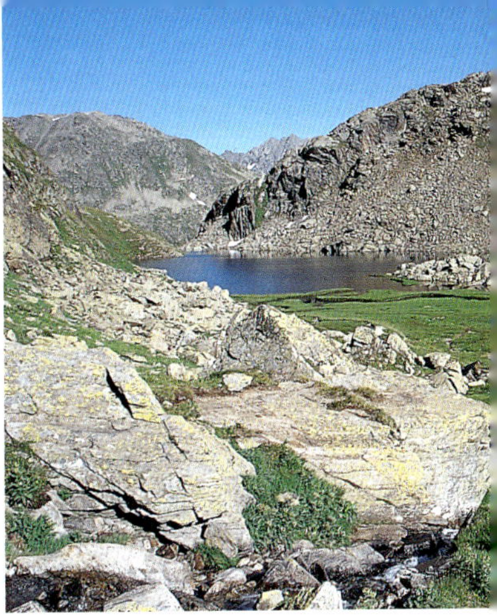

Lai da Tuma – hier entspringt der Rhein.

Während des Abstiegs zum Tomasee reicht der Gipfelkranz vom Medelsergletscher (links) über Piz Ganaretsch (Bildmitte) und Piz Serengia bis zum Piz Alpletta.

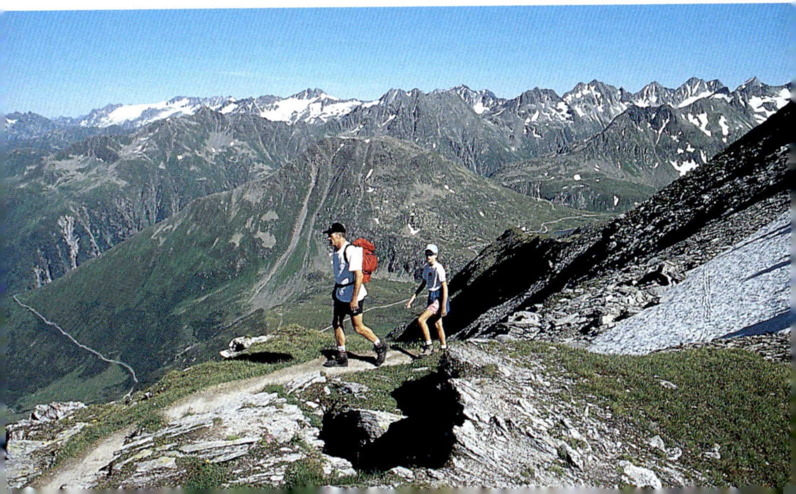

8 Senda Sursilvana 1

4.30 Std.

Panoramareicher Abstieg ins Tujetsch

Mit etwa 100 Kilometer Länge durchzieht der Fernwanderweg Senda Sursilvana die Surselva von West nach Ost. Die hier beschriebene Etappe gilt wegen des aussichtsreichen Abstiegs vom Oberalppass als eine der schönsten.

Ausgangspunkt: Oberalppass, 2044 m. Anfahrt von Andermatt oder Sedrun mit Pkw oder Bahn.
Endpunkt: Sedrun, 1441 m. Zurück zum Oberalppass geht es mit der Bahn.
Höhenunterschied: 400 m im Anstieg und knapp 1000 m im Abstieg.
Anforderungen: Abstiegswanderung mit kurzen kräftigen Gegenanstiegen auf Pfaden und Almwegen.
Einkehr: Las Palas in Milez, eine rustikale Almhütte mit Bündner Spezialitäten.

Vom Bahnhof **Oberalppass (1)**, 2044 m, steigen wir zum Restaurant Piz Calmot auf, queren am großen Parkplatz die Passstraße und folgen den Wanderschildern in Richtung »Senda Sursilvana 85/Pass Tiarms«. Der Pfad läuft vor einer ausgedienten Militärbaracke links aufwärts, zieht dann oberhalb von weiteren Gebäuden entlang und mündet nach knapp 100 m in einen Schotterweg, der uns zum **Pass Tiarms (2)**, 2148 m, bringt. Dort halten wir links und verlassen die Piste knapp fünf Minuten weiter in einen Pfad (Wegzeichen). Der Pfad führt in den Talgrund von Val Val hinab. Auf einem Steg queren wir einen Bach und steigen dann links haltend an der Talflanke leicht bergan.

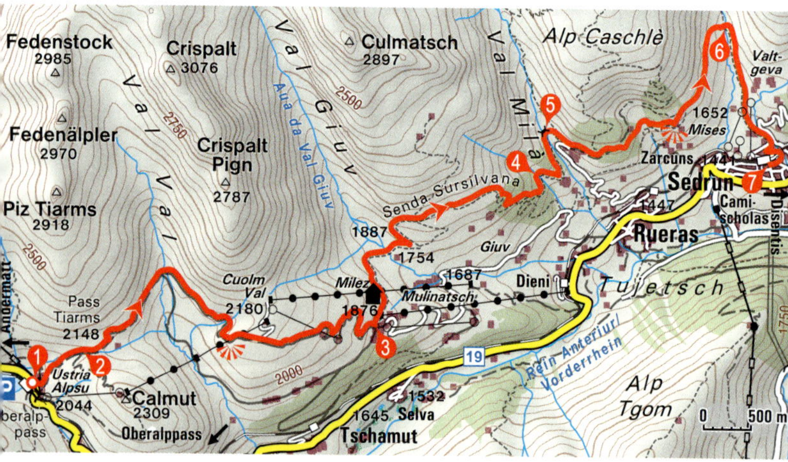

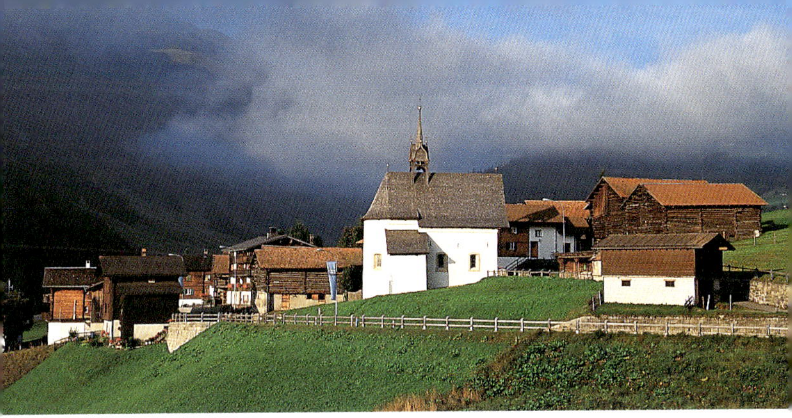

Aufziehender Morgennebel über der Dorfkirche von Zarcuns.

Kurz unterhalb der Bergstation Cuolm Val folgen wir dem Pfad in Pfeilrichtung nach rechts und treffen auf einen Almweg. Nach Süden schauen wir auf den auf der gegenüberliegenden Talseite liegenden Stausee Lai da Curnera und weit ins Val Curnera hinein. Bald liegt uns auch das mit Dreitausendern beidseitig eingefasste Tal der Surselva zu Füßen.

Der Almweg läuft in Schleifen zum Maiensäß **Milez (3)**, 1876 m, hinab. An der Kreuzung vor den ersten Häusern halten wir links (also nicht geradeaus auf dem Schotterweg weiter) und steigen auf einem Wiesenpfad ins **Val Giuv (4)**, 1754 m, ab.

Nach der Flussbrücke gehen wir geradeaus auf dem Wiesenpfad weiter. 6 Minuten nach der Brücke wird scharf links auf einem Bergrücken auf nochmals fast 1900 m Höhe aufgestiegen. Danach wird ein Hang traversiert. Pfosten leiten dann in einen Fichtenwald, durch den wir ins Val Milà absteigen. Nach einem weiteren Gegenanstieg parallel zum Fluss wird auf einer Brücke die **Aua da Milà (5)**, 1645 m, gequert und an einem Strommast ein Almsträßchen erreicht. Wir folgen ihm links aufwärts.

Bald schauen wir auf den Weiler Zarcuns hinab und genießen von einer Bank neben dem Holzkreuz von Mises (1652 m) das ultimative Panorama auf Sedrun. Der Weg zieht nun in einem weiten Bogen ins **Val Strem (6)**, 1573 m, hinab. Gut 150 m nach der Brücke verlassen wir die Senda Sursilvana nach rechts und erreichen etwa 20 Minuten darauf den Bahnhof von **Sedrun (7)**, 1441 m.

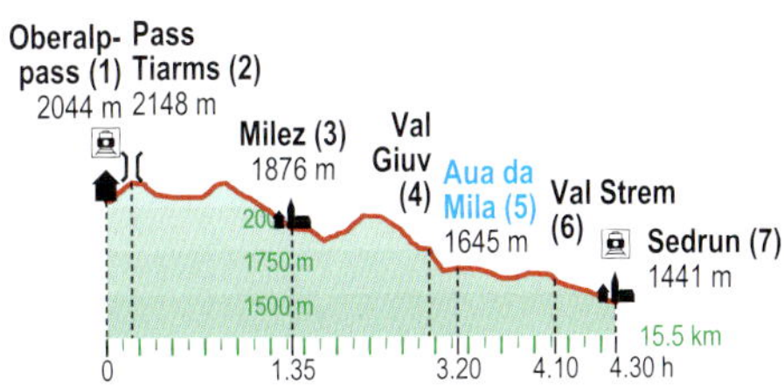

9 Alp Caschlè – Chrüzlipass – Mittelplatten

9.30 Std.

Zwei-Pässe- und Drei-Täler-Runde in den Kanton Uri

Im März 2016 donnerten mehr als 220.000 Kubikmeter Fels von der Westflanke des Cuolm da Vi ins Val Strem. Da weitere, noch größere Felsabbrüche befürchtet werden müssen, ist seither der direkte Aufstieg zum einstmals beliebten Chrüzlipass nicht mehr möglich. Stattdessen muss der Umweg über die Alp Caschlè gewählt werden. Dadurch gewinnt die Rundwanderung von der Surselva über den Chrüzlipass in den Kanton Uri und zurück über die Mittelplatten nach Sedrun zwar an zusätzlicher Attraktivität. Aufgrund der stattlichen Länge von knapp 10 Stunden Wanderzeit empfiehlt sich allerdings eine Übernachtung in der Etzlihütte.

Ausgangs- und Endpunkt: Sedrun, 1441 m.
Höhenunterschied: 1940 m.
Anforderungen: Sehr anstrengende Bergwanderung mit drei langen und teilweise steilen An- und Abstiegen. Bei Nässe rutschig (T3).
Beste Jahreszeit: Ende Juni bis Mitte Oktober.
Einkehr und Unterkunft: Etzlihütte, Tel. +41 41 820 22 88, www.etzlihuette.ch. Restaurants in Sedrun.

Unsere Tour beginnt am **Bahnhof** in **Sedrun (1)**, wo wir an den zahlreichen Parkplätzen vorbeigehen und auf der Via della Staziun zur Hauptstraße gelangen. Hier folgen wir der mit der Nr. 43 markierten Via Son Giachen in einen schmalen Teerweg. Bald haben wir den Hartbelag hinter uns und steigen auf Fahrwegen zum Wegweiser P. 1583 auf, wo wir die linke Variante wählen und damit noch kurze Zeit auf dem Jakobsweg verbleiben. Bei der nächsten Kreuzung mit Bank **P. 1696 (2)** verlassen wir ihn jedoch und steigen zunächst durch einen Wald mit einem Meer an Heidelbeeren, dann oberhalb der Baumgrenze weiter in Richtung »Alp Caschlè« an. Auf einer Höhe von 2040 m vereinigt sich unser Pfad mit einer weiteren Aufstiegsmöglichkeit von Sedrun. Nach weiteren 200 m Anstieg kommen wir zur **Platta di Barlot (Hexenplatte)** und schließlich zur **Alp Caschlè (3)**, wo wir den beeindruckenden Blick hinunter ins Tal und hinüber zum Piz Medel genießen.

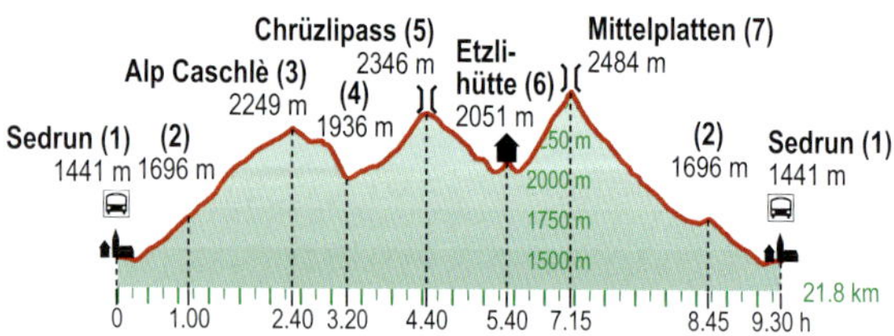

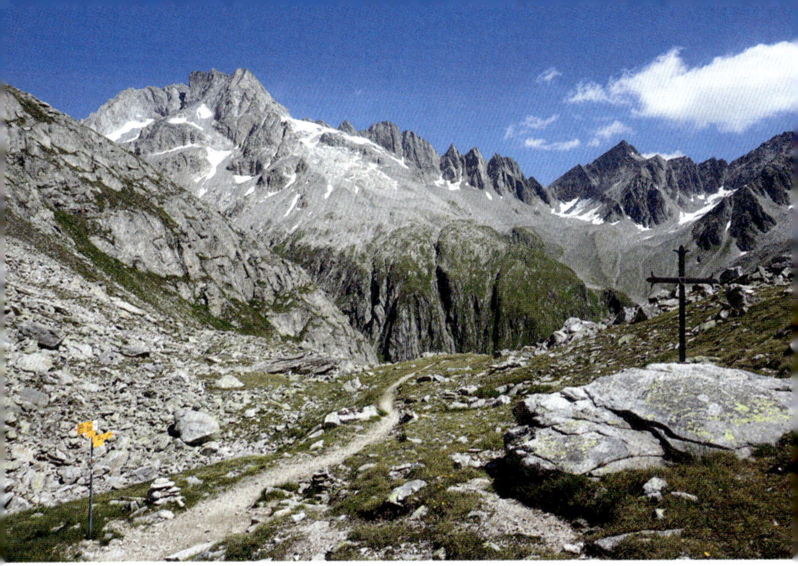

Zweiter Aufstieg geschafft! Blick vom Chrüzlipass Richtung Osten zum Oberalpstock.

Der Weiterweg verläuft zunächst sehr schön, aber teilweise leicht ausgesetzt als Höhenweg oberhalb des Val Strem und kurvt dann zur **Alp Bauns (4)** hinunter, wo der zweite Aufstieg des Tages beginnt. Wir folgen der Strem aufwärts und erreichen ein flaches Hochtal, wo der weiß-rot-weiß markierte Pfad den Bach allmählich verlässt und in der westlichen Talflanke zum mit Steinmännern markierten **Chrüzlipass (5)** ansteigt. Hier verlassen wir den Kanton Graubünden fürs Erste und wandern im Kanton Uri weiter. Während des angenehmen Abstiegs durch das Chrüzlital eröffnet sich nach Norden ein weiter Blick ins Maderanertal und sogar zum Vierwaldstättersee. Auf der Müllersmatt überquert man zweimal einen Gebirgsbach und steigt anschließend die 50 Höhenmeter zur **Etzlihütte (6)** auf. Von deren Terrasse aus überblickt man mit dem felsigen Steilhang und der Stromleitung von Mittelplatten bereits das nächste Teilstück der Wanderung. Frisch gestärkt wieder zurück zur Müllersmatt.
Der nun folgende Aufstieg, der wieder auf der Via Son Giachen verläuft, gestaltet sich aufgrund der zunehmend felsigen Szenerie recht ruppig. Teilweise erleichtern Eisengriffe oder -stifte das Vorankommen. Ein Pfad ist oft nur schwach oder auch gar nicht zu erkennen, aber die Markierungen leiten uns zuverlässig in die Höhe. Man bewegt sich dabei meist ein Stück rechts der Stromtrasse. Genau beim vierten Mast erreicht man den **Passübergang Mittelplatten (7)** und damit den höchsten Punkt unserer Tour.

Beim Abstieg ins Val Milà befinden wir uns wieder auf Bündner Boden. Im steilen oberen Teil bis zur **Schutzhütte Val Milà** (2215 m) sind die schwierigsten Stellen großzügig mit Ketten gesichert. Weiter unten kann der Pfad je nach Jahreszeit und Wetterbedingungen recht sumpfig sein. Er wird immer breiter, geht schließlich in einen Fahrweg über und stößt beim Wegweiser oberhalb des Weilers Milà auf die **Senda Sursilvana (Nr. 85)**. Wir folgen ihr links aufwärts und erreichen bald die Kreuzung **P. 1696 (2)**, wo sich der Kreis schließt. Auf dem Anstiegsweg hinab zum **Bahnhof Sedrun (1)**.

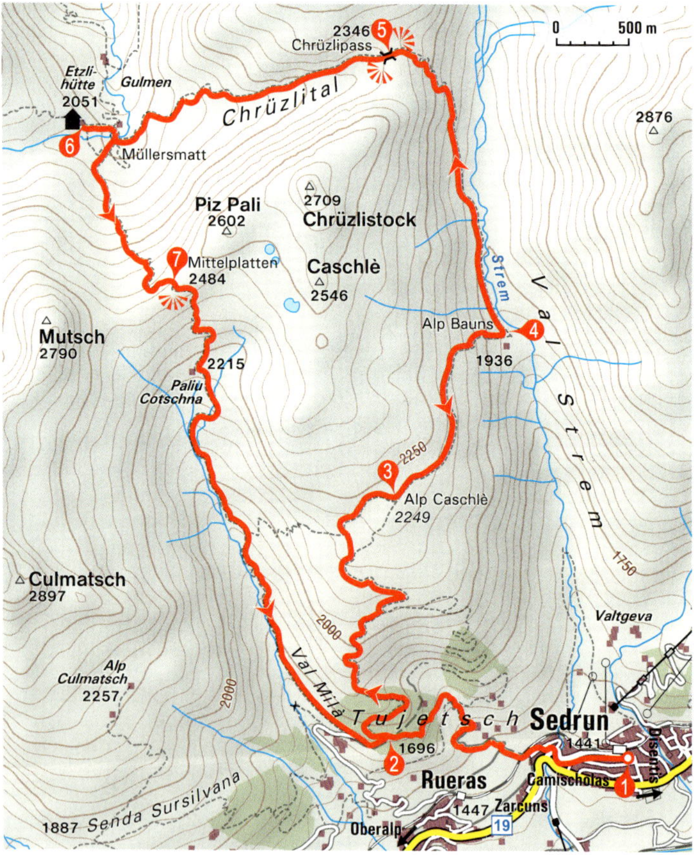

7.00 Std.

Lai da Nalps – Garvers dil Tgom 10

Die ruhige Seite von Sedrun

Wegen der neuerbauten Seilbahn nach Cuolm da Vi, der Senda Sursilvana und der beliebten Tour über den Chrüzlipass ist man nördlich von Sedrun kaum einmal alleine unterwegs. Ganz anders auf der Südseite des Vorderrheins: Da lockt das stille Val Nalps mit dem im Jahr 1962 errichteten Stausee, wo man nur selten auf andere Wanderer trifft. Das erstaunt, denn schön ist es auch dort, und das Panorama vom unscheinbaren Garvers dil Tgom vermag ebenfalls zu begeistern.

Ausgangs- und Endpunkt: Sedrun, 1441 m.
Höhenunterschied: 1300 m.
Anforderungen: Der Aufstieg von der Staumauer zum Garvers dil Tgom ist vor allem zu Beginn recht steil und leicht ausgesetzt (T3); sonst nur mässig schwierige Tour, die dafür einiges an Kondition voraussetzt (T2).
Beste Jahreszeit: Juni bis Oktober.
Einkehr: Restaurant Placi Pign in Surrein, Tel. +41 81 943 26 10, www.placipign.ch; mehrere Restaurants in Sedrun.

Am **Bahnhof** in **Sedrun (1)** vertrauen wir uns der Wegweisung Richtung **Surrein** an. Durch die Via Gionda leitet sie uns zur Hauptstraße hinunter, folgt ihr nach links über die Drun und führt in den alten Ortsteil von Sedrun. Kurz nach der kleinen Kapelle biegen wir rechts auf das mit »Surrein« beschilderte Sträßchen ab, verlieren noch einmal einige Höhenmeter, überqueren den Vorderrhein und wenden uns bei der unmittelbar folgenden Kreuzung nach rechts. (Den Abstecher nach links zum beliebten Badesee Bogn Claus heben wir uns für den Rückweg auf.) Die Straße auf einem breiten Fahrweg abkürzend erreichen wir das kleine Dorf **Surrein (2)**.
Hier weist uns die Beschilderung »Val Nalps« nach links. Wir kürzen das Sträßchen bald ein weiteres Mal ab, folgen ihm dann aber für längere Zeit ins Val Nalps hinein. Bei der **Verzweigung** auf der Höhe von **1488 m** wählen wir den linken Weg zum Stausee, steigen kurz zum Rein da Nalps ab und errei-

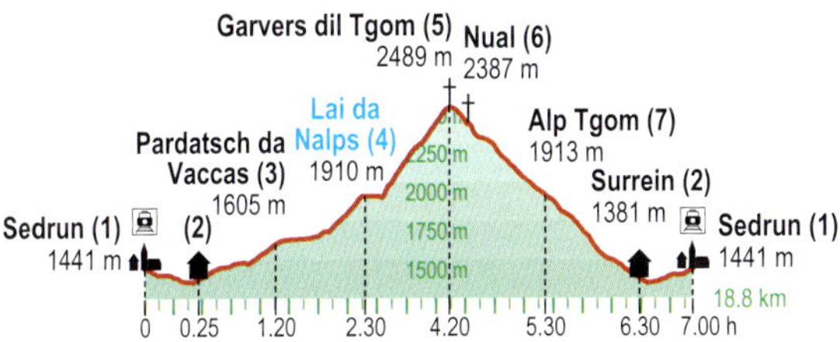

chen, bald auf einem ungeteerten Fahrweg, die Häuser von **Pardatsch da Vaccas (3)**. In der Ferne erblicken wir die Staumauer, der wir uns auf einem schönen Wiesenpfad weiter nähern. Nach diesem eher flachen Abschnitt kommen wir wieder zur Straße, die in zahlreichen Serpentinen zum Stausee hinaufkurvt. Wir benützen sie aber kaum, da wir sie insgesamt sechsmal auf schmalen, aber steilen Wegen abkürzen können. Über die Staumauer des **Lai da Nalps (4)** gelangen wir dann auf die andere Talseite.
Am Ende der Dammkrone biegt der Weg unmittelbar nach rechts ab und verliert zunächst ein paar Höhenmeter, nur um dann umso steiler wieder an-

Lai da Nalps, eingerahmt von Piz Rondadura (links) und Piz Blas.

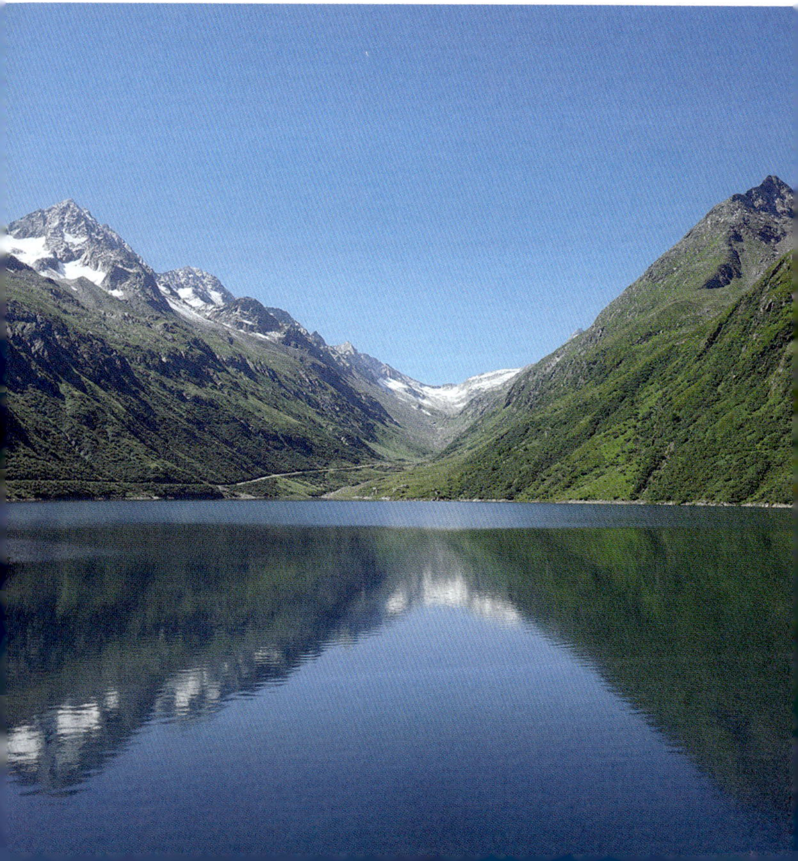

zusteigen. Gleich zu Beginn sind einige heiklere Stellen mit Ketten abgesichert. Der Pfad holt nach Süden aus, zieht dann wieder nach Norden und erreicht die Wegverzweigung P. 2250 in der Ostflanke der Fil d'Alpetta. Von hier sind noch einmal 230 Meter an Steigung zu bewältigen, bis wir schließlich auf dem Gipfel des **Garvers dil Tgom (5)** stehen. Der entsprechende Wegweiser befindet sich bereits in einem passartigen Einschnitt. Für den eigentlichen Gipfel mit kleinem Steinmännlein müssen wir dem Grat noch einige Meter in nordöstlicher Richtung folgen. Auch für den Abstieg halten wir uns meist an den deutlich ausgeprägten Grat. Man überschreitet mit dem **Nual (6)** einen weiteren unscheinbaren, aber aussichtsreichen Gipfel, verliert anschließend kontinuierlich an Höhe und erreicht die **Alp Tgom (7)**. Wir umrunden die Station der Luftseilbahn (welche leider nur während der Wintersaison in Betrieb ist). Bei der Informationstafel »Uaul Prau Nausch« wenden wir uns nach rechts. Die Wanderroute führt über Wiesen und durch Wald zu einer herrlichen Grillstelle, zieht in einer Diagonale hinab zu einem Fahrweg, der aber bloß berührt wird, und verläuft unterhalb davon weiter abwärts. Schließlich erreicht der gut markierte Weg **Surrein (2)**, wo wir uns im **Bogn Claus** eine Abkühlung gönnen. Auf bekanntem Weg zurück zum **Bahnhof Sedrun (1)**.

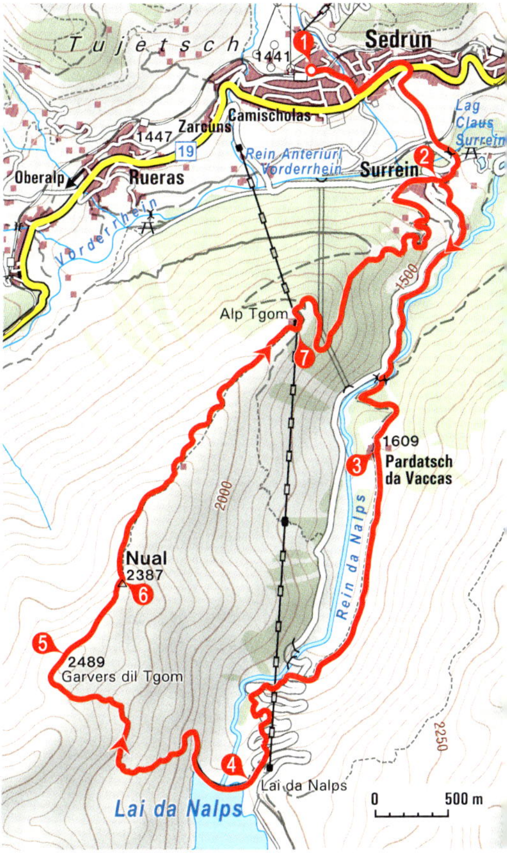

11 Der Höhenweg von Disentis nach Sedrun

5.40 Std.

Die »Panoramatour« über Gendusas Dadens

Hoch über dem Vorderrhein verbindet ein aussichtsreicher Höhenweg Disentis und Sedrun. Von den Tourismusbüros der beiden Ferienorte wird die Tour als die »Panoramawanderung« schlechthin angeboten. Der größtenteils breite Schotterweg mag etwas unromantisch sein, hat jedoch den Vorteil, dass man die herrliche Aussicht auf die Südseite der Surselva genießen kann, ohne dabei auf jeden Schritt achten zu müssen.

Ausgangspunkt: Disentis, 1130 m.
Endpunkt: Sedrun, 1441 m. Rückfahrt nach Disentis mit der Bahn.
Höhenunterschied: 1230 m im Anstieg und gut 900 m im Abstieg.
Anforderungen: Langer Anstieg auf breiten Wegen und Pfaden mit stellenweise leicht ausgesetzten Passagen.
Einkehr: Bergrestaurant Caischavedra, Tel. +41 81 920 30 84; Baracca Cuolm da Vi.
Variante: Vom Ortsteil Santa Catrina in Disentis fährt eine Seilbahn zur Caischavedra hinauf (www.disentis3000.ch). Dies spart gut 700 Höhenmeter im Aufstieg und verkürzt die Wanderzeit um 2.30 Std. Ebenso ist es möglich, die Wanderung in Cuolm da Vi zu beenden und von dort mit der 2019 erbauten Luftseilbahn nach Sedrun hinunterzufahren.

Vom Bahnhof **Disentis (1)**, 1130 m, folgen wir der Straße nach Westen, überqueren die Passstraße zum Lukmanier und gehen an der Pfarrkirche vorbei zur Hauptstraße (Via Alpsu) hinauf. Diese wird ebenfalls gekreuzt. Ein schmaler Teerweg bringt uns weiter aufwärts in Richtung Santa Catrina. Nach dem Parkhotel Baur wandern wir rechts am Ufer des Acletta-Bachs zur Talstation der Bergbahn in **Santa Catrina (2)**, 1215 m. Wir gehen geradeaus zwischen Gebäude und Bach weiter, queren oberhalb von der Station den Bach und steigen leicht links haltend auf einem Pfad zu einem Sträßchen in Richtung Segnas auf.

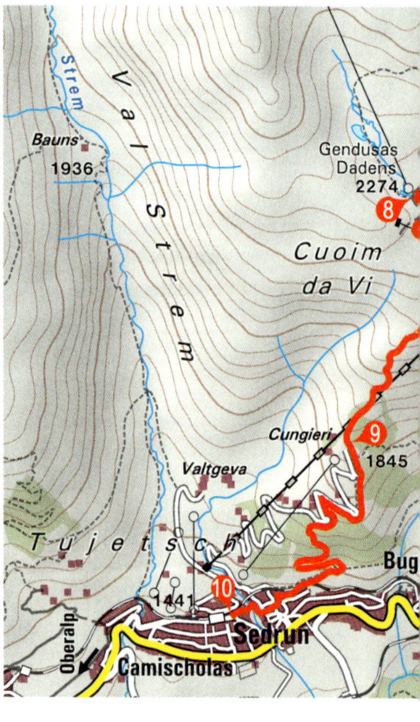

Der Teerweg führt durch die Ferienresidenzen von **Acletta (3)**, 1300 m. Am westlichen Ortsrand endet das Sträßchen an einem Wendekreis. Wir gehen hier geradeaus über eine Wiese und treffen vor einem Bachtal auf einen Querweg, der uns rechts nach **Peisel (4)**, 1350 m, bringt. Von dem kleinen Weiler wandern wir zum hübschen Nachbarort **Segnas (5)**, 1334 m, hinüber. An der Kirche biegen wir rechts in Richtung »Caischavedra« in einen für den öffentlichen Verkehr gesperrten schmalen Teerweg ein, der das Val Segnas hinaufführt. Gut 20 Minuten nach der Kirche queren wir am **Crap Alv (6)**, 1490 m, den Segnasbach und verlassen das Sträßchen geradeaus in einen ungeteerten Almweg. Dieser geht nun weitere 20 Minuten recht steil am Bach bergauf, schwenkt dann nach rechts und endet schließlich vor einem Heustadel. Von hier steigen wir halb links einen Zickzackpfad durch einen Fichtenwald bis zur Bergstation **Caischavedra (7)**, 1860 m, auf. Von der Terrasse des Panoramalokals lässt sich eine umfassende Aussicht auf die Südkette der Surselva genießen.
An der Bergstation folgen wir auf breitem Weg den Wanderschildern in Richtung »Gendusas/ Cuolm da Vi«. Der Schotterweg schlängelt sich in Kehren an der Trasse eines Skilifts nach **Gendusas** (2173 m). An der Gabelung

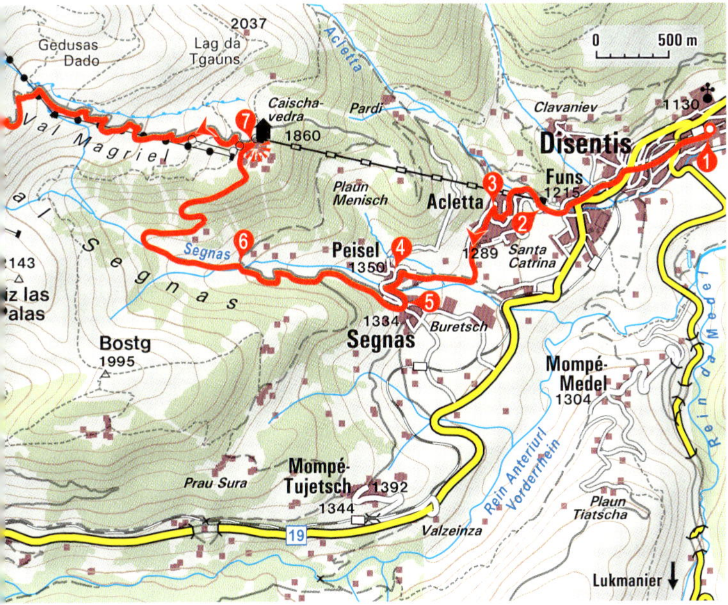

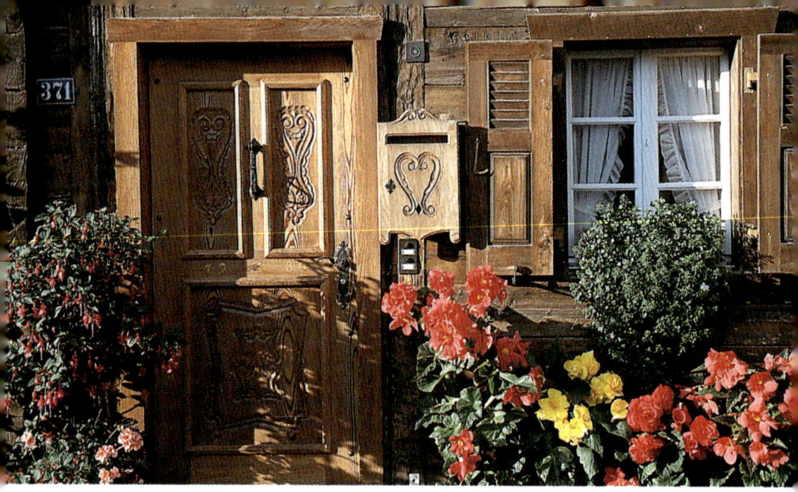

Oben: Segnas weiß durch seine detailverliebten Chalets zu gefallen.
Rechts: Beim Abstieg von Cungieri zeigt sich Sedrun wie aus der Vogelschau.

5 Minuten darauf halten wir uns links, steigen einen felsigen Gratausläufer (2310 m) empor und erreichen an einem kleinen See die Skiliftstation **Gendusas Dadens (8)**, 2274 m. Hier heißt es aufgepasst: Am Ausfluss des Sees biegen wir von der Schotterpiste links in einen anfangs steinigen Pfad ein, auf dem wir in wenigen Minuten nach Cuolm da Vi hinunterwandern. Wer nicht die Seilbahn benützt, steigt auf steilem Weg weiter ab bis zur Mittelstation **Cungieri (9)**. Auch jetzt macht der »Panoramaweg« seinem Namen alle Ehre: Wir können fast das ganze Vorderrheintal überblicken, im Osten bis Ilanz, im Westen bis zum Oberalppass.
Von Cungieri steigen wir zunächst einige Minuten auf einem breiten Wiesenweg weiter ab. Vor einem Holzkreuz verlassen wir diesen in einen Waldpfad, der nach 10 Minuten in einen breiten Almweg mündet. Von dem Almweg geht bald wieder ein Waldpfad ab, der im Zickzack zum Ortseingang von Sedrun führt. An den ersten Häusern gehen wir links die Bahnunterführung hindurch, halten uns das nächste Sträßchen rechts zum Schwimmbad und folgen dann abermals rechts der Ausschilderung zum Bahnhof **Sedrun (10)**, 1441 m.

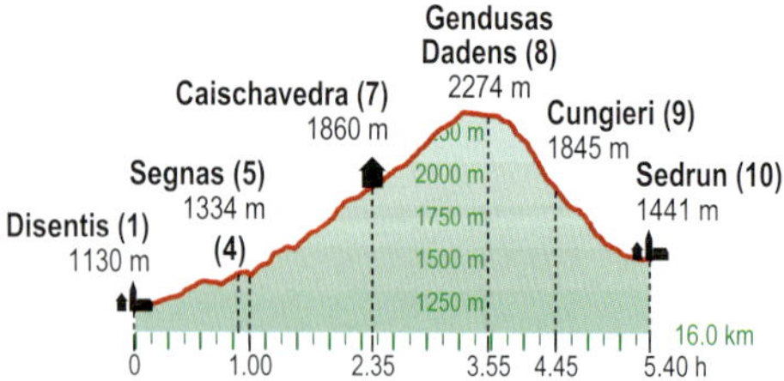

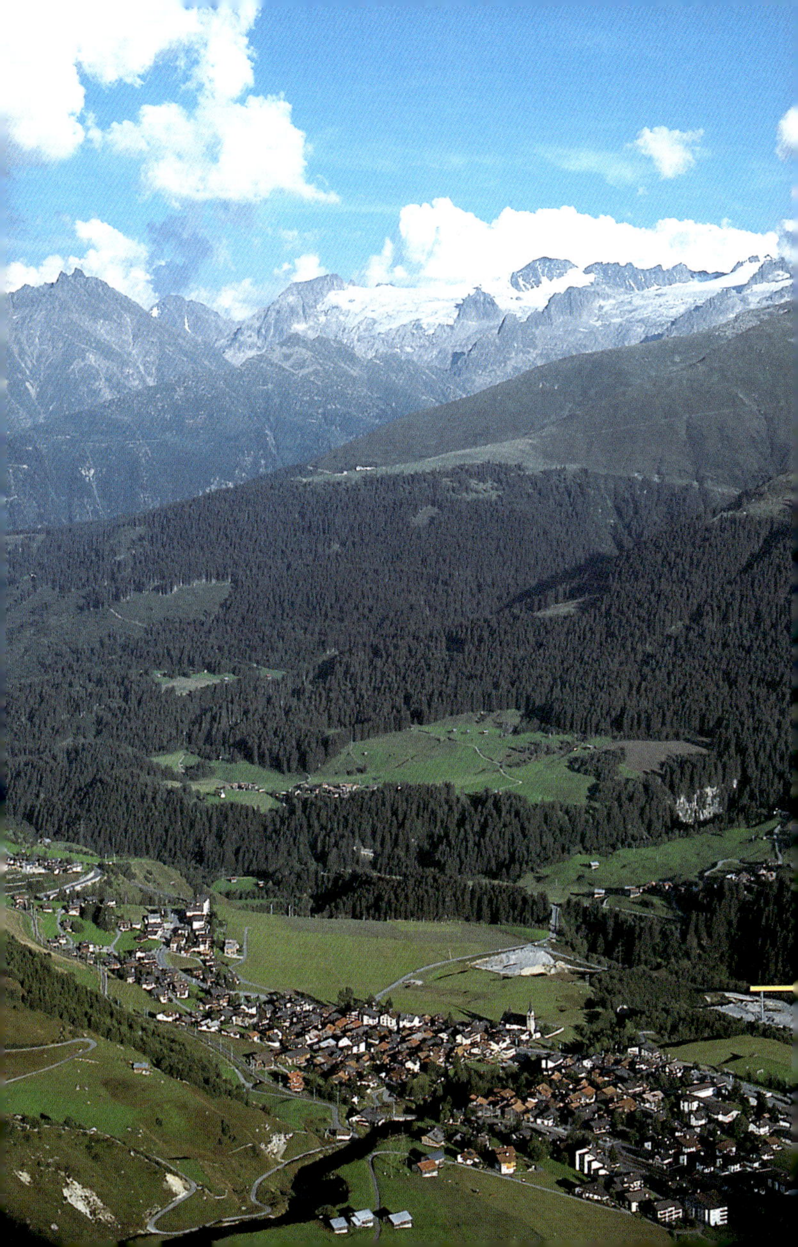

12 Über den Bostg, 1995 m, zur Caischavedra

3.45 Std.

Der Blumenweg über dem Val Segnas

Der lang gestreckte Rücken des Bostg nimmt sich mit seinen kaum 2000 Metern angesichts der umgebenden Dreitausender fast wie ein Hügel aus. Doch durch die frei stehende Lage inmitten des Tales ist er einer der besten Aussichtspunkte in der Surselva.

Ausgangspunkt: Disentis, Ortsteil Santa Catarina, 1215 m, Seilbahn-Talstation (www.disentis.fun).
Höhenunterschied: 890 m im Anstieg, 250 m im Abstieg.
Anforderungen: Das erste Wegstück auf schmaler Teerstraße, im weiteren Verlauf gut ausgetretene Pfade.

Einkehr: Restaurant Caischavedra, Tel. +41 81 920 30 84.
Kombi-Tipp: Von Caischavedra kann man auf Tour 11 über Cungieri nach Sedrun absteigen (zusätzl. Gehzeit 3.10 Std.).
Variante: Von Caischavedra nicht per Seilbahn, sondern auf dem Anstiegsweg von Tour 11 zurück nach Santa Catarina.

Wir beginnen die Wanderung in **Santa Catrina (1)**, 1215 m, an der Talstation der Bergbahnen am westlichen Ortsrand von Disentis. Oberhalb des Gebäudes leiten uns Wanderschilder zunächst in Richtung »Segnas«. Der anfangs geteerte Weg führt an schmucken Chalets vorbei zur Kirche von **Acletta (2)**, 1300 m, hinauf. Am westlichen Ortsrand endet das Sträßchen an einem Wendekreis. Wir gehen hier geradeaus über eine Wiese und treffen vor ei-

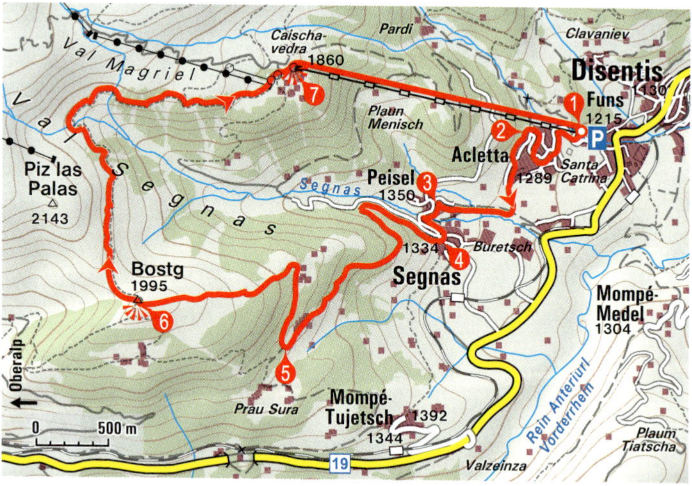

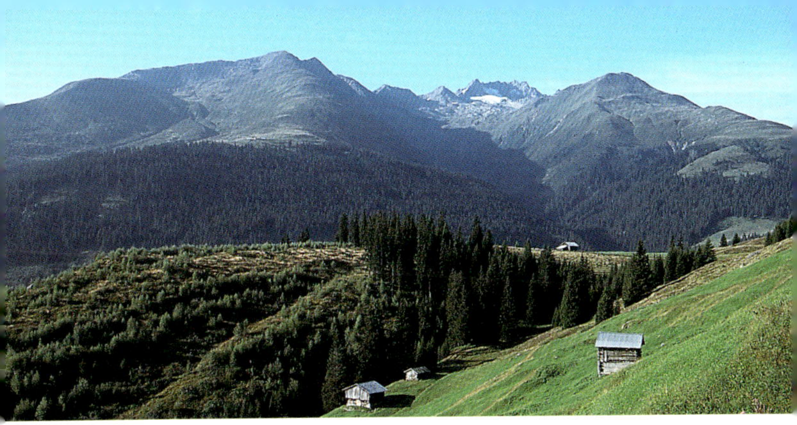

Von den Heustadeln in Prau Sura fällt der Blick gegen Süden auf den Piz Gierm, der vom Piz Pazzola (links) und dem Vanatsch eingerahmt wird.

nem Bachtal auf einen Querweg, der uns rechts über Glaretsch nach **Peisel (3)**, 1350 m, und von dort in den Nachbarort **Segnas (4)**, 1334 m, bringt. An dem modernen Brunnen vor der Kirche halten wir scharf rechts in Richtung »Bostg«. Wir folgen dem für den öffentlichen Verkehr gesperrten schmalen Teerweg eine Viertelstunde ins Val Segnas hinein und biegen dann am Waldrand links in einen Forstweg ab.
Kurz vor **Prau Sura (5)**, 1615 m, bieten sich zwei Aufstiegsvarianten zum Bostg an. Wir wählen rechts den im spitzen Winkel nach Norden führenden Waldpfad. Nach zwei Almhütten schwenkt der Pfad nach Westen, der Wald lichtet sich und macht Alpenrosenfeldern Platz. Über das Segnastal hinweg schauen wir auf die Bergstation Caischavedra, über der sich ein felsiger Bergkamm erhebt, der sich vom Piz Ault bis zum Piz Alpetta im Osten zieht. Von dem Rücken des **Bostg (6)**, 1995 m, wird das Panorama nach Süden durch die Aussicht auf die vergletscherte Medelsergruppe ergänzt. Auf dem Bostg laufen die Wanderwege von Prau Sura und Sedrun zusammen. Wir steigen in nordöstlicher Richtung auf einem Kamm ab, der das Val Segnas von Sedrun trennt. Der als Blumenpfad angelegte Höhenweg läuft anschließend in einem weiten Rechtsbogen mehr oder weniger höhehaltend über Plaun Petschen (1918 m) bis zur Bergstation **Caischavedra (7)**, 1860 m. Per Seilbahn geht es zurück nach **Santa Catrina (1)**.

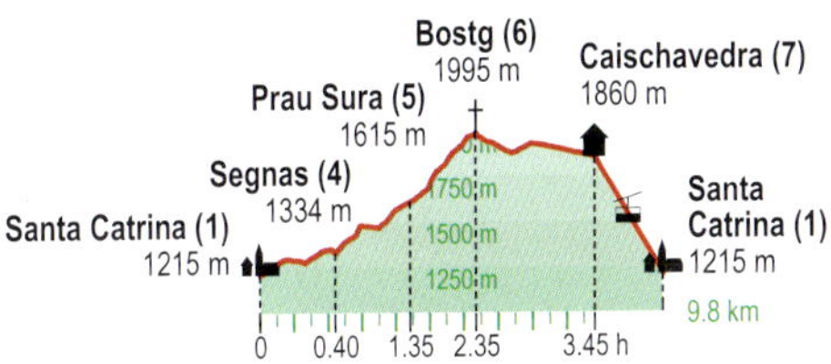

13 Piz Lumpegna Südostgrat, 2510 m

7.15 Std.

Grandiose Seenrunde am Nordkamm der Surselva

Für diese anspruchsvolle Hochgebirgstour macht es Sinn, sich zunächst den Seilbahnbetrieben anzuvertrauen, um die ersten 650 Höhenmeter zur Caischavedra bequem in einer Kabine zu überwinden. Bis zum leicht erreichbaren Lag Serein ist der Pfad viel begangen, danach herrscht Bergeinsamkeit pur. Aus unmittelbarer Nähe fasziniert vor allem der Gratabschnitt zwischen Piz Cavardiras und Piz Lumpegna, an dessen Fuß sich mit dem Lag Brit ein weiterer pittoresker Bergsee versteckt.

Ausgangspunkt: Disentis, Ortsteil Santa Catrina, 1215 m, Seilbahn-Talstation (www.disentis.fun).
Höhenunterschied: 730 m im Anstieg und gut 1400 m im Abstieg.
Anforderungen: Anstrengende Auf- und Abstiege durch teils wegloses Terrain.

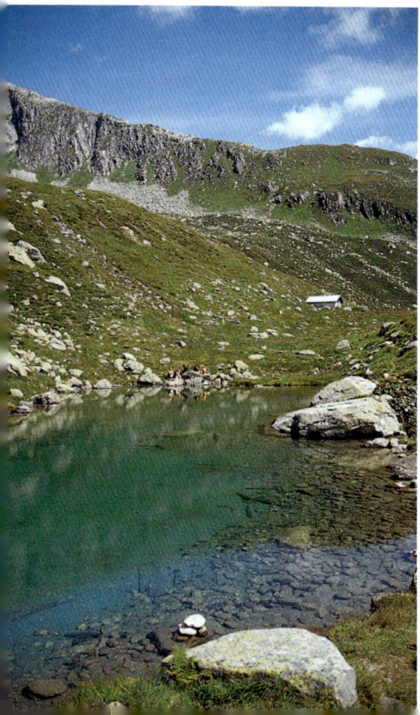

Nach dem Aufstieg mit der Seilbahn ab **Santa Catrina (1)**, 1215 m, folgen wir an der Bergstation **Caischavedra (2)**, 1860 m, dem zunächst breiten Weg in Richtung »Lag Serein«. Nahe den Sonnenkollektoren teilt sich der Weg: Geradeaus geht es nach Cungieri (→ Tour 11), wir nehmen den rechts abgehenden Pfad und arbeiten uns den Hang unterhalb des schroffen Bergkammes hinauf, der sich vom Piz Ault bis zum Piz Alpetta über dem Val Russein zieht. In Lag da Tgauns (2037 m) passieren wir einen Linksabzweig nach Gendusas, der Blick öffnet sich nun auf Piz Cavardiras, Piz Run und Piz Lumpegna. Höhehaltend wird in einem weiten Rechtsbogen das Val Acletta umlaufen und der **Lag Serein (3)**, 2072 m, erreicht. Die Ufer des Bergsees sind angesichts der idyllischen Lage ein ziemlich beliebter Picknickplatz. An der Schutzhütte 50 m nach dem See heißt es aufgepasst: Wir gehen nicht halb rechts nach Tiolas, son-

Die Felsblöcke an den Ufern des Lag Serein sind ein beliebter Picknickplatz.

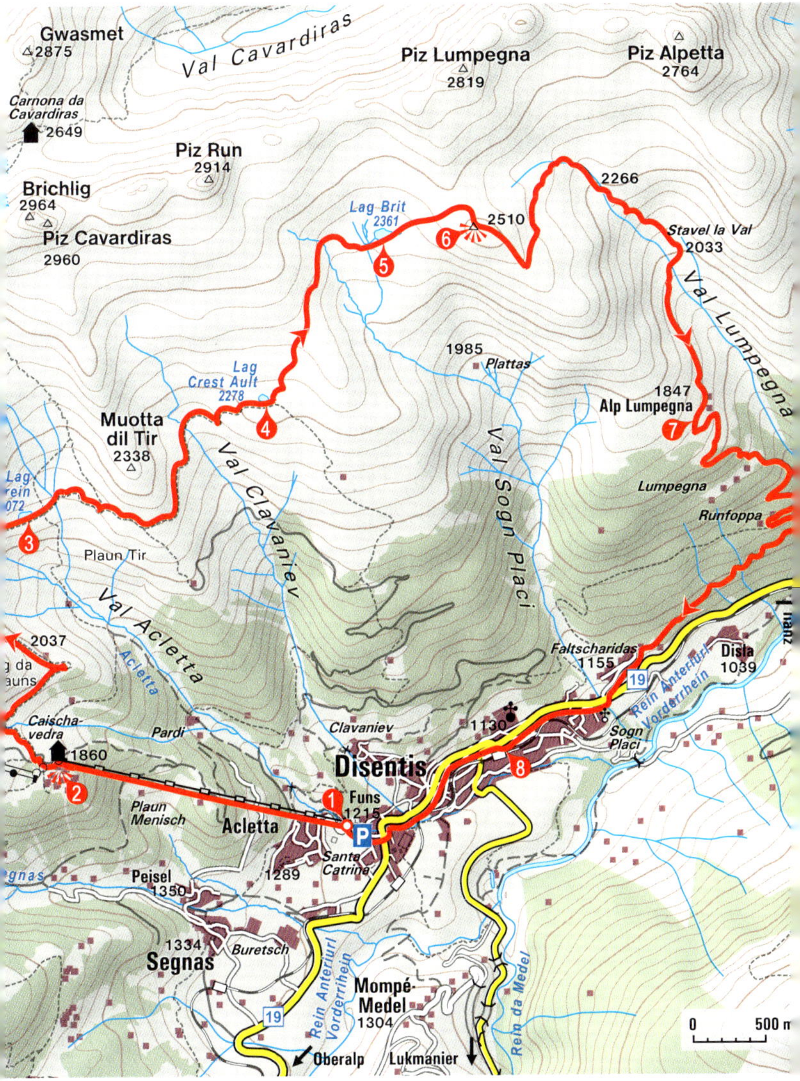
Gwasmet
2875
Val Cavardiras
Piz Lumpegna
2819
Piz Alpetta
2764
Carnona da Cavardiras
2649
Piz Run
2914
Brichlig
2964
Piz Cavardiras
2960
Lag Brit
2361
2510
2266
Stavel la Val
2033
Val Lumpegna
Lag Crest Ault
2278
1985
Plattas
1847
Alp Lumpegna
Muotta dil Tir
2338
Val Clavaniev
Val Sogn Placi
Lumpegna
Runfoppa
Plaun Tir
Val Acletta
Acletta
2037
Faltscharidas
1155
Disla
1039
Ilanz
Caischavedra
1860
Pardi
Clavaniev
1130
Sogn Placi
Rein Anteriurl Vorderrhein
19
Disentis
Funs
1215
Plaun Menisch
Acletta
Santa Catrina
1289
Peisel
1350
1334
Segnas
Buretsch
Rein Anteriurl Vorderrhein
Mompé-Medel
1304
Rein da Medel
Oberalp
Lukmanier
0
500 m

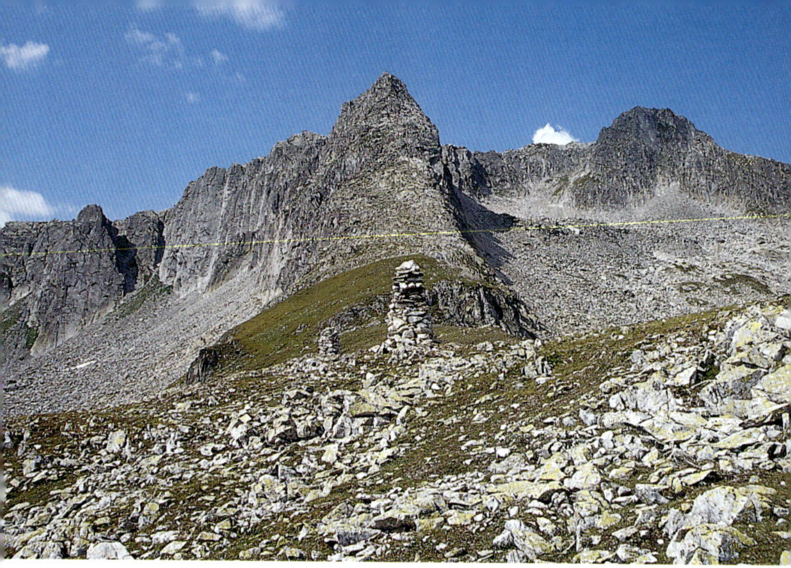

Piz Lumpegna, gesehen vom Südostgrat (rechts davon der Piz Alpetta).

dern auf einem zunächst wenig ausgeprägten Pfad geradeaus weiter in Richtung »Lag Brit«, lassen also den auf einen Fels gesetzten gemauerten Bildstock rechts liegen.

Der weiterhin an Panoramen reiche Pfad bringt uns nach kurzem Steilanstieg zur Plaun Tir (2145 m). An den Lawinenverbauungen öffnet sich vor uns das Val Clavaniev, das im Norden vom Piz Cavardiras und Piz Run überragt wird. Weiter steil ansteigend erreichen wir den **Lag Crest Ault (4)**, 2278 m, einen Teich, der nur nach schneereichen Wintern Wasser hat. Wir gehen nun auf Sicht geradeaus auf die Hörner des Piz Lumpegna zu, wobei wir uns von den gut gesetzten Markierungen leiten lassen. Unterhalb der Südwand des Piz Lumpegna wird ein Schuttfeld durchstiegen, das einer unwirtlichen Mondlandschaft gleicht. Inmitten der Einöde nimmt sich der **Lag Brit (5)**, 2361 m, wie eine Fata Morgana aus. Am Ostende des Sees beginnt über Schutthalden der beschwerliche Anstieg auf den **Südostgrat** des Piz Lumpegna. Auf der Einsattelung Umens (2485 m) erwartet uns eine grandiose Aussicht auf das Felsspektakel der umliegenden Bergriesen. Wir steigen auf dem Grat noch ein Stück zu **P. 2510 (6)** auf, von dem es nun genauso steil bergab geht, wie es hinaufgegangen ist.

Gut 10 Minuten nach dem höchsten Punkt der Route folgen wir dem roten Pfeil nach links und steigen auf einem nordöstlichen Gratausläufer ins Val Lumpegna ab. Nochmals wollen unbequeme Schuttfelder durchstiegen

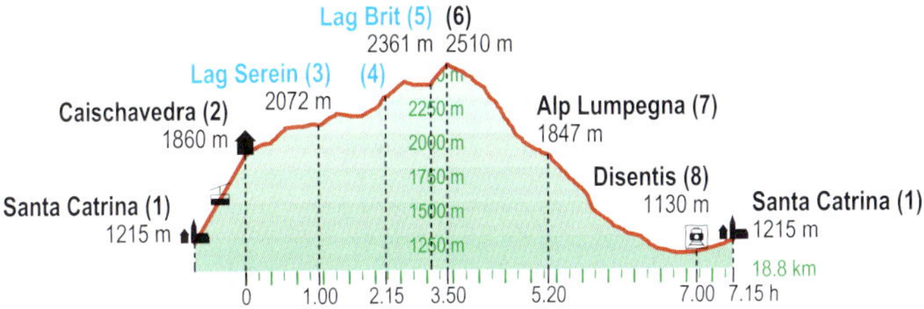

werden, wobei man ständig nach Markierungen Ausschau halten muss. Wenig oberhalb des Gebirgsbaches erreichen wir das Fundament einer ehemaligen Hütte (2266 m). Der plätschernde Bach wird gequert, die Mauerreste einer weiteren Hütte markieren Stavel la Val (2033 m). Ein bequemer Almweg nimmt uns auf und zieht den Westhang des Tales zum Holzkreuz der **Alp Lumpegna (7)**, 1847 m, hinab.
Nächste Etappe ist Runfoppa (1640 m), wo sich zwei Abstiegsmöglichkeiten anbieten. Wir wählen die östliche Variante. Ein breiter Forstweg bringt uns hinab nach Faltscharidas (1155 m) und weiter zur Hauptstraße am Ortseingang von **Disentis**. Wer zum **Bahnhof (8)** und zur Bushaltestelle muss, geht einige Schritte nach der Kirche Sogn Placi den Weg links abwärts. Bleibt man auf der Hauptstraße, kommt man am Benediktinerkloster vorbei durch den Ortskern zurück zur Talstation **Santa Catrina (1)**.

Schroff ragt der Grat des Piz Cavardiras über Crest Ault auf.

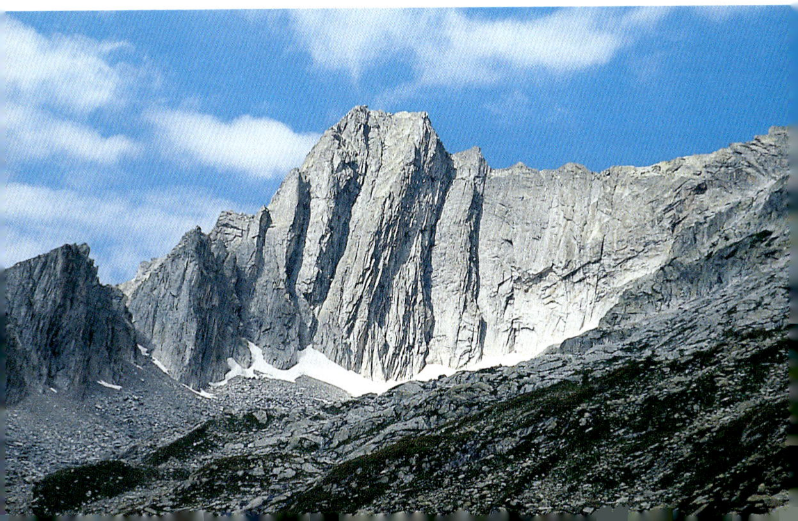

14 Über den Stagias, 1633 m

4.30 Std.

Beschaulicher Spaziergang durch das Tujetsch

Der leichteste Weg, sich einen Überblick über das Tujetsch zu verschaffen, ist der Aufstieg auf den Stagias. Von dem teils bewaldeten, teils von einer vielfältigen Alpenflora überzogenen Bergrücken genießt man sowohl Ausblicke auf die Nord- als auch die Südseite der Talschaft.

Ausgangspunkt: Bahnhof Mumpé Tujetsch, 1344 m. Mit dem Pkw fährt man auf der Straße Disentis–Sedrun 4 km bis zum Abzweig Mumpé Tujetsch.

Höhenunterschied: Gut 700 m.
Anforderungen: Überwiegend breite und gut begehbare Forstwege, teilweise geteert.

Vom Bahnhof **Mumpé Tujetsch (1)**,1344 m, gehen wir durch die Unterführung zur Hauptstraße Disentis–Sedrun hinab (Autofahrer parken hier). Rechts beginnt in Richtung »Stagias« ein für den Verkehr gesperrtes Teersträßchen, das uns zum Vorderrhein hinunterbringt. Der Fluss wird auf einer Brücke überquert, 2 Minuten darauf halten wir uns in **Cavorgia (2)**, 1229 m, links. Das Sträßchen beschreibt eine weite Kurve, wo von links unser Rückweg

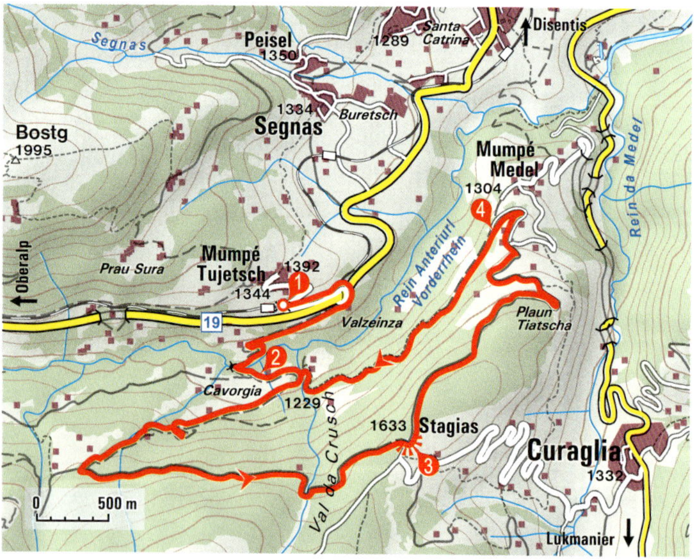

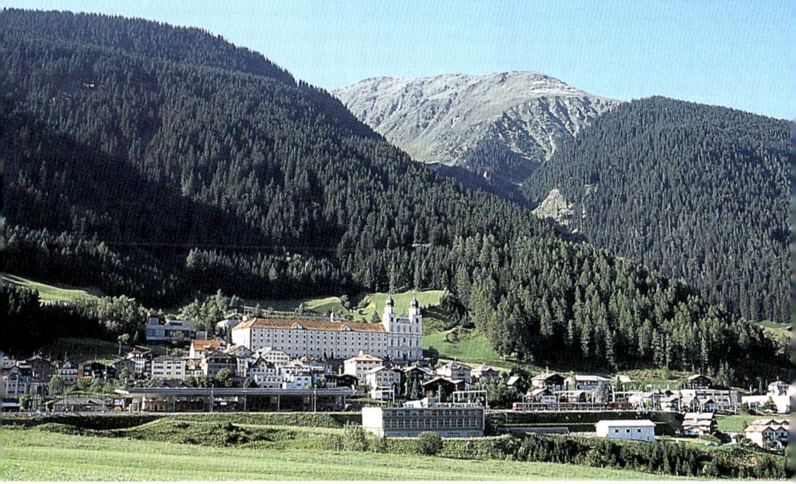

Unübersehbarer Blickfang in Disentis ist die barocke Benediktinerabtei St. Martin.

einmündet, und steigt kontinuierlich die Südseite des Vorderrheintales hinauf. An der Gabelung auf 1450 m gehen wir scharf links auf einem Forstweg weiter. 20 Minuten nach der Gabelung wandern wir an einer nicht ausgeschilderten Verzweigung geradeaus. Der Weg zieht nur noch sanft ansteigend ein Stück in das Val Crusch hinein. Schließlich wird der höchste Punkt des Bergrückens **Stagias (3)**, 1633 m, erreicht, von dem sich das Panorama auf die Medelsergruppe mit ihren ausladenden Gletscherzungen öffnet.
Vom Stagias steigen wir in nordöstlicher Richtung ab. Eine Viertelstunde nach der Flurbezeichung Plaun Tiatscha (1489 m) verlassen wir das Sträßchen geradeaus in einen Feldweg, der bald in einen Wiesenweg übergeht. Wir stoßen auf einen Querweg, auf dem man rechts in wenigen Minuten **Mumpé Medel (4)**, 1304 m, erreicht. Sofern wir diesen Abstecher auslassen, folgen wir dem Querweg links leicht ansteigend und zweigen 10 Minuten später rechts in einen mit »Valzeinza« ausgeschilderten Pfad ab. Dieser fällt anfangs in Zickzackkehren recht steil ab, traversiert dann den Hang und mündet nach einer halben Stunde in einen Weg, der uns ein kurzes Stück leicht bergauf führt und dann einen Bachlauf quert. Kurz vor Cavorgia treffen wir wieder auf das vom Hinweg bekannte Teersträßchen, das uns nach Valzeinza bzw. zum Bahnhof **Mumpé Tujetsch (1)** zurückbringt.

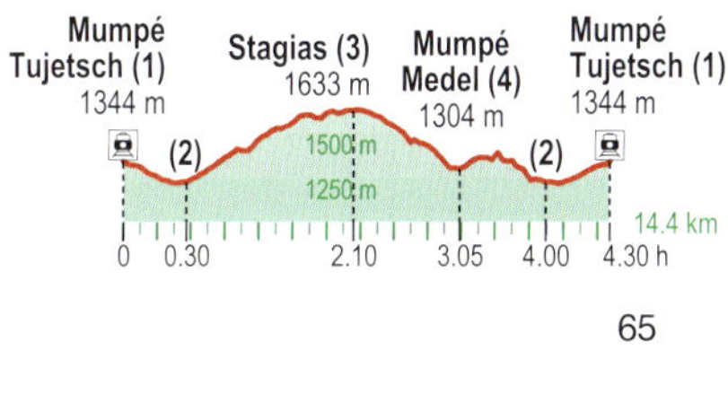

15 Aufstieg zur Medelserhütte, 2524 m

7.15 Std.

Hüttenzauber am Fuß des Medelsergletschers

Eingeklemmt zwischen dem Fil Liung und dem Piz Medel ist der Medelsergletscher ein von vielen Aussichtspunkten weithin anziehender Blickfang in der Surselva. Die Medelserhütte (Camona da Medel) am Fuß des vergletscherten Massivs ist daher nicht von ungefähr ein beliebtes Wanderziel. Für den Rückweg bietet sich der zwar recht steile, doch aussichtsreiche Steig über die Fuorcla dalla Buora an.

Ausgangspunkt: Curaglia, 1332 m. Anfahrt von Disentis mit dem Pkw oder dem Postauto.
Endpunkt: Bushaltestelle bei Fuorns, 1450 m. Rückfahrt nach Curaglia bzw. Disentis mit dem Postauto.
Höhenunterschied: Knapp 1600 m im Anstieg und knapp 1500 m im Abstieg.
Anforderungen: Langer Anstieg zur Berghütte; sehr steiler An- und Abstieg über die Fuorcla dalla Buora, wobei ab und an die Hände zu Hilfe genommen werden müssen.
Einkehr und Unterkunft: Medelserhütte (Camona da Medel), Tel. +41 81 9491403, www.medelserhuette.ch.
Varianten: Vom Wanderdrehkreuz Medelserhütte bieten sich lohnende Touren zum Greinapass (3 Std.) und via Tenigerbad zur Terrihütte (6 Std.) an.

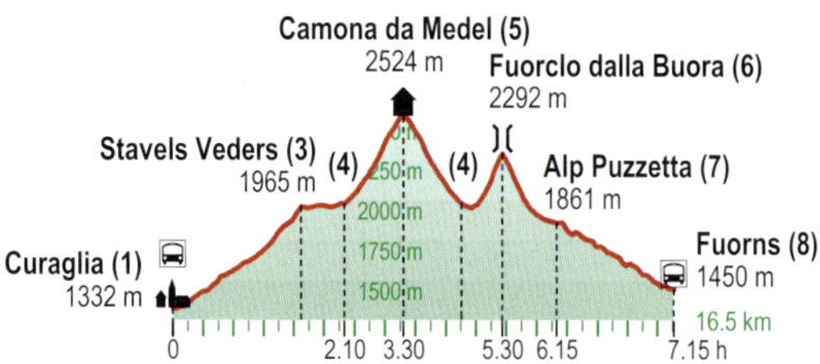

Von der Post in **Curaglia (1)**, 1332 m, folgen wir dem Wanderschild »Camona da Medel« zur Kirche hinauf und biegen oberhalb von dieser zwischen zwei Häusern in eine Gasse ein, die am oberen Ortsrand in einen Grasweg übergeht. Am **Sägewerk (2)**, 1370 m, vorbei treffen wir auf ein Teersträßchen, auf dem wir geradeaus weiter ins Val Plattas gehen. Schon bald bietet sich ein großartiges Panorama auf den Piz Medel samt Gletscher, der wie eine Wand das Tal vor uns abriegelt.
Nach einer halben Stunde verlassen wir den Teerweg links in eine Schotterpiste, die weiter am rechten Ufer des Rein da Plattas hochzieht und in einen Pfad übergeht. Am Rand eines lichten Fichtenwäldchens umgehen wir eine

Fil Liung mit Medelsergletscher, am linken Rand der Passübergang Fuorcla da Lavaz.

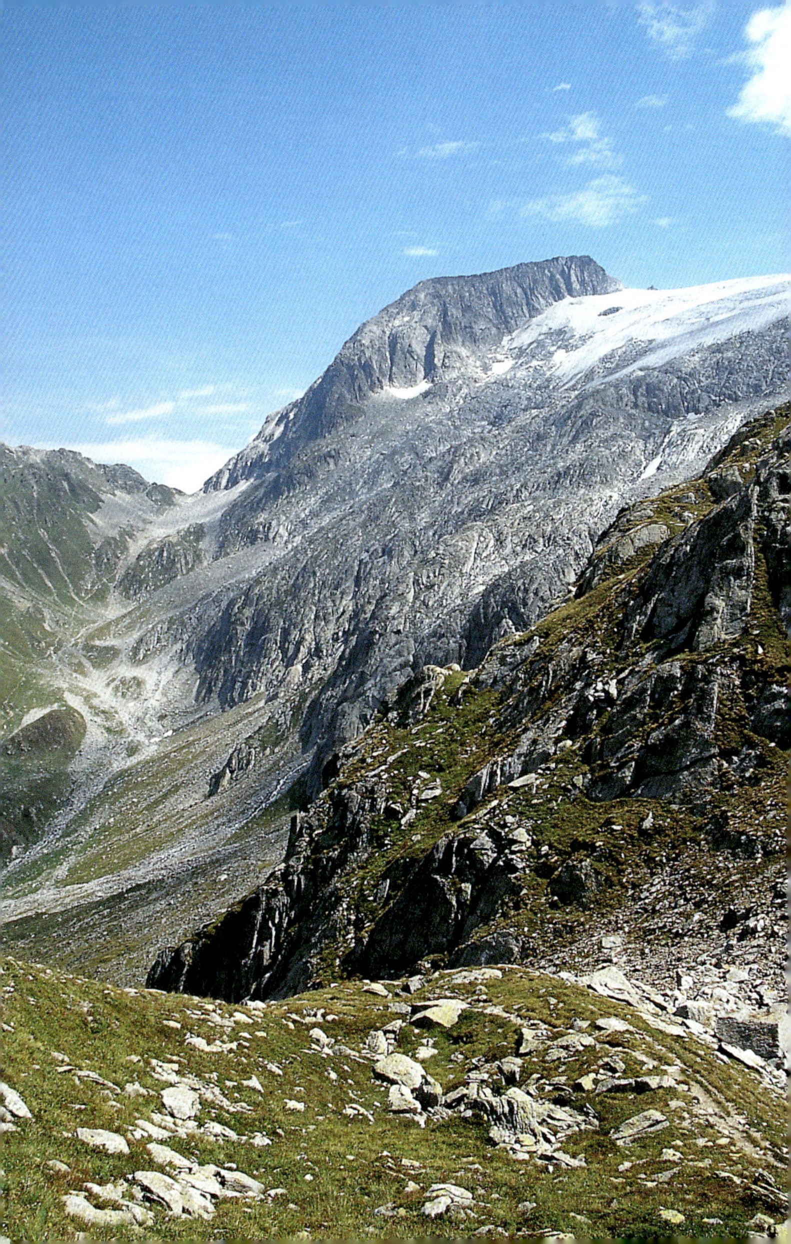

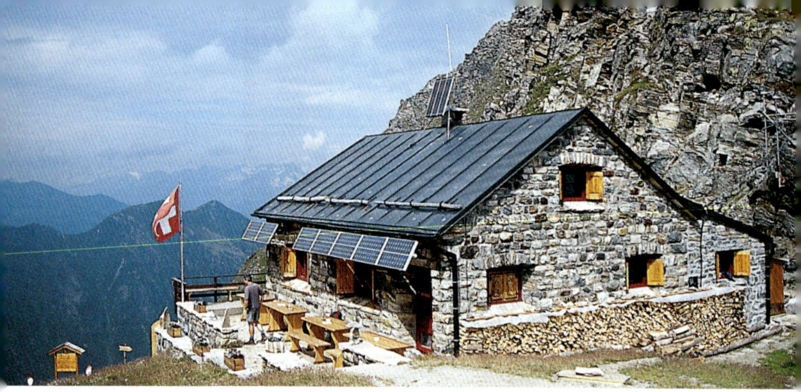

Ein Bild aus vergangenen Tagen: die Medelserhütte vor dem Umbau.

feuchte Wollgraswiese und erreichen 20 Minuten darauf **Stavels Veders (3)**, 1965 m. Ein abzweigender Weg zur Fuorcla dalla Buora bleibt unbeachtet. Wir queren auf einem Steg den Fluss und durchlaufen ein schönes Hochtal, an dessen Ende die **Alp Sura**, 1982 m, liegt. Die Hütte rechts liegen lassend steigen wir zu einer zweiten Hochterrasse auf, auf der erneut ein Weg zur Fuorcla dalla Buora abzweigt (**4**; dies wird unser Rückweg sein). Das sumpfige Tal wird am linken Rand umwandert.
Von der schroffen Wand des Piz Medel stürzen etliche Fälle mit milchigem Gletscherwasser zu Tal. Der teils gestufte, extrem steile Steig hält auf die Einsattelung Fuorcla da Lavaz (2480 m) zu, neben der bald auch die **Medelserhütte (5)**, 2524 m, zu sehen ist. An der Berghütte erwartet uns eine grandiose Gipfelschau: Der Blick reicht vom Piz Lai Blau (2961 m) über Finsteraarhorn (4274 m) und Fleckistock (3416 m) bis zum Piz Nair (3059 m).
Nach beschaulicher Rast steigen wir auf gleichem Weg bis zum Abzweig **(4)** zur Fuorcla dalla Buora auf 2000 m ab. Wir queren die Talsohle und halten auf den v-förmigen Einschnitt der Passhöhe zu. Der Steig ist steil, ausgesetzt und teils nur wenig ausgeprägt, man geht mehr oder weniger auf Sicht der relativ eng gesetzten Markierungen, ab und an müssen die Hände zu Hilfe genommen werden. Nach anstrengenden 45 Minuten stehen wir auf der **Fuorcla dalla Buora (6)**, 2292 m, und genießen nochmals das großartige Panorama auf den Medelsergletscher.
Wir gönnen uns eine Verschnaufpause und beginnen dann mit dem Abstieg ins Val la Buora. Der steile Pfad verliert rasch an Höhe. Auf 2150 m geht es durch eine enge Felsrinne, direkt danach gilt es, eine ziemlich ausgesetzte Stelle zu meistern. Hoch über dem mit Felsschutt gefüllten und von einem Wildbach durchflossenen Talgrund wird nun ein Hang traversiert. Ein lichter Fichtenwald nimmt uns auf und wir erreichen über kurzzeitig unübersichtliches Gelände das moderne weinrote Gebäude der **Alp Puzzetta (7)**,

1861 m. Wir steigen nun auf dem breiten Almweg nach **Fuorns**, 1486 m, ab. (100 m nach der Alp setzt sich der Pfad fort, auf dem etliche Schleifen des Almwegs abgekürzt werden können. Doch spätestens nach dem dieser zweimal den Almweg gequert hat, wird die Wegfindung stellenweise schwierig, es empfiehlt sich von daher, ab der Alp Puzzetta auf dem weniger steilen und ohnehin aussichtsreicheren Almweg zu bleiben.) Von Fuorns bringt uns die Dorfstraße nach gut 5 Minuten zur **Bushaltestelle (8)**, 1450 m, an der **Lukmanier-Passstraße** hinab.

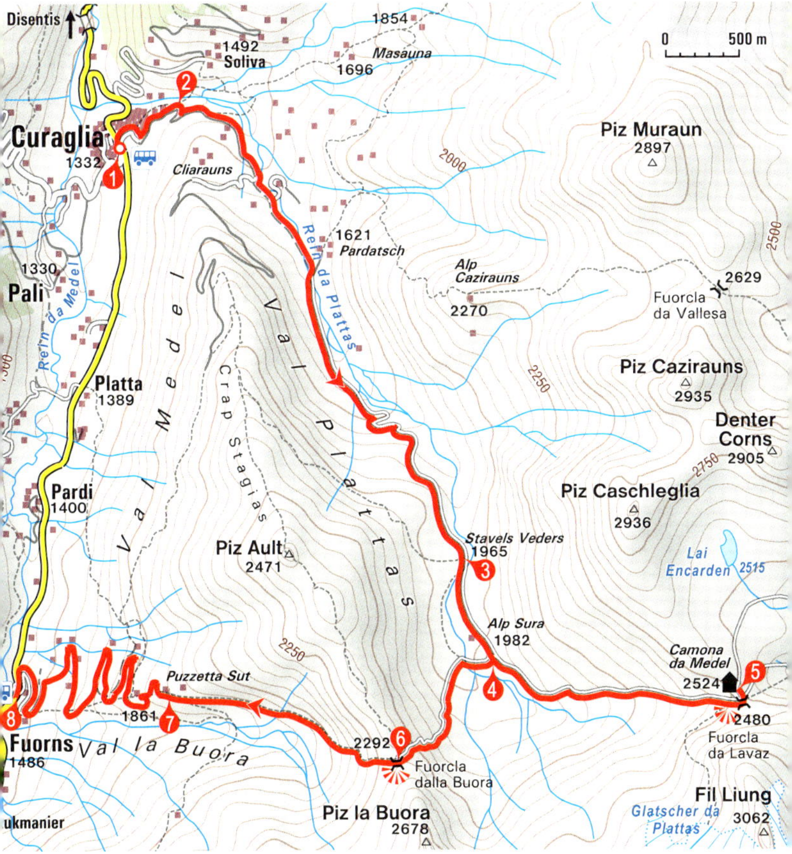

16 Von Tenigerbad zur Terrihütte, 2170 m

6.15 Std.

Durch das Val Sumvitg zum Tor zur Greinaebene

Der kürzeste Aufstieg zur Greinaebene im Parc Adula führt durch das Val Sumvitg. Während der Saison bringen Wanderbusse die Bergfreunde bis zum Ausgangspunkt nach Runcahez. Den anspruchsvollen Aufstieg begleiten rauschende Wasserfälle und das Panorama auf die ins Tal hinabreichenden Gletscherzungen.

Ausgangspunkt: Wanderparkplatz am Stausee in Runcahez, 1289 m. Von Rabius aus folgt man mit dem Pkw der Ausschilderung ins Val Sumvitg, fährt durch Surrein und weiter auf engem Sträßchen über Tenigerbad zum Wanderparkplatz. Vom Bahnhof in Rabius verkehrt von Anfang Juli bis Ende September der Wanderbus »Bus Alpin Greina« (s. S. 17).
Höhenunterschied: 1000 m.
Anforderungen: Langer und teils sehr steiler An- und Abstieg, bei dem Trittsicherheit und Schwindelfreiheit erforderlich sind. Etliche Passagen sind mit Ketten gesichert.

Einkehr und Unterkunft: Terrihütte (Camona da Terri), Tel. +41 81 9431205, www.terrihuette.ch. Wegen der Nähe zur Greina ist die Berghütte oft ausgebucht, es empfiehlt sich, zu reservieren.
Variante: Von der Terrihütte aus ist ein Abstecher in die Greinaebene ein Muss, entweder auf dem Pfad zum Passo della Greina (Gehzeit 4 Std.) oder über Muot la Greina in Richtung Pass Diesrut (Gehzeit 2–3 Std.; → Tour 30).
Kombi-Tipp: Von der Terrihütte kann über den Pass Diesrut nach Vrin (Postautoanschluss) abgestiegen werden (Gehzeit 4 Std.; → Tour 30).

Die Terrihütte hat mittlerweile ein neues architektonisches Gesicht.

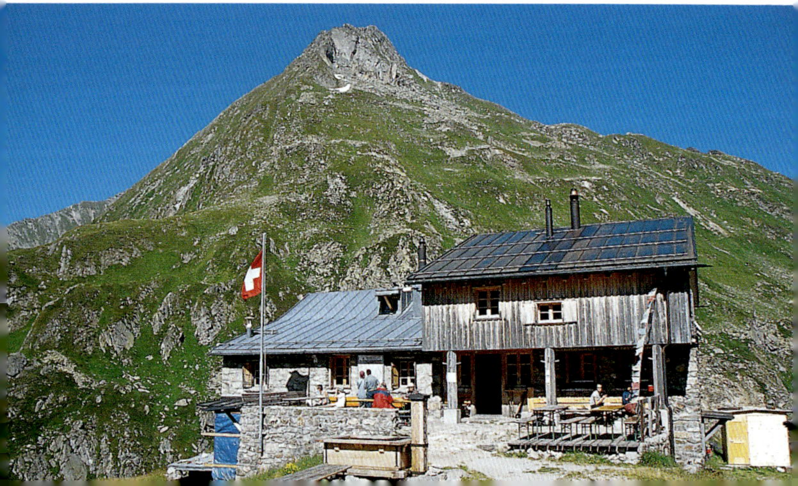

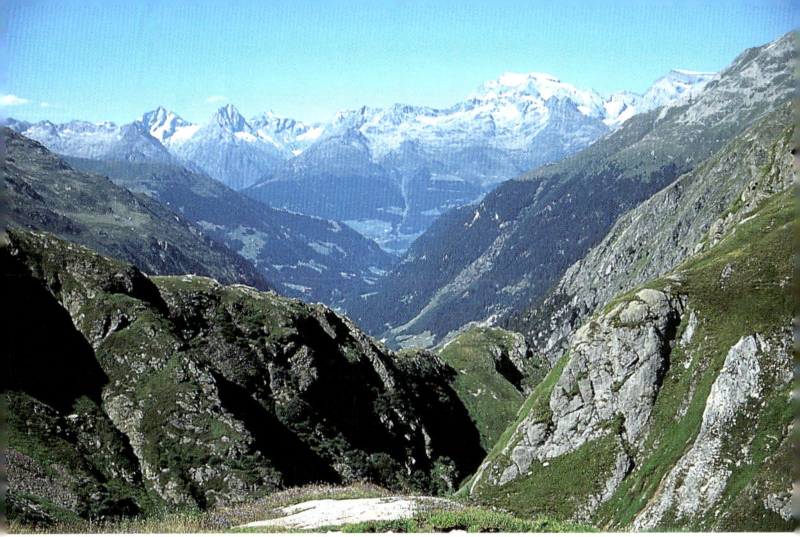

Panorama von der Terrihütte auf den Tödi in den Glarner Alpen.

Vom Wanderparkplatz 500 m nach der Staumauer in **Runcahez (1)**, 1289 m, folgen wir dem Schotterweg, der links des Rein da Sumvitg in das Hochtal läuft. Vor uns bauen sich Piz Vial (3168 m) und Piz Valdraus (3096 m) mit ihren zugehörigen Gletschern auf. Nach knapp 30 Minuten teilt sich der Weg, links haltend queren wir eine halbe Stunde darauf auf einer **Brücke (2)**, 1409 m, den **Rein da Sumvitg**. Von der Brücke aus können wir am Talschluss einen dem Pass vorgelagerten Bergsporn ausmachen – dort wird uns der Weg hinaufführen.

Auf der anderen Seite des Rein da Sumvitg folgen wir dem schmalen Steig weiter taleinwärts. Der Fluss stürzt sich in Steilstufen und über glatt geschliffene Felsplatten und Rinnen zu Tal. Auch unser Pfad wird zunehmend steiler und zieht im Zickzack den Hang hinauf. Oberhalb der Wasserfälle – wir sind bereits auf 1900 m Höhe – knickt der Pfad nach rechts. An mehreren felsigen Passagen ist der Steig mit Ketten gesichert. Auf einem **Bergsporn**, 2000 m, öffnet sich der Blick in die obere Talstufe und wir können nun die Terrihütte vor uns sehen. Das Wander-

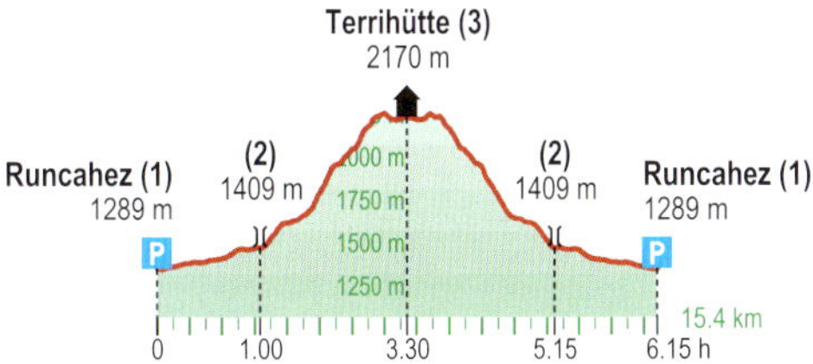

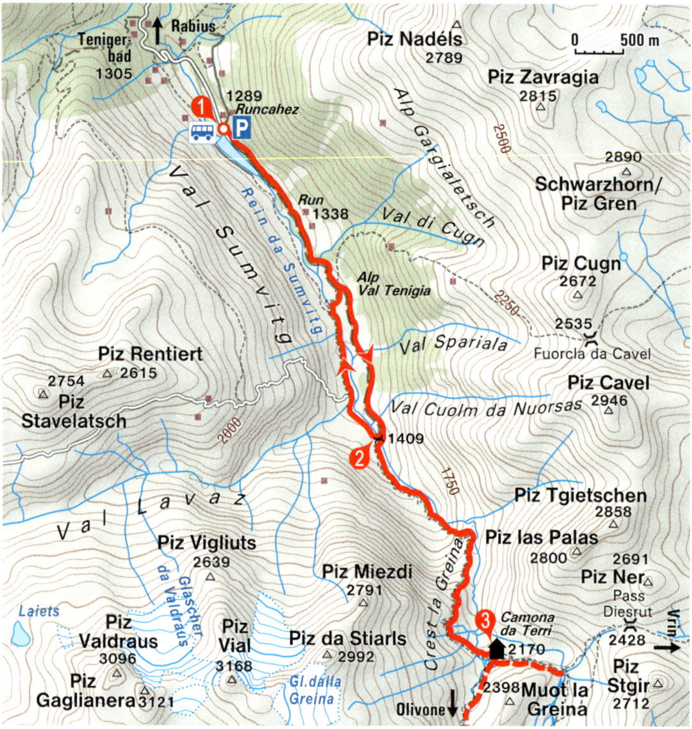

ziel scheint bequem über den Oberlauf des Flusses erreichbar zu sein, doch weit gefehlt! Es geht nochmals richtig zur Sache, der Steig zieht nach rechts die felsige Crest la Greina zu einem Steinmann (2185 m) hinauf. Auf gleicher Höhe mit der Berghütte läuft der Pfad erst jetzt in einem weiten Rechtsbogen in den Talschluss hinab. Unterhalb der Hütte queren wir auf einem Steg einen Zulauf des Sumvitg-Rhein, von rechts mündet der vom Greinapass kommende Weg ein. Kurz darauf wird die immer gut besuchte **Terrihütte/Camona da Terri (3)**, 2170 m, erreicht.

Als kleine Variante für den Rückweg bleibt man an der **Brücke (2)** am linken Flussufer und folgt dem Pfad gut 20 Minuten flussabwärts, wo man ebenfalls über eine Brücke nach **Runcahez (1)** zurückkommt.

Die Terrihütte am Fuß des Piz Tgietschen.

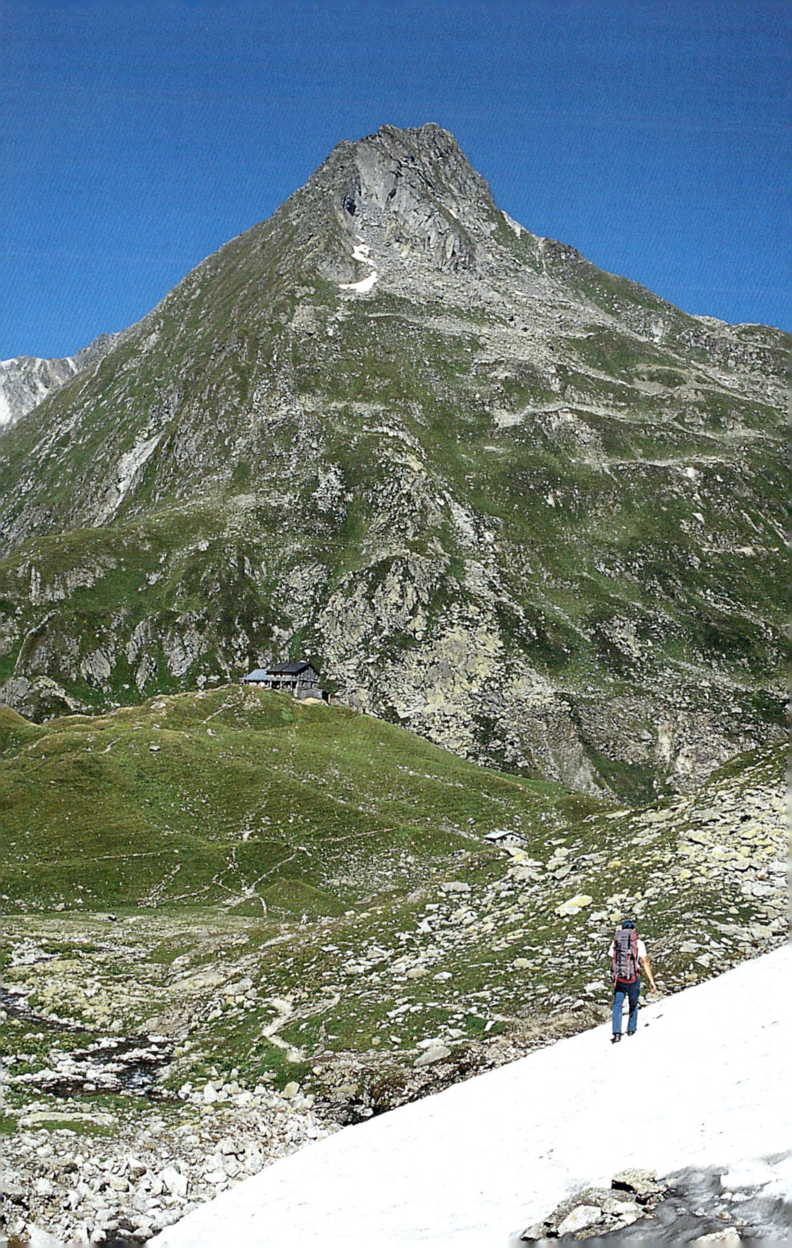

17 Lai Blau, 2409 m

3.45 Std.

Aufstieg zu einem stillen Bergsee

Der Staudamm Santa Maria (Lai da Sontga Maria) im Val Medel leistet seit 1967 einen wichtigen Beitrag zur Stromversorgung der Surselva. Vom Stausee steigt man über Rasenhänge zu einem malerischen Bergsee am Talschluss des Val Rondadura auf, von dessen Ufer sich schöne Ausblicke in die Bergwelt um den Lukmanierpass ergeben.

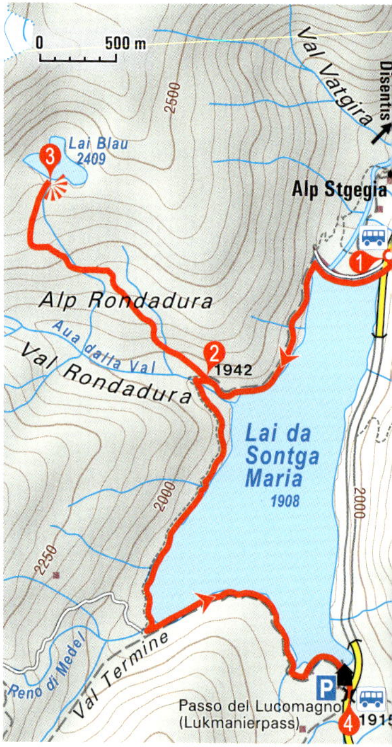

Ausgangspunkt: Staumauer des Lai da Sontga Maria, 1908 m. Anfahrt von Disentis mit dem Pkw oder Postauto.
Endpunkt: Lukmanierpass, 1915 m. Zurück zum Ausgangspunkt oder nach Disentis mit dem Postauto (letzter Bus kurz nach 17 Uhr).
Höhenunterschied: Gut 600 m.
Anforderungen: Mäßig steiler An- und Abstieg auf felsigem Steig mit leicht ausgesetzten Passagen.
Einkehr und Unterkunft: Hospiz Santa Maria am Lukmanierpass, Tel. +41 81 947 51 34, www.lukmanierpass.ch; unterwegs keine Möglichkeit.

Am Lai Blau.

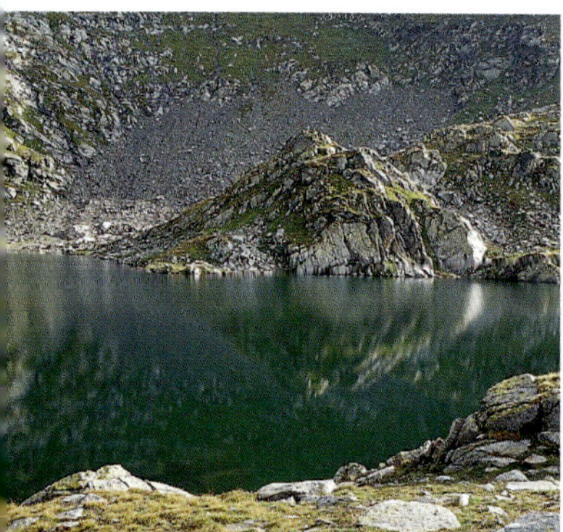

Von dem Parkplatz an der Bushaltestelle gehen wir auf der Straße gut 200 m in Richtung Disentis zurück und steigen dann zur Staumauer des **Lai da Sontga Maria (1)**, 1908 m, ab. Am Ende der Dammkrone wenden wir uns nach links und folgen dem bequemen Almweg am Westufer des Sees zur **Alp Rondadura (2)**, 1942 m, am Einschnitt des gleichnamigen Tales. Kurz nach der Alp teilt sich der Weg, halb rechts beginnt auf schmalem Pfad der Anstieg zum Lai Blau. Bald schauen wir in den wie ein Trichter geformten Kessel des Val Rondadura, von dessen Hängen sich ein gutes Dutzend Sturzbäche ergießt. Auf mäßig steilem Anstieg werden zwei kleine Hochflächen erwandert, bis schließlich der auf einer Terrasse gelegene **Lai Blau (3)**, 2409 m, erreicht ist. Idyllisch duckt sich der Bergsee unter den schroff aufragenden Grat des Piz Lai Blau (2961 m). Nach Osten schauen wir auf den Scopi (3189 m), dessen schneegepuderte Silhouette sich pittoresk im Wasser spiegelt.

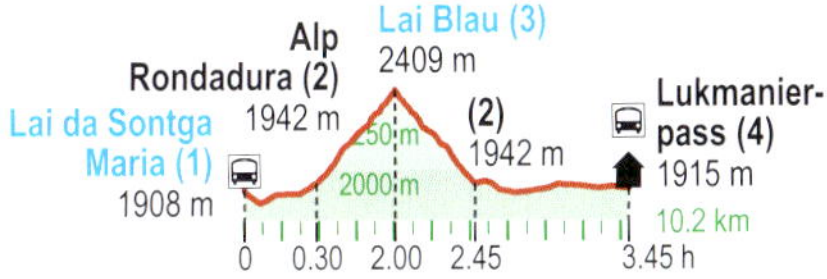

Nach einem Picknick auf den Uferfelsen steigen wir wieder bis zur Verzweigung kurz vor der **Alp Rondadura (2)** ab. Hier gehen wir nun rechts, queren auf einer Brücke die Aua dalla Val und folgen in leichtem Auf und Ab dem Pfad am Westufer des Santa-Maria-Stausees. In der südwestlichsten Ecke des Sees hilft uns eine weitere Brücke über den Reno di Medel hinweg (direkt vor der Brücke zweigt ein Pfad ins Val Cadlimo ab, → Tour 18). Rechts zieht sich der Passweg zum Passo dell'Uomo durch das Val Termine hinauf (→ Tour 19), wir folgen jedoch dem Schotterweg am südlichen Seeufer und erreichen nach 20 Minuten das Hospiz am **Lukmanierpass (4)**, 1915 m.

Am Talschluss des Val Rondadura.

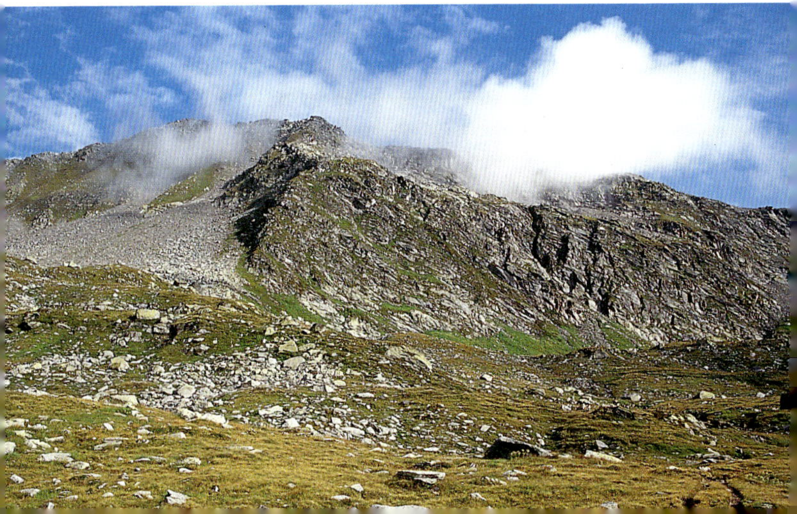

TOP **18**

Über die Cadlimohütte, 2570 m, ins Tessin

8.15 Std.

Bilderbuchrunde durch eine Tessiner Seenlandschaft

Der Lukmanier war bis vor 100 Jahren einer der wichtigsten Übergänge nach Oberitalien, heute steht er im Schatten der schnelleren Tunnelrouten durch den Gotthard und San Bernardino. Als Ausgangspunkt für Wanderungen ist er nach wie vor erstklassig. Der Passübergang markiert gleichzeitig die Grenze zwischen Graubünden und dem Tessin. Die Runde durch den Nachbarkanton führt uns weit in die »Sonnenstube der Schweiz« hinein. In den idyllischen Bergseen spiegelt sich der ganze Zauber der Tessiner Alpen wider. Eine großartige Tour!

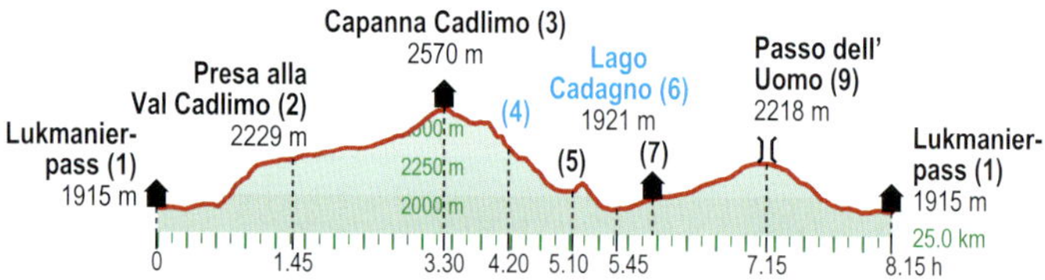

Üppige Wollgraswiesen im Val Cadlimo, im Hintergrund der Piz Taneda.

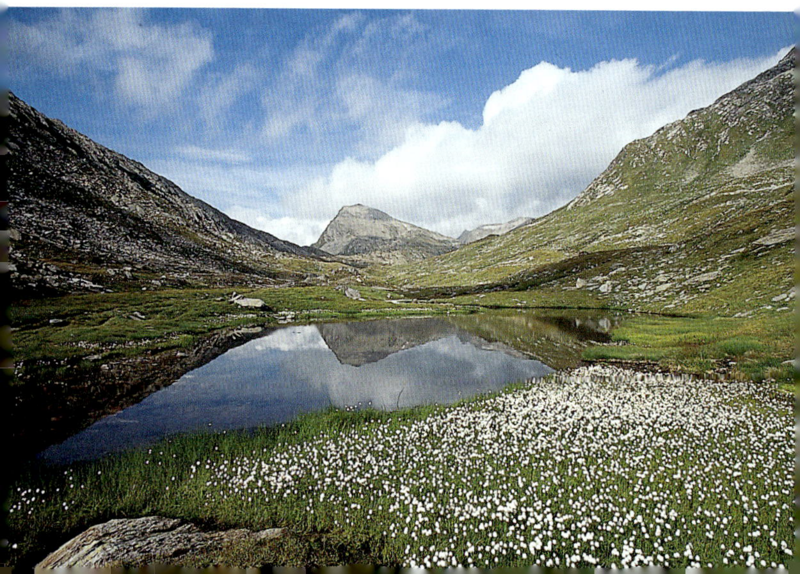

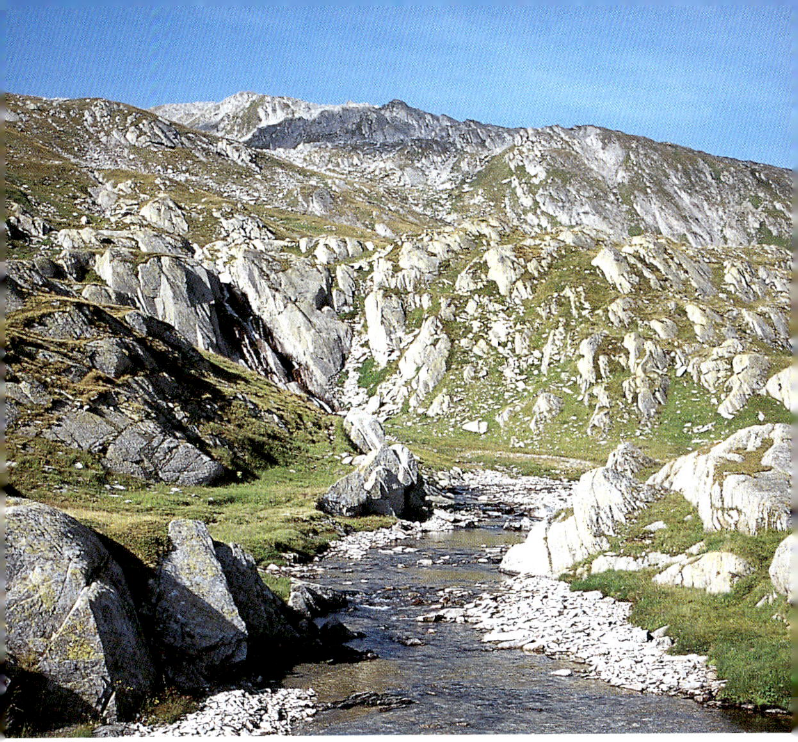

Das Val Cadlimo wird von einem ursprünglichen Wildbach durchflossen.

Ausgangspunkt: Lukmanierpass, 1915 m. Anfahrt von Disentis mit Pkw oder Postauto.
Höhenunterschied: 1100 m.
Anforderungen: Kondition erfordernde Tour mit anfangs steilem Anstieg.
Einkehr und Unterkunft: Cadlimohütte, Tel. +41 91 8691833, www.cadlimohuette.ch; Restaurant Canvetto del Carletto (Tel. +41 91 8681647) am Lago Cadagno.

Vom Hospiz am **Lukmanierpass (1)**, 1915 m, folgen wir dem Wanderschild in Richtung »Capanna Cadlimo« den Schotterweg zum Stausee Santa Maria hinab. Der Weg führt am Südufer zur südöstlichsten Ecke des Sees, an welcher der Reno di Medel einmündet. Der Fluss wird auf einem Steg gequert, direkt danach läuft links ein gut markierter Steig über Felsbänder das rechte Flussufer hinauf. Auf stellenweise steilem Anstieg überwinden wir eine Talstufe und stehen nach einer guten Stunde an einem Steinmann hoch über dem Stausee am Eingang des **Val Cadlimo** (2200 m). Wir steigen zum Fluss ab und wandern mit der Morgensonne im Rücken durch das schroffe Hochtal, das wegen seiner tief eingekerbten Flanken zunächst allerdings keine großen Aussichten erlaubt, es sei denn man blickt zurück auf den Scopi (3189 m), der östlich des Val Medel die Szenerie beherrscht.

Am Stauwehr **Presa alla Val Cadlimo (2)**, 2229 m, passieren wir einen Linksabzweig zum Passo dell'Uomo und erreichen bald darauf den in eine Talmulde eingebetteten kleinen Bergsee **Lago dell'Isra** (2322 m). Wir steigen zu einem von Wollgras umwucherten namenlosen Minisee (2379 m) auf. Bald zeigt sich links unten der runde Lago Scuro am Fuß des Piz Taneda (2667 m), an dem später unsere Route vorbeilaufen wird. Zuvor steigen wir zur **Cadlimohütte/Capanna Cadlimo (3)**, 2570 m, auf, von der man an schönen Tagen durch das Val Bedretto im Südwesten bis zu den Walliser Alpen mit den höchsten Gipfeln der Schweiz schauen kann. Im Südosten öffnet sich das Val Piora mit dem Pizzo del Sole (2773), im Osten ziehen Piz Alv (2769 m) und Piz Rondadura (3016 m) am Rand der Gotthardgruppe die Blicke auf sich.

Nach einer Rast in der Berghütte steigen wir in südlicher Richtung zu einem Steinmann links von einer Gumpe ab. Durch eine bizarre Schuttlandschaft aus Schieferplatten läuft der Pfad zwischen dem Piz Taneda (2667 m) und der Punta Negra (2712 m) am westlichen Ufer des Lago Scuro entlang. Wer genügend Zeit und Kondition hat, kann vom See aus den Taneda weglos über den Nordgrat besteigen. Sobald wir den Lago Scuro hinter uns gelas-

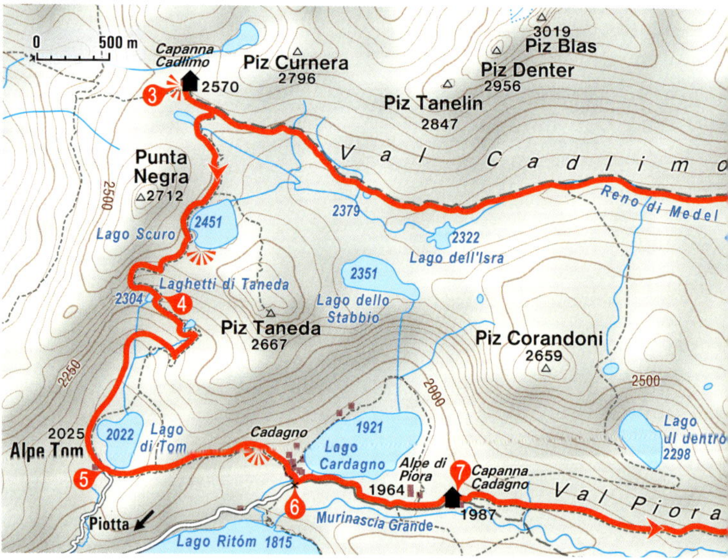

sen haben, öffnet sich ein grandioses Panorama auf die Seenplatte unter uns. Nach steilem Abstieg erreichen wir zunächst den oberen der beiden **Laghetti di Taneda (4)**, 2304 m, bald darauf den unteren auf 2260 m. Kuhglocken läuten bald den Beginn der Almwirtschaft ein. Vorbei am Westufer des Lago di Tom erreichen wir die **Alpe Tom (5)**, 2025 m, hinter der die Route links in nun östlicher Richtung auf einen Rücken ansteigt. Von diesem ergibt sich eine fulminante Aussicht auf den Lago Cadagno und die Ostspitze des Lago Ritóm. Wir steigen zu der kleinen Häusergruppe am **Lago Cadagno (6)**, 1921 m, ab. Durch die Straßenanbindung ist der See eine gern besuchte Sommerfrische, ein Ausflugslokal hält typische Tessiner Küche bereit. An der Fahrstraße biegen wir links in einen Almweg ein, der uns an der Alpe Piora vorbei zur **Cadagnohütte (7)**, 1987 m, bringt. 50 m hinter der Berghütte verlassen wir den Fahrweg in einen Weg, der sich sogleich in zwei Pfade teilt: Links geht es zum Lago di Dentro, wir folgen jedoch dem rechten Strang, der am Fuß des Piz Corandoni (2659 m) über **Segna (8)**, 2200 m, zum **Passo dell'Uomo (9)**, 2218 m, ansteigt. So sanft, wie es auf den Pass hinaufgegangen ist, geht es auf der anderen Seite durch das Val Termine auf breitem Passweg wieder hinab zum Stausee Santa Maria, von dem man auf dem vom Hinweg bekannten Schotterweg zurück zum **Lukmanierpass (1)** kommt.

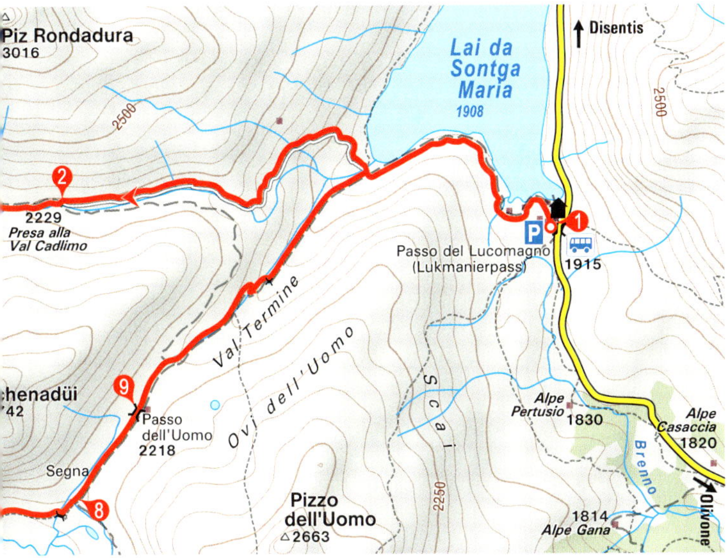

19 Passo delle Colombe, 2381 m

4.15 Std.

Auf der Spur der Murmeltiere

Der Lukmanier an der Kantonsgrenze zwischen Graubünden und dem Tessin bietet sich für Abstecher auf die sonnige Alpensüdseite geradezu an. Über zwei bequem begehbare Passübergänge steigen wir durch würzig duftende Zirbelkieferwälder ins Valle Santa Maria ab.

Ausgangspunkt: Lukmanierpass, 1915 m. Anfahrt von Disentis mit Pkw oder Postauto.
Höhenunterschied: Gut 600 m.
Anforderungen: Bequeme Passanstiege auf breiten Wegen, Abstieg auf stellenweise stark erodiertem Pfad.
Einkehr und Unterkunft: Hospiz Santa Maria am Lukmanierpass, Tel. +41 81 947 51 34; keine Möglichkeit unterwegs.

Vom Hospiz am **Lukmanierpass (1)**, 1915 m, folgen wir dem Wanderschild in Richtung »Passo dell'Uomo« zum Stausee Santa Maria hinab. Der Weg führt zur südöstlichsten Ecke des Sees, in der der Reno di Medel einmündet. Wir steigen jedoch kurz vorher auf breitem steinigem Weg durch das Val Ter-

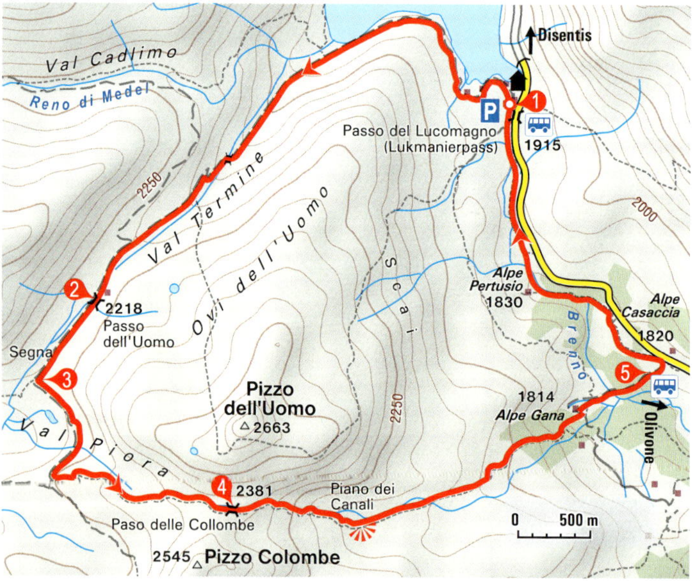

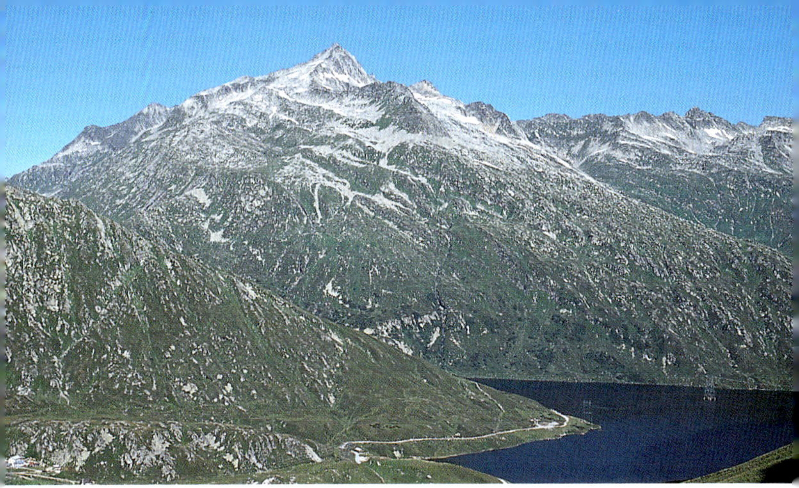

Der alles überragende Gipfel am Stausee Santa Maria ist der Piz Rondadura. Am unteren Bildrand die Passhöhe des Lukmanier mit Hospiz.

mine zum **Passo dell'Uomo (2)**, 2218 m, auf. Nach der Passhöhe halten wir am Abzweig bei **Segna (3)**, 2200 m, links auf den gezackten Gipfel des Pizzo Colombe (2545 m) zu. An der Flurbezeichnung Alpe Carorescio di Sopra gabelt sich der Weg erneut, wiederum links steigen wir auf einem Wiesenweg zum **Passo delle Colombe (4)**, 2381 m, auf. In der Region tummeln sich zahlreiche Murmeltiere.
An dem kleinen See auf dem Pass beginnt nun auf erodiertem Pfad der Abstieg ins Valle Santa Maria. Auf etwa 2080 m durchwandern wir die topfebene Piano dei Canali, von deren Rand sich auf die Passstraße tief unten schauen lässt. Durch Lärchen und Zirbelkiefern steigen wir zu den Häusern der Alpe Gana (1814 m) ab. Wir kreuzen einen Almweg, treffen kurz darauf auf einen breiten Weg, dem wir rechts durch einen herrlichen Kiefernwald zur **Alpe Casaccia (5)**, 1820 m, folgen. Hier erreichen wir die Lukmanierstraße (Busanschluss). Parallel zur Passstraße folgen wir dem Almweg an der ursprünglichen Flusslandschaft des Brenno entlang. Vor der Alpe Pertusio (1830 m) verlassen wir den Weg nach rechts und steigen auf einem Pfad aus dem Tal des Brenno heraus, berühren nochmals kurz die Passstraße und gelangen auf einem Wiesenpfad zurück zum **Lukmanierpass (1)**.

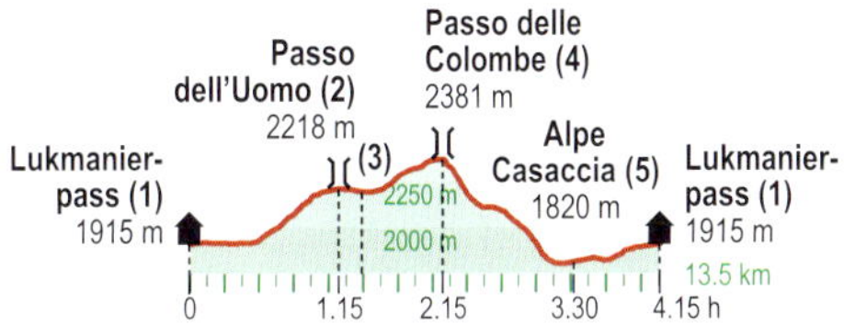

TOP **20**

Vom Lukmanier zum Lago Retico, 2372 m

7.15 Std.

Imposante Drei-Pässe-Tour mit ausgedehntem Streifzug durchs Tessin

Auf der Rundwanderung zwischen Graubünden und dem Tessin fasziniert der Felsgarten am Passo di Gana Negra ebenso wie das Panorama auf die schneebedeckte Adulagruppe. Vor dem Abstieg ins Val Cristallina bieten sich die Ufer des romantisch gelegenen Retico-Sees als Picknickplatz an.

Ausgangspunkt: Lukmanierpass, 1915 m. Anfahrt von Disentis mit dem Postauto. Autofahrer parken in Pardatsch und fahren von dort aus mit dem Postauto zum Lukmanierpass.

Endpunkt: Pardatsch, 1559 m. Zurück mit dem Bus nach Disentis.

Höhenunterschied: Gut 1000 m im Aufstieg und 1370 m im Abstieg.

Anforderungen: Anspruchsvolle Bergtour mit zwei lang gezogenen Anstiegen und einem steilen Abstieg.

Einkehr und Unterkunft: Berghütte Bovarina, Tel. +41 91 8721529, www.capanneti.ch.

Wichtiger Hinweis: Der Zugang zum Val Cristallina ist Mo.–Fr. mehrmals im Jahr wegen Schießübungen des Militärs gesperrt. Die Termine sind in Pardatsch neben der Bushaltestelle (an der Brücke) ausgehängt. Sa. und So. ist der Durchgang jedoch immer möglich. Auskünfte erteilt auch das Verkehrsbüro Sedrun, Tel. +41 81 9204030.

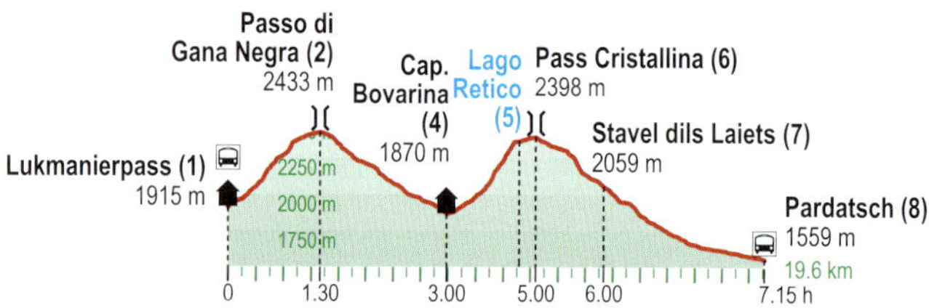

Pures Idyll am Ufer des Lago Retico am Fuß der Cima della Bianca.

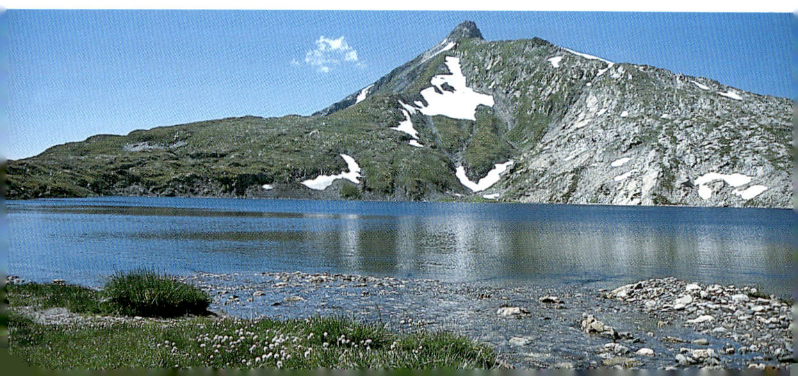

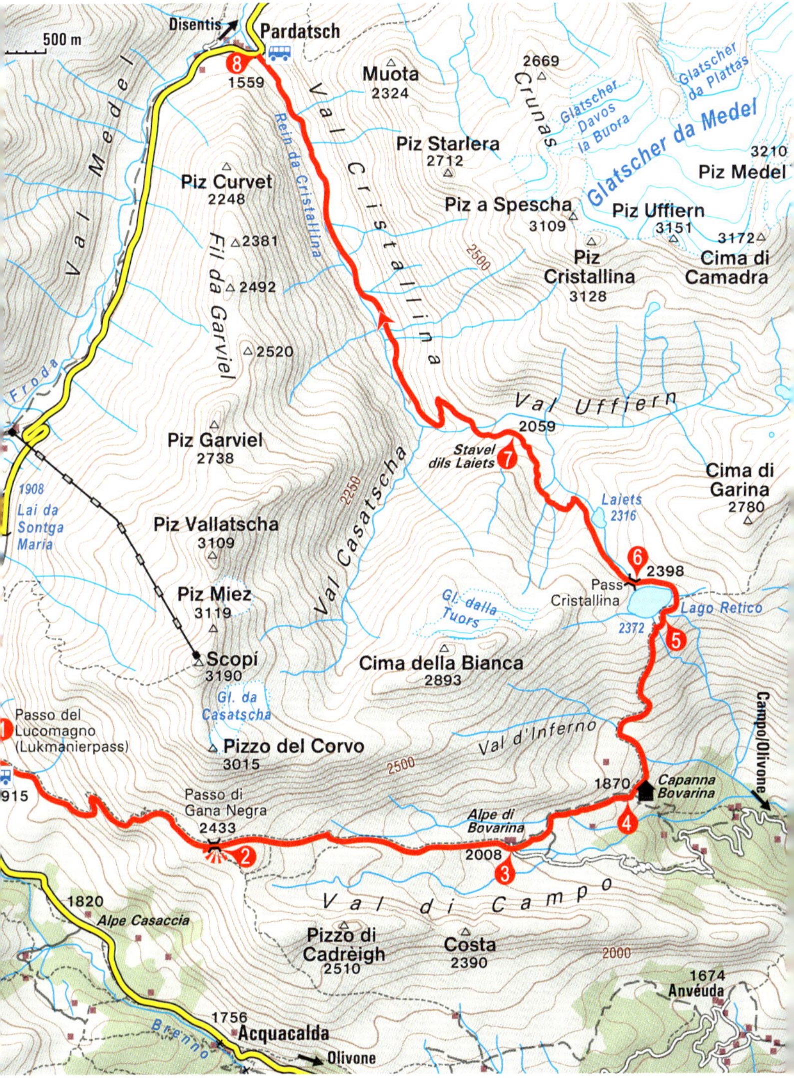
500 m
Disentis
Pardatsch
1559
Muota
2324
2669
Crunas
Glatscher Davos la Buora
Glatscher da Plattas
Glatscher da Medel
3210
Piz Medel
Val Medel
Rein da Cristallina
Val Cristallina
Piz Starlera
2712
Piz Curvet
2248
Piz a Spescha
3109
Piz Uffiern
3151
3172
Cima di Camadra
Piz Cristallina
3128
Fil da Garviel
2381
2492
2520
2500
Froda
Val Uffiern
2059
Stavel dils Laiets
Piz Garviel
2738
Val Casatscha
2250
Cima di Garina
2780
1908
Lai da Sontga Maria
Laiets 2316
Piz Vallatscha
3109
2398
Pass Cristallina
Lago Retico
2372
Piz Miez
3119
Gl. dalla Tuors
Scopí
3190
Cima della Bianca
2893
Gl. da Casatscha
Passo del Lucomagno (Lukmanierpass)
Campo/Olivone
Pizzo del Corvo
3015
Val d'Inferno
915
1870
Capanna Bovarina
Passo di Gana Negra
2433
Alpe di Bovarina
2008
Val di Campo
1820
Alpe Casaccia
Pizzo di Cadrèigh
2510
Costa
2390
2000
1674
Anvéuda
1756
Acquacalda
Brenno
Olivone

An den Wanderschildern neben dem Hospiz am **Lukmanierpass (1)**, 1915 m, orientieren wir uns in Richtung »Gana Negra/Capanna Bovarina«, queren am Kilometerstein »Olivone« die Passstraße und steigen auf einem anfangs undeutlichen, doch mit Pfosten markierten Wiesenpfad bergan. Früh am Morgen versteckt sich die Sonne noch hinter der parallel zur Aufstiegsroute aufragenden Gana-Negra-Kette. Das Hospiz am Lukmanier unter uns wird zunehmend kleiner, dafür zeigt sich der Piz Rondaduro (3016 m) hinter dem See nun in seiner vollen Größe.
Der Weg knickt nach links und läuft zunächst in lang gezogenen Kehren, dann im Zickzack mäßig steil zum **Passo di Gana Negra (2)**, 2433 m, hinauf. Von der Passhöhe öffnet sich ein gewaltiges Panorama auf die Adulagruppe mit dem Rheinwaldhorn, am Fuß der Bergriesen können wir die Staumauer des Lago di Luzzone ausmachen. Wir steigen durch einen wie hingewürfelten bizarren Steingarten ins Val di Campo zur **Alpe di Bovarina (3)**, 2008 m, ab. Rechts vom Gebäude der Alm queren wir die Zufahrt und schlagen in Schildrichtung »Lago Retico« einen unscheinbaren Wiesenpfad ein. Spärlich gesetzte Markierungsstangen bringen uns auf einen Wirtschaftsweg, dem wir links über eine Betonbrücke folgen. Sofern uns der Sinn nach einer Tessiner Brotzeit steht, verlassen wir kurz darauf die Piste und gehen über Wiesen zur **Capanna Bovarina (4)**, 1870 m, hinab.
An der Berghütte beginnt der Aufstieg zum Lago Retico, anfangs auf einem idyllischen Saumpfad durch lichten Lärchenwald. Die Lärchen weichen zurück, zur Rechten stürzt sich ein Wildbach in Kaskaden talwärts. Wir queren den Bach und steigen weiter auf. Immer wenn man denkt, nun ist es geschafft, türmen sich neue Bergrücken auf. Nach recht anstrengendem Aufstieg wird schließlich der **Lago Retico (5)**, 2372 m, erreicht. An den idyllischen Ufern lässt es sich wunderbar rasten.
Wir queren den Überlauf des Bergsees und umlaufen den See entgegen dem Uhrzeigersinn. Am Nordufer steigen wir sanft durch eine urwüchsige Felslandschaft zum mit Wanderschildern kenntlich gemachten **Pass Cristallina (6)**, 2398 m, auf. Die Passhöhe markiert die Grenze zwischen dem Tessin und Graubünden. In Richtung »Val Cristallina/Curaglia« gehen wir nun zunächst fast weglos und nur spärlich markiert über felsiges Terrain zu zwei weiteren kleinen Seen hinunter. Dabei orientieren wir uns an der Wegspur, die links von den Seen zu einer Hütte führt. Von der Hütte geht es sehr steil auf felsigem Pfad in einen Kessel, selbst im Hochsommer kann der Weg hier stellenweise noch schneebedeckt sein. Wir queren einen Wildbach, der Pfad verlässt dann kurz ansteigend die Felsarena und zieht nun weniger steil abwärts ins Val Cristallina. Bei **Stavel dils Laiets (7)**, 2059 m, queren wir auf einer Brücke den Rein da Cristallina, hinter der ein ungeteerter Fahrweg beginnt, der uns bequem nach **Pardatsch (8)**, 1559 m, hinabbringt.

Der Cristallina-Pass markiert die Grenze zwischen Graubünden und dem Tessin.

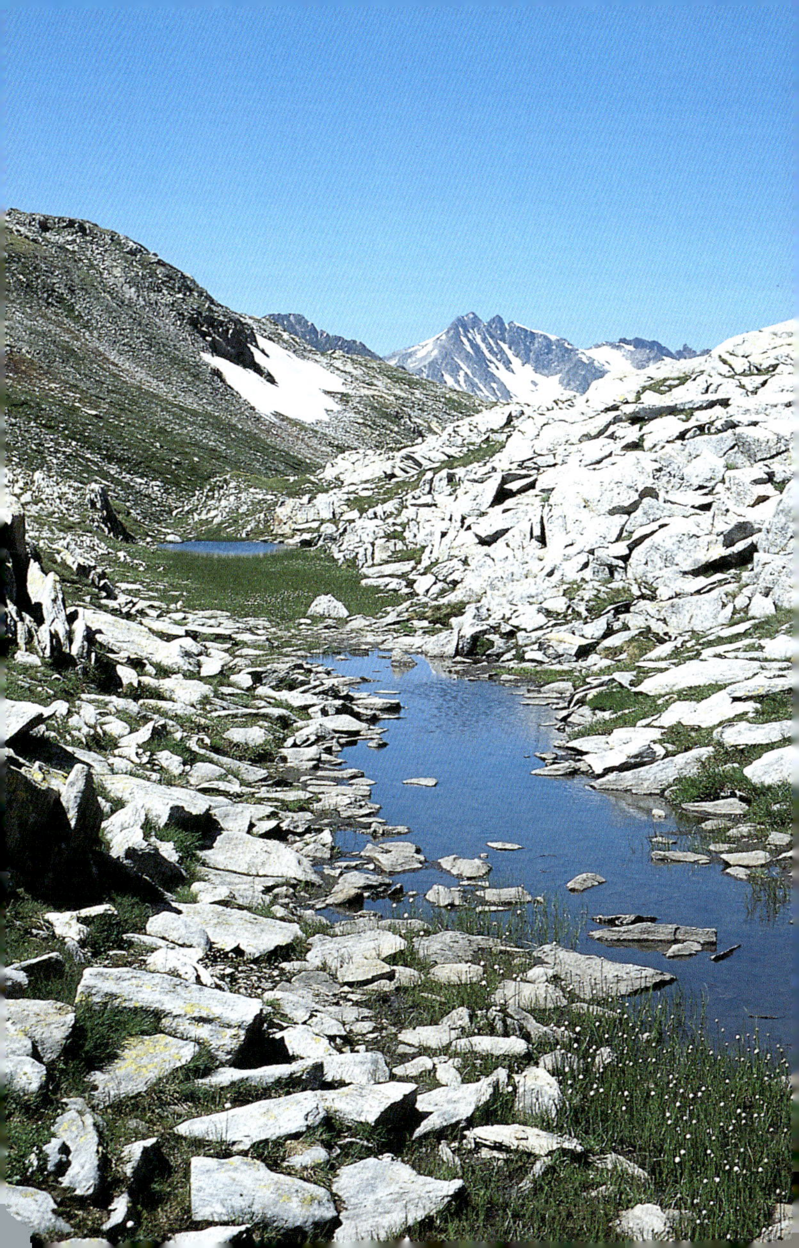

21 Von Brigels ins Val Frisal, 1893 m

5.30 Std.

Aufstieg in ein reizvolles Hochtal am Fuß des Tödi-Massivs

Hoch über Brigels liegt eines der reizvollsten Hochtäler der Surselva. Das Val Frisal weiß nicht nur durch seinen abgeschlossenen Charakter zu gefallen, sondern bildet mit Flachmooren, Schwingrasen und einem muldenförmigen Gletscherabschluss auch ein ursprüngliches Biotop, es ist konsequenterweise als Naturschutzgebiet ausgewiesen.

Ausgangspunkt: Breil/Brigels, 1287 m. Anfahrt mit Bus/Bahn nach Tavanasa und von dort mit dem Postauto nach Brigels.

Höhenunterschied: 670 m.
Anforderungen: Einfache Tour auf mäßig steilen Almwegen und Pfaden.

An der Post in **Brigels (1)**, 1287 m, folgen wir der Ausschilderung »Frisal« durch das hübsche Chalet-Dorf. Vor der Brücke über den Flem biegen wir links in einen Almweg ein und wandern den Flem flussaufwärts, der die nächsten Stunden unser Begleiter sein wird. Bald schiebt sich vor uns der markante Gipfelaufbau des Kistenstöckli (2746 m) ins Bild. Kurz vor **Chischarolas (2)**, 1507 m, wird vor einem Picknickplatz mit Feuerstelle der Fluss gequert.

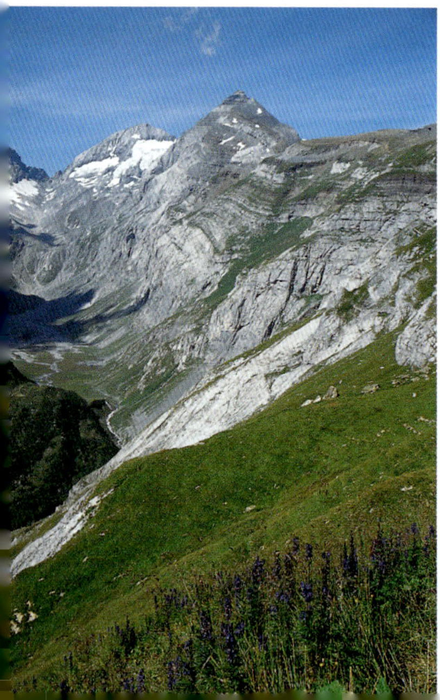

Der nun etwas steilere Weg zieht am Uaul Scatle vorbei, einem etwa 600 Jahre alten Fichtenurwald. Bei Punkt 1625 verlassen wir ihn geradeaus in einen Pfad. Der Fluss hat sich am Fuß des Kistenstöckli eine Schlucht gegraben und stürzt in Kaskaden zu Tal. Unser Pfad schwenkt in einem Bogen nach Westen und gibt nun den Blick auf die Gletscherzunge des Piz Frisal (3292 m) frei. Nach einer mit einer Kette gesicherten Passage direkt über dem rauschenden Gebirgsbach ist der Eingang des **Val Frisal (3)**, 1893 m, erreicht.

Bevor wir in Richtung »Alp Nova Sura« auf einem Steg den Bach queren, sollten wir es uns nicht nehmen

Das Tal von Frisal am Fuß von Piz Frisal und Bifertenstock.

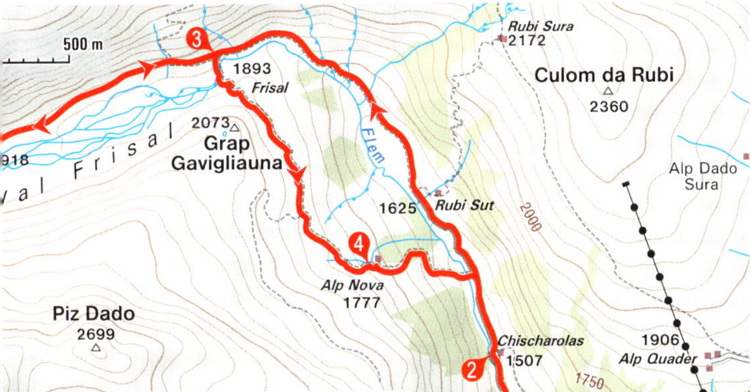

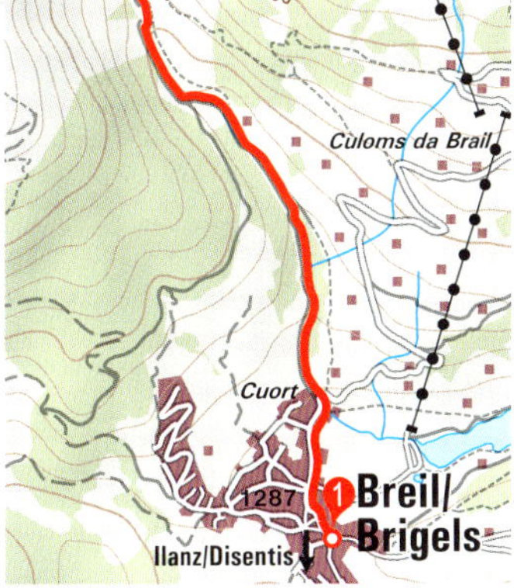

lassen, das topfebene Hochtal zu erkunden. Durch die einzigartige Moorlandschaft zieht sich mäandernd der Flem. Um sich keine nassen Füße zu holen, wählt man den Trampelpfad am rechten Talrand, auf dem man bis in den **Talschluss** zum Fuß des Gletschers gehen kann. Zurück am Taleingang **(3)** wenden wir uns nun nach Südosten und steigen an der Jagdhütte den Hang unterhalb des felsigen Grap Gavigliauna hinauf. Vom Scheitelpunkt hoch über dem Flemtal genießt man eine schöne Aussicht auf den zum Vorderrhein abfallenden Piz Mundaun (2064 m) und rechts davon auf den Piz Sezner (2310 m), hinter beiden türmt sich über dem Valser- und Safiental eine Kette von Fast-Dreitausendern auf. Ein Rechtsabzweig zur Alp Nova Sura und nach Tschegn Dado bleibt unbeachtet. An einem Holzkreuz treffen wir auf die Gebäude der **Alp Nova (4)**, 1777 m, von der auf dem nun steiler sich absenkenden Pfad wieder **Chischarolas (2)** am Flem erreicht und auf bekanntem Weg nach **Brigels (1)** abgestiegen wird.

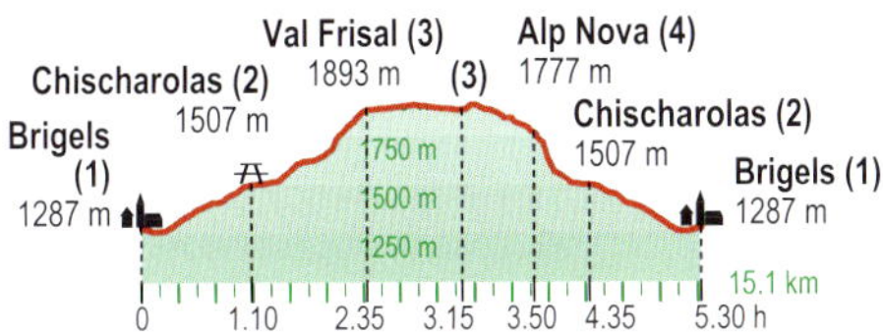

TOP 22

Von der Alp Quader zur Kistenpasshütte, 2731 m

5.30 Std.

Luftige Passroute mit fulminantem Ausblick ins Glarnerland

Ein langer, doch nie wirklich steiler Aufstieg bringt uns ganz nahe an die Tödi-Gruppe heran, die mit 3614 Meter den höchsten Gipfel der Surselva stellt. Besonders pittoresk zeigt sich dabei das ungleiche Gespann von Bifertenstock und Kistenstöckli – der eine ist ebenmäßig wie eine Pyramide geformt, der andere ein wie eine Kiste abgeplatteter Tafelberg, der seinem Namen alle Ehre macht.

Ausgangspunkt: Alp Quader, 1906 m. Von Brigels Anfahrt mit dem Pkw 6,5 km auf engem Sträßchen. Parkmöglichkeit 100 m vor der Alm. Ab Bahnhof Tavanasa fahren Postautos bis Brigels, von dort besteht ein nicht ganz billiger Taxiservice zur Alp Quader (Alpentaxi Mario, Tel. +41 81 9412222, www.taximario.ch).
Höhenunterschied: 860 m.
Anforderungen: Gut ausgetretener Passweg mit mäßig steilem Anstieg; stellenweise ausgesetzt. Eine Kletterstelle kann problemlos bewältigt werden. Am Pass ist es meist sehr windig bis böig.
Einkehr und Unterkunft: Bergrestaurant Burleun, Tel. +41 79 2821725, www.burleun.ch, mit Aussichtsterrasse, zwischen Brigels und Alp Quader. Einkehr und Übernachtung in der Kistenpasshütte, Tel. +41 79 2013513 oder in der Bifertenhütte, Tel. +41 81 9412336, www.biferten.ch.
Varianten: Hinter der Bifertenhütte beginnt über Schutthalden ein steiler Steig auf das Kistenstöckli (2746 m). Die Besteigung ist einfacher, als es aussieht, und für geübte Bergwanderer problemlos (obwohl sie als »schwarze« Tour gekennzeichnet ist). Die Felsstufen unterhalb des Gipfelkranzes sind mit Ketten gesichert. Überraschung: Auf dem flachen Gipfelplateau wartet nicht nur eine spektakuläre Aussicht auf Tödi und Bifertenstock, sondern auch eine stolze Riege von Steinmännern. Für den Auf- und Abstieg sind insgesamt gut 1.30 Std. einzuplanen.
Eine lohnende Variante ist auch der Abstieg vom Kistenpass über die Muttseehütte nach Linthal (660 m) im Glarnerland (4 Std., Bahn- und Busanschluss).

Rechts vor dem Wirtschaftsgebäude der **Alp Quader (1)**, 1906 m, beginnt ein Höhenpfad, der sanft ansteigend zur Alphütte Rubi Sura läuft. Wir genießen das Panorama auf das Kistenstöckli, den links davon aufragenden Bifer-

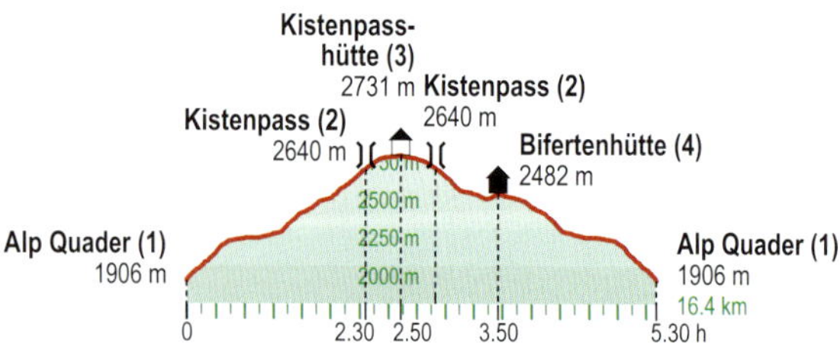

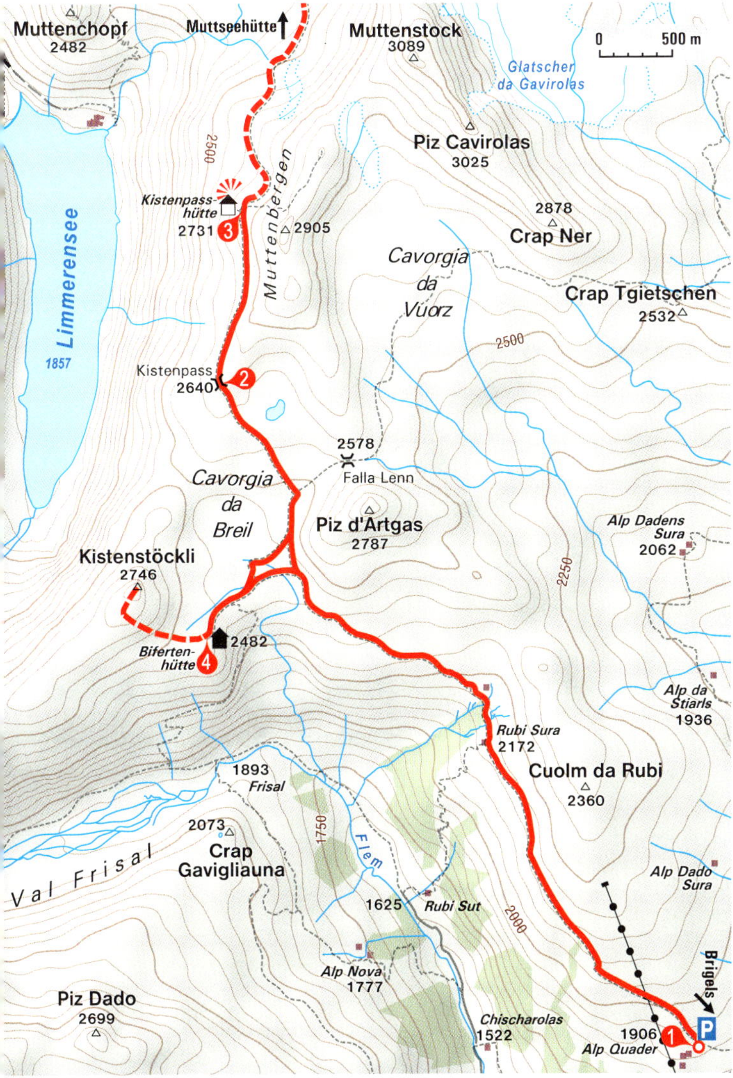

Muttenchopf
2482
Muttseehütte
Muttenstock
3089
0
500 m
Glatscher da Gavirolas
Piz Cavirolas
3025
2500
Muttenbergen
Kistenpass-hütte
2731
3
2905
2878
Crap Ner
Limmerensee
1857
Cavorgia da Vuorz
Crap Tgietschen
2532
2500
Kistenpass
2640
2
2578
Falla Lenn
Cavorgia da Breil
Piz d'Artgas
2787
Alp Dadens Sura
2062
Kistenstöckli
2746
2250
2482
Biferten-hütte
4
Alp da Stiarls
1936
Rubi Sura
2172
1893
Frisal
Cuolm da Rubi
2360
2073
Crap Gavigliauna
1750
Flem
Val Frisal
Alp Dado Sura
1625
Rubi Sut
2000
Brigels
Alp Nova
1777
Piz Dado
2699
Chischarolas
1522
1906
1
Alp Quader
P

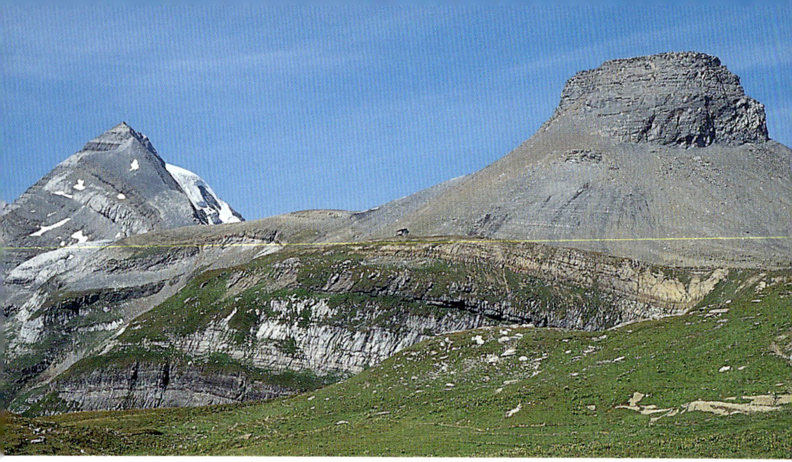

Ein ungleiches Gespann: Kistenstöckli und Punkt 3244 am Bifertenstock.

tenstock (3368 m) und den Cavistrau-Pign (3220 m), zwischen denen der Flem das Val Frisal durchfließt. Wenn wir genau hinsehen, können wir am Fuß des Kistenstöckli die Bifertenhütte erkennen. Ab **Rubi Sura**, 2172 m, zeigt sich der Bifertenstock wie ausgewechselt, statt der halben Dutzend Gipfel von vor einer Wegstunde präsentiert er sich nun wie aus einem Guss als Pyramide.

Von Rubi Sura werden etwas kräftiger ansteigend zwei Abzweige zur Bifertenhütte passiert. Wir durchlaufen die Felslandschaft von Cavorgia da Breil. Markierungsstangen und Steinmännchen führen über einen Schutthang zum **Kistenpass (2)**, 2640 m. Der Pass entpuppt sich als lang gestreckter Übergang, er ist allerdings noch nicht die höchste Erhebung der Route. Wir befinden uns genau an der Grenze zwischen Graubünden und Glarus. Auf einem teils ausgesetzten Saumpfad steigen wir weiter den Schutthang auf. Schon bald nimmt eine ganz andere Szenerie gefangen: Der Blick öffnet sich auf die majestätische Bergkette der Glarner Alpen, zur Linken glitzern Griesfirn und Limmerenfirn in der Sonne, unter uns liegt der türkis schimmernde Limmerensee. An der **Kistenpasshütte (3)**, 2729 m, kommt noch die prächtige Aussicht auf das Muttseeplateau hinzu.

Von der Kistenpasshütte geht es auf gleichem Weg bis zum ersten Abzweig zur **Bifertenhütte (4)**, 2482 m, zurück. Die Berghütte liegt auf einer Terrasse am Fuß des Kistenstöckli (Besteigung siehe Variante) und bietet sich als aussichtsreicher Rastplatz an. Zurück auf dem Hauptweg steigen wir wieder zur **Alp Quader (1)** ab.

Blick von der Kistenpasshütte über den Limmerensee auf Bifertenstock und Tödi.

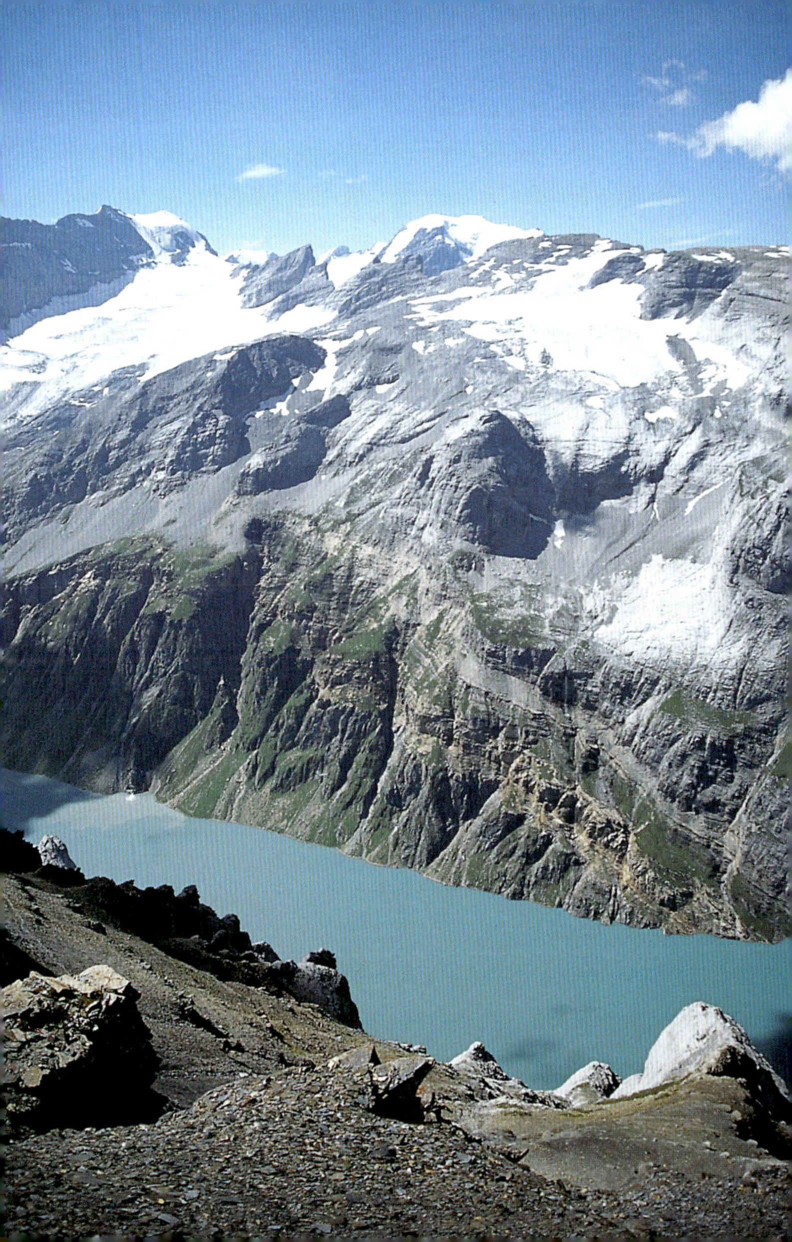

23 Grep da Plaids, 1602 m

3.00 Std.

Der Kapellenweg von Sogn Giacun nach Sogn Clau

Die kleine Rundtour führt von der Jakobskapelle in Brigels aussichtsreich hoch über dem Vorderrheintal auf einen aussichtsreichen bewaldeten Rücken hinauf. Wanderziel ist die zauberhaft gelegene barocke Nikolauskapelle, am Weg liegen zwei Rastplätze mit Möglichkeit zum Grillen.

Ausgangspunkt: Kapelle Sogn Giacun in Brigels, 1306 m. Anfahrt mit Bus/Bahn nach Tavanasa, von dort mit Postautolinie 461 bis zur Endhaltestelle Sogn Giacun am oberen Ortsrand von Brigels. Mit dem Auto folgt man ab Post Brigels der Dorfstraße vor der Kirche links und nach dieser rechts an der Tourismusinformation (Center Turistic) vorbei und erreicht 300 m darauf die Kapelle Sogn Giacun.

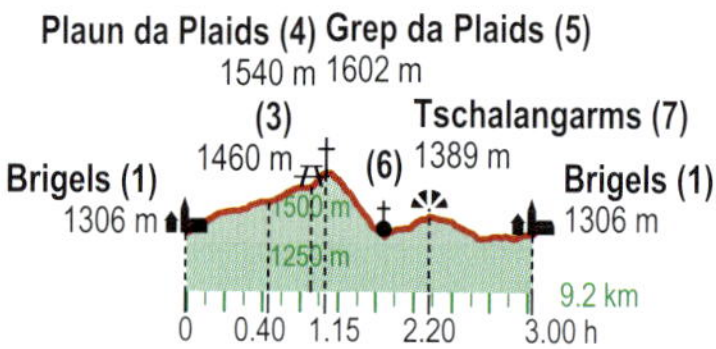

Höhenunterschied: 440 m.

Anforderungen: Überwiegend bequeme Almwege, der Abstieg nach Sogn Clau auf allerdings steilem, teils schuttbedecktem Pfad.

Einkehr: Ustria Tödi in Brigels, Tel. +41 81 9412253, www.restaurant-toedi.ch, Mo. Ruhetag; unterwegs keine Möglichkeit.

Variante: Sofern man nicht von Plaun da Plaids auf dem steilen Pfad nach Sogn Clau absteigen will, geht man auf dem Hinweg wieder nach Brigels zurück (blaue Tour).

Tipp: Die Jakobskapelle ist in der Regel verschlossen, den Schlüssel dazu erhält man im Center Turistic Brigels (Tel. +41 81 9411331).

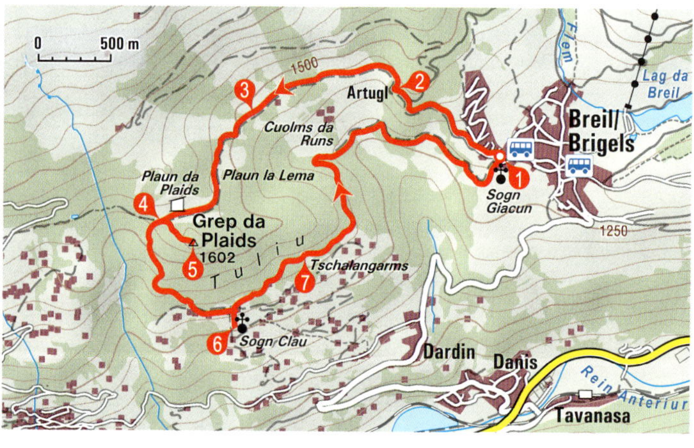

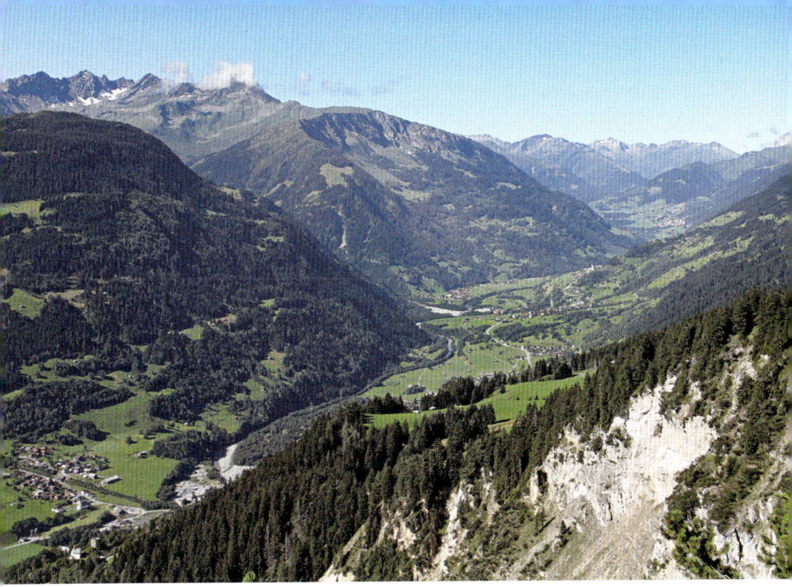

Von Grep da Plaids lässt sich das ganze Vorderrheintal überblicken.

An der Kapelle **Sogn Giacun (1)**, 1306 m, am oberen Ortsrand von **Brigels** folgen wir dem Teersträßchen leicht aufwärts in Richtung »Plaun da Plaids« (links von der Kapelle führt ein Almweg nach Sogn Clau, unser Rückweg). Wir passieren einen Biohof und verlassen 30 m nach diesem das Sträßchen links in einen schmalen Teerweg (Schild Tschegn Dadens Sut). Dieser geht bald in einen ungeteerten Almweg über und zieht durch einen lichten Föhrenwald. 10 Minuten später gehen wir an der Flurbezeichnung **Artugl (2)**, 1411 m, geradeaus weiter.

In **Cuolms da Runs (3)**, 1460 m, einer großen Lichtung mit einem Brunnen, laden ein paar Felsen zu einer kurzen Rast. Knapp 20 Minuten darauf wird die eingezäunte Feuerstelle **Plaun da Plaids (4)**, 1540 m, mit Picknicktischen, Grillstelle und Feuerholz erreicht.

Bevor wir von dort den Rundweg fortsetzen, bietet sich der Abstecher zum Grep da Plaids an. Vor dem Gatter des Rastplatzes weist ein Wanderschild links in einen Pfad, der zunächst etwas versetzt parallel zu unserem Hinweg verläuft und dann nach etwa 75 m rechts den Wald zum **Grep da Plaids (5)**, 1602 m, hinaufführt, einer wunderbaren Aussichtskanzel über dem Vorderrheintal. Auf der anderen Talseite reihen sich die Gipfel von Mundaun, Sezner und Val Gronda aneinander, im Norden sorgen die Glarner Alpen mit den Dreitausendern Piz Tumpiv und Cavistrau für eine imposante Kulisse.

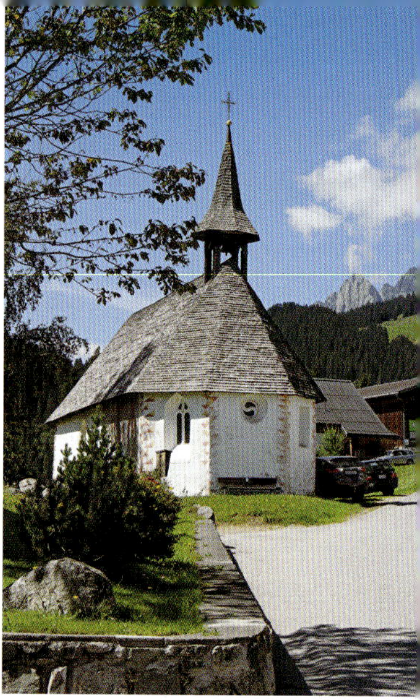

Jakobskapelle (Sogn Giacun) am Ausgangspunkt und …

Von der Aussicht steigen wir wieder nach **Plaun da Plaids (4)** ab und setzen rechts von den Picknicktischen den Rundweg fort. Ein steiler Waldpfad bringt uns in 20 Minuten zu einem Fahrweg an der Flurbezeichnung **Tuliu** (1324 m) hinab. Links haltend kommen wir in drei Minuten nach **Sogn Clau (6)**, 1290 m. Die Nikolauskapelle wurde 1708 im Barockstil auf einem mittelalterlichen Vorgängerbau errichtet und glänzt außer der aussichtsreichen Lage auch mit ihrem ausgemalten Innenraum. Neben dem Kirchlein gibt es eine weitere Feuerstelle.

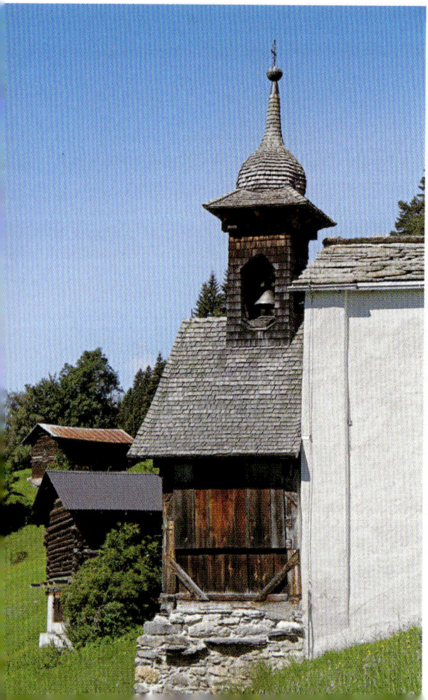

Von Sogn Clau gehen wir wieder nach Tuliu zurück und folgen von dort dem Pfad in Richtung Brigels, der zunächst mehr oder weniger die Höhe haltend und dann relativ steil zur Lichtung Planezzas (1381 m) ansteigt. Kurz darauf ergeben sich von einer der Sitzbänke bei **Tschalangarms (7)**, 1389 m, nochmals schöne Aussichten ins Vorderrheintal. Der Pfad traversiert dann leicht ausgesetzt einen steil abfallenden Hang. Etliche Stege führen über kleine Moore und Bachläufe, bis der Pfad schließlich in einen Almweg mündet, der uns in 25 Minuten wieder nach **Sogn Giacun (1)** zurückbringt.

… Nikolauskapelle (Sogn Clau) am Wanderziel.

2.45 Std.

Von Brigels zur Ruine Kropfenstein 24

Auf einem Höhenrücken zu einer mittelalterlichen Höhlenburg

Der kurzweilige Rundweg macht mit einer der vier mittelalterlichen Festungen in der Gegend von Waltensburg bekannt. Das vor etwa 700 Jahren erbaute Gemäuer schmiegt sich spektakulär wie ein Adlerhorst an eine überhängende Felswand und ist nur auf einem schmalen Pfad zugänglich. Nach der Burgbesichtigung wartet in Curtignet die Restaurantterrasse des ältesten Biohotels der Schweiz auf den Besuch.

Ausgangspunkt: Breil/Brigels, 1287 m. Anfahrt mit Bahn/Postauto bis Tavanasa, von dort mit Postautolinie 461 nach Brigels Ortsmitte.
Höhenunterschied: 440 m.
Anforderungen: Überwiegend breite Wege mit lediglich kurzen An- und Abstiegen.
Einkehr: In Curtignet das Biohotel Ucliva, Tel. +41 81 9412242, www.ucliva.ch, warme Küche 11.30–14 Uhr und ab 18.30 Uhr.

Von der Post in **Brigels (1)**, 1287 m, folgen wir zunächst dem Wanderschild in Richtung Waltensburg und Golfplatz. An der Ustria Tödi können wir in ein paar Schritten steil zu einem Kreuz auf einem kleinen Hügel aufsteigen, von dem sich ein tolles Panorama auf Brigels ergibt. Neben dem Lokal verlassen wir dann den Teerweg in einen Pfad, der am Fuß des Hügels und bald auf dem Hügelrücken entlangläuft.
Etwa 5 Minuten nach der Ustria Tödi halten wir an einer Gabelung vor dem Waldrand rechts leicht aufwärts und gehen dann in den Wald hinein. Der nun bequeme Forstweg schwenkt knapp 15 Minuten später an einer ausgeschilderten Gabelung nach rechts in Richtung Flanz/Waltensburg und quert kurz darauf einen Holzabfuhrplatz schräg nach links. An der Flurbezeichnung

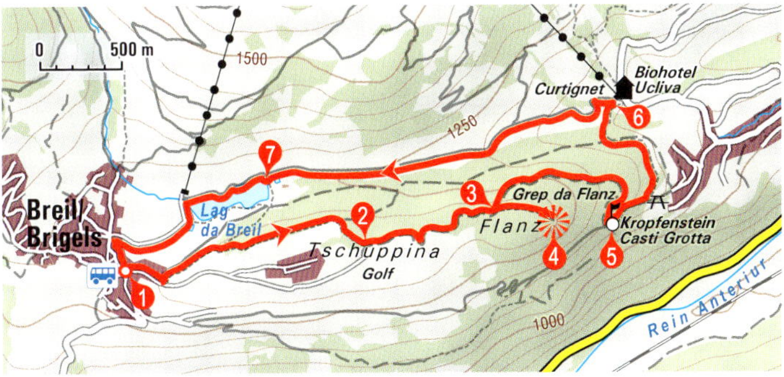

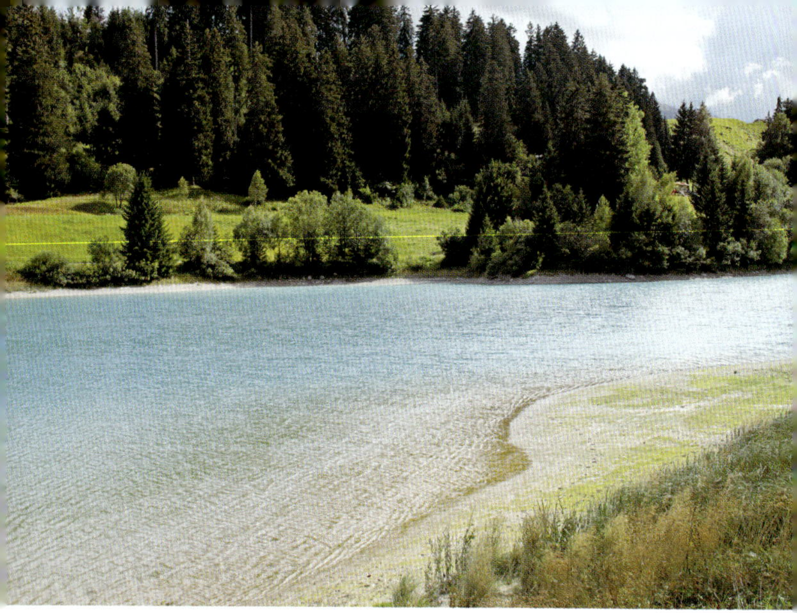

Als ob es ihn schon immer gegeben hätte – der Stausee bei Brigels.

Tschuppina (2), 1335 m, gehen wir ein Stück an dem bis an den Waldrand reichenden Golfplatz Brigels entlang und genießen über den Parcours hinweg die Aussicht auf das Vorderrheintal.

Nach dem Golfplatz schwenkt der Weg nach links, knapp 100 m darauf wandern wir nicht auf dem breiten Feldweg talwärts, sondern bleiben links die Höhe haltend zunächst weiter am Waldrand. In **Flanz (3)**, 1328 m, einer kleinen Lichtung, ist ein Abstecher (hin und zurück 10 Minuten) zum **Grep da Flanz (4)**, 1328 m, ein Muss. Der im Deutschen Adlerstein genannte Aussichtsbalkon erlaubt eine wunderbare Aussicht ins Rheintal bis nach Ilanz, eine Sitzbank steht genau am richtigen Fleck.

Nach dem Abstecher gehen wir nun in **Flanz (3)** rechts auf breitem Waldweg zunächst die Nordseite des Bergrückens abwärts. Der Weg läuft bald auf die Südseite des Rückens und mündet dann in eine Erdstraße. Wir folgen dieser links für 200 m und dann einem von einem Geländer gut gesicherten Pfad zur Ruine **Kropfenstein (5)**, 1080 m. Im Rätoro-

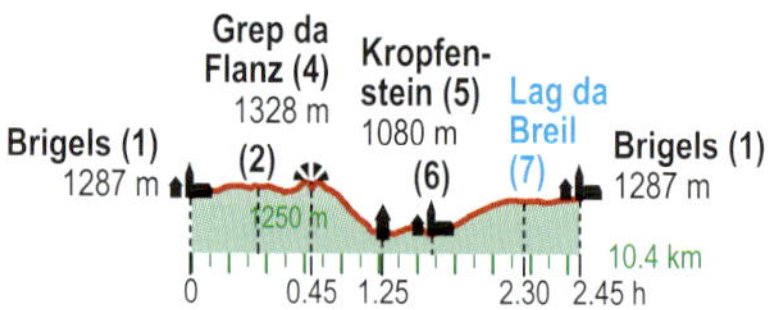

Hautnah an der Wand – die Höhlenburg Kropfenstein.

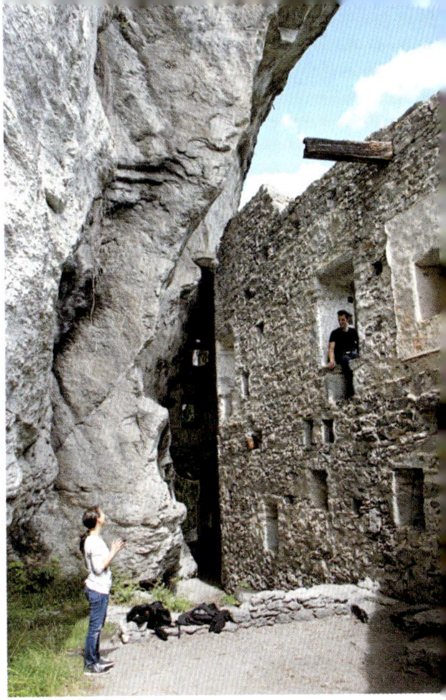

manischen wird die mittelalterliche Festung Höhlenburg (Casti Grotta) genannt, den Eingang gibt eine Öffnung in der Felswand frei.

Von der Burgruine steigen wir wieder zur Erdstraße auf, folgen dieser 4 Minuten abwärts bis scharf links ein nicht markierter Waldpfad aufwärtsführt. Dieser mündet nach knapp 10 Minuten auf einen breiteren Forstweg, wir gehen auf diesem geradeaus und verlassen ihn dann nach 100 m wieder rechts in einen Pfad in Richtung Curtginet. Nach kurzem Abstieg in ein Bachtal wird die Talstation des Skilifts in **Curtignet (6)**, 1102 m, erreicht. Ein paar Schritte rechts von dem großen Parkplatz ist das Biohotel Ucliva eine gute Einkehrmöglichkeit.

Von der Talstation wandern wir nun auf der anfangs geteerten Senda Sursilvana nach Brigels zurück. Der kleine **Lag da Breil (7)**, 1266 m, kurz vor dem Bergdorf kann wahlweise am Nord- oder Südufer umlaufen werden. Sofern wir uns für die Nordseite entscheiden, wenden wir uns an der Talstation des Sessellifts Breil-Burleun nach links und gehen über den Parkplatz. Am Ortseingang von **Brigels (1)** halten wir uns an der Casa Tumpif links zur Kirche und dort abermals links zur Post.

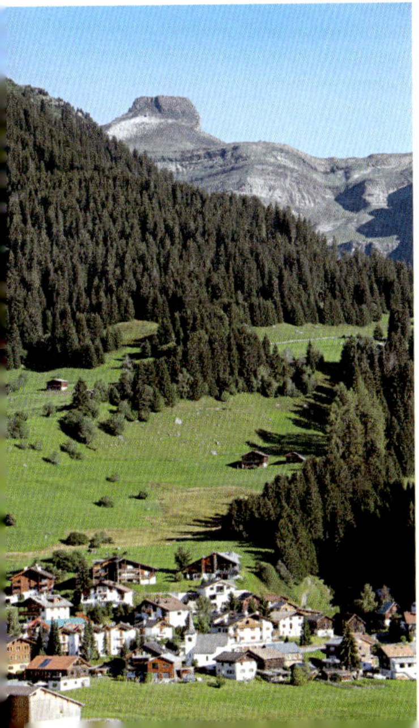

Brigels vor der Kulisse des Kistenstöckli.

25 Lag da Pigniu, 1453 m

4.10 Std.

Zu den Wasserfällen am Panixer Stausee

Wie ein Amphitheater türmen sich die Felswände um den kleinen Stausee von Panix, der von den Wassermassen aus dem Gletschervorfeld des 3158 Meter hohen Hausstock gespeist wird. Zwei imposante Wasserfälle stürzen in mehreren Kaskaden den Fels hinab. Der Wanderweg zum See führt durch das reizvolle Flusstal der Schmuer.

Ausgangspunkt: Andiast-Vitg, 1185 m. Anfahrt mit Pkw oder Postautolinie 424 Ilanz–Andiast.
Höhenunterschied: Jeweils gut 580 m im An- und Abstieg.
Anforderungen: Überwiegend breite Almwege; sofern für den Rückweg der Pfad vom westlichen Rand des Staudamms genommen wird, kurzer steiler Abstieg auf einem Pfad. Am östlichen Seeufer ist eine felsige Passage mit einer Kette gesichert und problemlos zu bewältigen.
Einkehr: Postigliun mit viel gelobter Regionalküche (Carnugl, oberhalb der Andiaster Hauptstraße, Tel. +41 81 9411033, www.postigliun-andiast.ch); unterwegs keine Möglichkeit.

Spektakuläre Kulisse – steile Felswände über dem Panixersee.

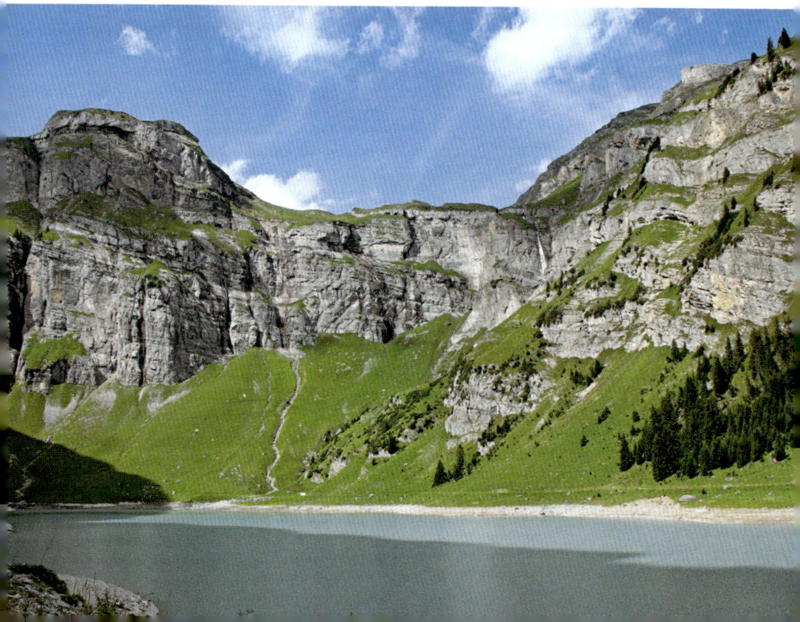

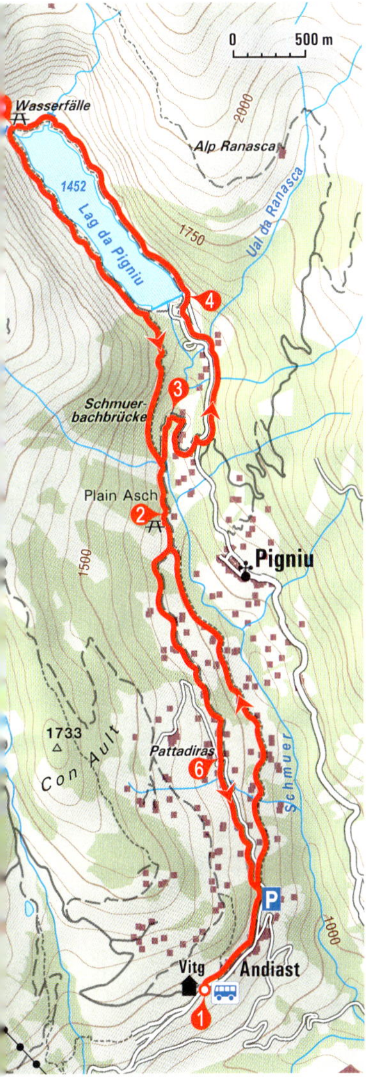

Von **Andiast-Vitg (1)**, 1185 m, folgen wir der Straße in Richtung Lag da Pigniu und kommen sogleich an der Canzlia Communala am Dorfplatz (Bushaltestelle) und der Dorfkapelle vorbei. Autofahrer können 600 m weiter am Abzweig nach Rueun parken. Von dort hält man sich leicht links zu einem 150 m entfernten Wendeplatz, an dem ein für den Verkehr gesperrter Betonweg beginnt.

An der nächsten Verzweigung an einem großen zweistöckigen Haus mit roten Fensterläden halten wir uns leicht rechts (links unser Rückweg). Der bald geschotterte Almweg zieht gemächlich ansteigend in das reizvolle Panixer Tal hinein, unten im Tal fließt der Schmuerbach, auf der gegenüberliegenden Talseite zeigen sich die Häuser von Pigniu.

Etwa eine halbe Stunde nach dem Haus mit den roten Fensterläden gehen wir auf schmalerem Weg rechts abwärts und treffen nach kurzem etwas steilerem Anstieg an einer Sitzbank wieder auf einen Almweg (links unser Rückweg). Ein paar Minuten darauf kommen wir an zwei kurz hintereinanderliegenden Feuerstellen vorbei, die erste heißt **Plain Asch (2)**, 1275 m, und verfügt auch über einen kleinen Spielplatz.

Kurz nach der zweiten Feuerstelle haben wir die Wahl: Links kann auf einem ziemlich steilen Pfad direkt zum Stausee aufgestiegen werden. Sofern wir den bequemeren Aufstieg wählen, folgen wir dem Almweg weiter geradeaus und queren 5 Minuten später auf der **Schmuer-**

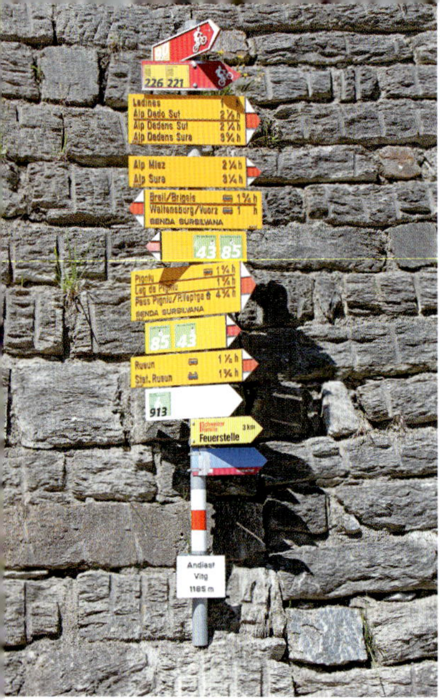

Oben: Trotz des Schilderwaldes am Startpunkt ist die Orientierung einfach.
Rechts: Tosender Wasserfall über dem Nordufer des Stausees.

bachbrücke (3), 1275 m, den Fluss. Der Almweg wechselt ansteigend in zwei langen Schleifen zur anderen Talseite und mündet dort in eine schmale Teerstraße. Dieser folgen wir links, bald zeigen sich die Staumauer und dahinter der massige Gipfel des Hausstock. An einem Parkplatz vor dem Damm schwenkt das Sträßchen nach rechts aufwärts, wir verlassen es hier geradeaus in einen Wiesenpfad, der uns an einem Brunnen vorbei zum östlichen Rand der Staumauer des **Lag da Pigniu (4)**, 1452 m, bringt.

Je nach Gusto können wir nun zunächst auf der 270 m langen Staumauer entlangschlendern oder sogleich am Südostufer mit der Umrundung des Sees beginnen. Die beiden **Wasserfälle (5)**, 1452 m, stürzen im hinteren Teil des Sees in etlichen Kaskaden mehr als 300 m hohe Wände hinab, der größere davon in der nordwestlichsten Ecke.

Sofern man nicht wieder auf dem Weg über die Schmuerbachbrücke nach Andiast zurückwill, kann nach der beschaulichen Seeumrundung nun vom südwestlichen Rand des Damms auf dem steilen Pfad zum Almweg abgestiegen werden. Diesem folgt man dann wieder zu der bekannten Bank nach der Feuerstelle **Plain Asch (2)** und geht dort geradeaus in Richtung Alp Miez/Alp Dado weiter. Etwa gleichauf mit dem Ort Pigniu auf der anderen Talseite läuft der Weg knapp 100 Höhenmeter über dem vom Hinweg bekannten Weg nach **Pattadiras (6)**, 1291 m, und von dort auf einem betonierten Fahrweg nach **Andiast-Vitg (1)** zurück.

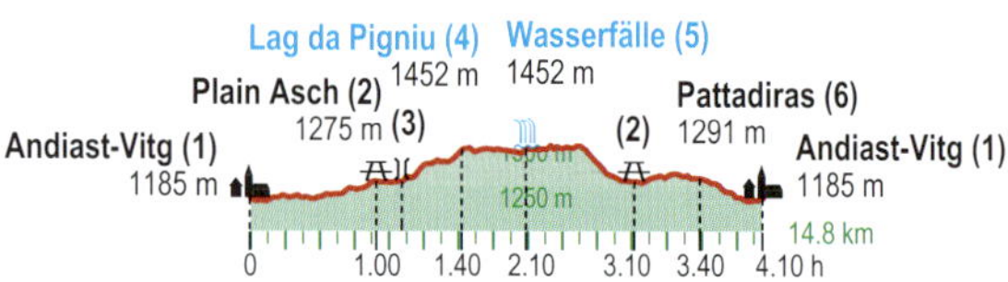

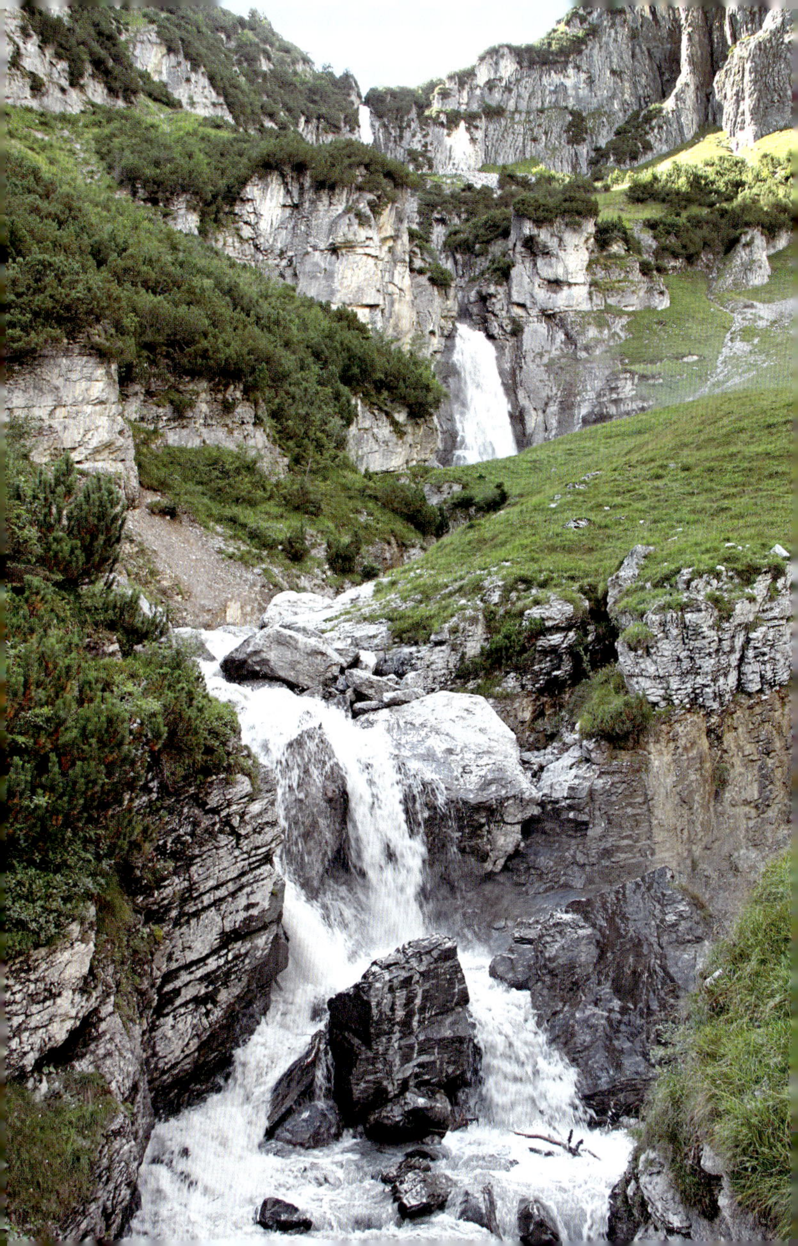

26 Aufstieg zum Panixerpass, 2407 m

6.00 Std.

Panoramareicher Steig auf historischem Passweg

Der Panixer ist ein Pass mit viel Geschichte. Das russische Heer unter General Suworow querte im Spätherbst 1799 auf der Flucht vor den napoleonischen Truppen den Pass, geriet in ein Unwetter und verlor dabei 200 Mann. An der Berghütte auf dem Pass erinnert eine Gedenktafel an das tragische Ereignis.

Ausgangspunkt: Pigniu, 1301 m. Anfahrt von Ilanz mit dem Postauto oder Pkw via Rueun.
Höhenunterschied: 1250 m.
Anforderungen: Anspruchsvoller Passweg mit langen Anstiegen und einer extrem steilen Passage, die Trittsicherheit verlangt.
Einkehr: In Pigniu Ustria Alpina (Tel. +41 79 6201216, www.alpina-restaurant-pigniu.ch); unterwegs keine Möglichkeit.

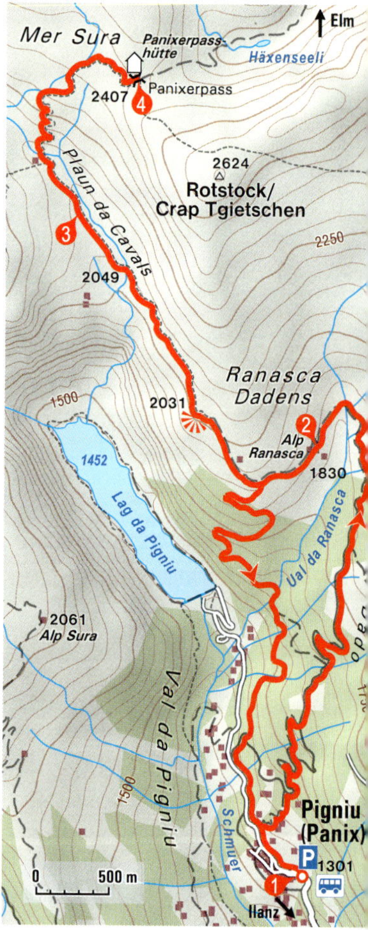

In **Pigniu (1)**, 1301 m, folgen wir vom Lokal Ustria Alpina (das Postauto hält 200 m davor am Ortseingang) dem Sträßchen leicht aufwärts zu einem 200 m entfernten Parkplatz. Dort biegen wir rechts in den mit »Alp Ranasca/Pass Pigniu« ausgeschilderten Almweg ein, der die nächste Stunde bergauf durch schattigen Fichtenwald führen wird. Bei Muletg da Ranasca (1780 m) lichtet sich der Wald, an der Gabelung gehen wir geradeaus und erreichen höhehaltend nach einer langen Linksschleife die **Alp Ranasca (2)**, 1830 m, am Talschluss. Direkt vor dem Almgebäude folgen wir rechts dem von einem Weidezaun

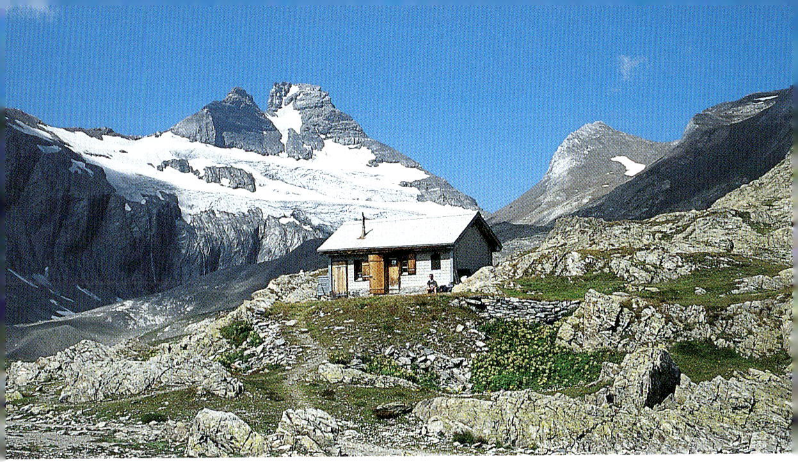

Am Panixerpass vor der markanten Silhouette des Hausstock (3158 m).

begrenzten Weg steil bergan. Nach gut 10 Minuten passieren wir den »Touristenweg« und erreichen bald darauf ein auf einen Felssporn gesetztes Holzkreuz, den **Aussichtspunkt** auf 2031 m Höhe.

Die weitere Wegführung unterhalb der Steilwand des Crap Tgietschen ist schlichtweg grandios. Eine Passage mit überhängendem Fels wurde regelrecht aus der Wand geschlagen. Nur noch sanft ansteigend durchlaufen wir die **Plaun da Cavals** (**3**, Rossboden), ein idyllisch von Bergen eingerahmtes Hochtal, das vom kantigen Hausstock abgeriegelt wird. Über einen Steg wird der vom Glacier da Mer herunterkommende Wildbach gequert und danach in engen Kehren extrem steil einen schuttbedeckten Hang aufgestiegen (Vorsicht beim Abstieg!). Über das überraschend grüne Hochtal Mer Sura hinweg erreichen wir die Hütte (unbewirtschaftet) am **Panixerpass (4)**, 2407 m.

Nach einer Rast gehen wir auf demselben Weg bis zum **Abzweig Touristenweg** zurück. Dieser beginnt als Wiesenpfad, der sich in den Wald senkt und als steiler, stellenweise ausgesetzter Saumpfad nach Pigniu hinabläuft. Nach etwa 40 Minuten wird auf einer Brücke die Schlucht des Ual da Ranasca gequert, es geht auf einem breiten Waldweg weiter, der auf ein Sträßchen zum Stausee trifft. Auf diesem erreichen wir links haltend wieder den Wanderparkplatz in **Pigniu (1)**.

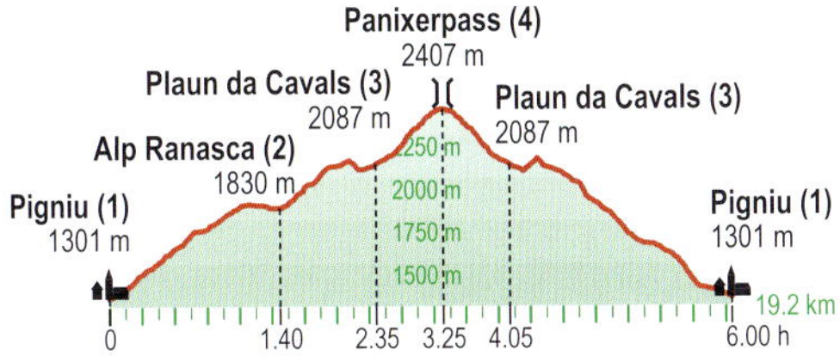

27 Senda Sursilvana 2

3.15 Std.

Gemütlicher Spaziergang von Ladir nach Laax

Die Etappe auf dem Fernwanderweg Senda Sursilvana läuft auf der Sonnenseite hoch über der Talsohle des Vorderrheins ohne nennenswerte Steigungen nach Falera und Laax. Die beliebte Wanderung bietet sich vor allem an, wenn die Wetterlage keine Hochgebirgstouren erlaubt.

Ausgangspunkt: Ladir, 1276 m. Anfahrt von Ilanz bzw. Murschetg per Postauto.

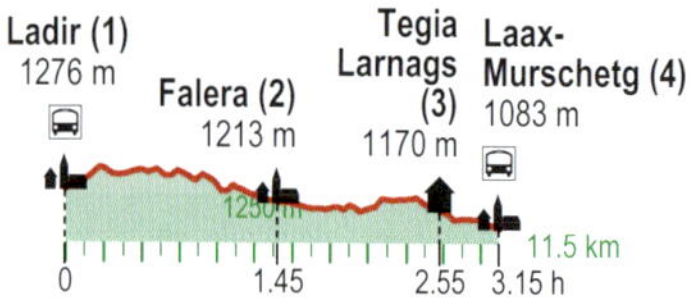

Endpunkt: Laax-Murschetg, 1083 m. Rückfahrt nach Ladir oder Ilanz mit dem Postauto.
Höhenunterschied: Etwa 350 m im Anstieg und 550 m im Abstieg.
Anforderungen: Bequemer Spaziergang auf breiten Wegen, kurze Teilstücke sind asphaltiert.
Einkehr: Tegia Larnags vor Murschetg (Tel. +41 81 9279910, www.larnags.ch), gute lokale Küche.

Von der Bushaltestelle in **Ladir (1)**, 1276 m, folgen wir der Ausschilderung in Richtung »Falera« ein für Fahrzeuge gesperrtes Asphaltsträßchen bergauf. Nach einer Viertelstunde zweigen wir rechts in einen ungeteerten Feldweg ab. Noch weit vor uns können wir bereits das wunderschön auf eine Bergterrasse gesetzte Falera ausmachen, am Ortsrand zur Rheinschlucht hin ist

Ein kunsthistorisches Kleinod ist die romanische Kirche am Ortsrand von Falera, im Hintergrund der Piz Riein.

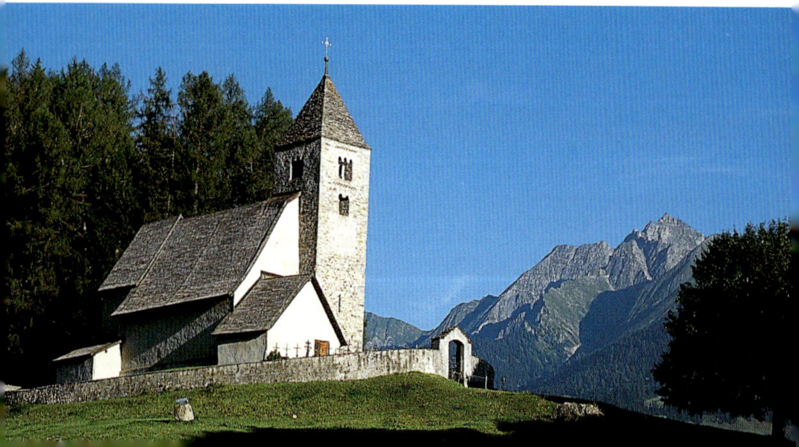

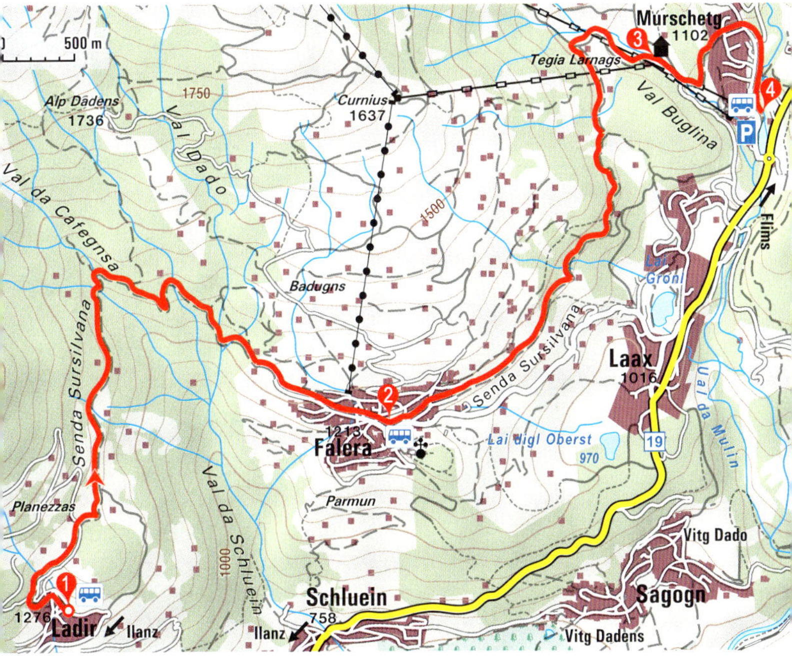

deutlich die Kirche St. Remigius erkennbar. In leichtem Auf und Ab zieht der Weg an Maiensäßen vorbei.

Am Ortseingang von **Falera (2)**, 1213 m, passieren wir den Skilift nach Curnius und neben vielen neuen Ferienhäusern und Chalets auch etliche stattliche Bauernhöfe mit schönen Holzbalkonen und blumengeschmückten Fensterbänken. Nach der Post empfiehlt sich kurz vor dem Ortsausgang ein kurzer Abstecher zur romanischen Kirche St. Remigius, die im Langhaus mit Fresken und einem Sterngewölbe im Chor ausgeschmückt ist.

Von Falera läuft die Senda Sursilvana in einer langen Schleife nordwärts und bietet schöne Aussichten nach Laax und auf die Abrisskante des Flimserstein. Unter einer Seilbahntrasse (Punkt 308) biegt der Weg nach rechts ab und führt in das Val Buglina hinab. Knapp fünf Minuten nach dem Ausflugslokal **Tegia Larnags (3)**, 1170 m, läuft am Punkt 307 die Senda Sursilvana links weiter. Die bald geteerte Fahrstraße macht einen weiten Bogen durch **Laax-Murschetg (4)**, 1083 m, und erreicht schließlich den großen Parkplatz und die Bushaltestelle nahe den Bergbahnen.

28 Von Friggahüs zum Piz Val Gronda, 2820 m

8.00 Std.

Über Almen auf den Aussichtsgipfel von Obersaxen

Die Dörfer der Walsergemeinde Obersaxen liegen verstreut auf einem Hochplateau über dem noch jungen Rhein. Bester Ausgangspunkt zum Piz Val Gronda ist der Weiler Friggahüs am westlichen Rand des Plateaus. Der lange Aufstieg über Almwiesen und vorbei an dem malerisch gelegenen Blausee erfordert ein bisschen Ausdauer, lohnt aber unbedingt!

Ausgangspunkt: Wasmen, 1530 m. Mit dem Pkw folgt man von Ilanz der Ausschilderung nach Obersaxen bis Friggahüs. Von dort geht es auf einem engen Sträßchen noch 2,3 km weiter bis Wasmen (den gelben Wanderschildern Richtung Vorderalp folgen). In Wasmen kleiner Wanderparkplatz mit Platz für max. 3 bis 4 Pkw. Mit dem Postauto von Ilanz bis Friggahüs und weiter zu Fuß bis Wasmen (zusätzlich 1.15 Std. Gehzeit hin und zurück).
Höhenunterschied: 1550 m.

Anforderungen: Kondition erfordernde steile Anstiege auf stellenweise ausgesetzten Saumpfaden. Die Besteigung des Piz Val Gronda ist bergtüchtigen Wanderern vorbehalten, die sowohl trittsicher als auch schwindelfrei sind. Der felsige Gipfelbereich ist mit Ketten gesichert.
Variante: Man lässt die allerdings lohnende Besteigung des Piz Val Gronda aus und steigt nach dem Piz Titschal direkt zum Blausee ab. Die Tour verkürzt sich so auf 5.45 Std.

In **Wasmen (1)**, 1530 m, steigen wir mit dem Tödi-Massiv im Rücken den Wiesenweg in Richtung Vorderalp auf. Wir queren ein Sträßchen und wenden uns auf dem Almweg am Beginn eines Fichtenwaldes nach rechts. 20 Minuten darauf verlassen wir den Wald und erreichen einen gemauerten Brunnenstock, von dem sich eine schöne Aussicht auf Obersaxen ergibt. Der erste

Neugierige Beobachter am Piz Val Gronda.

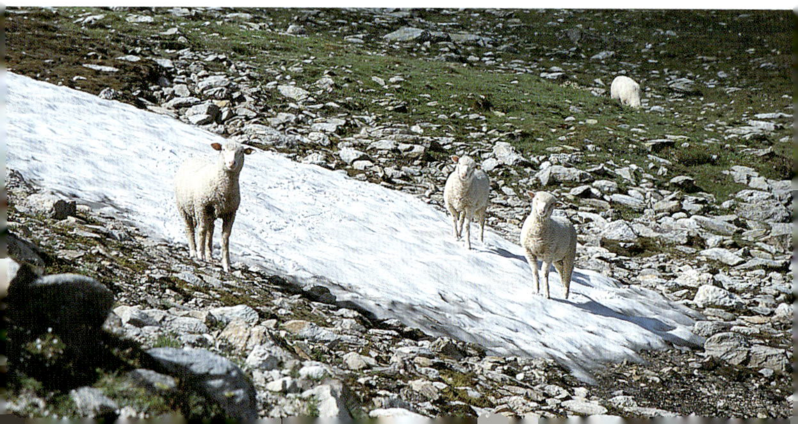

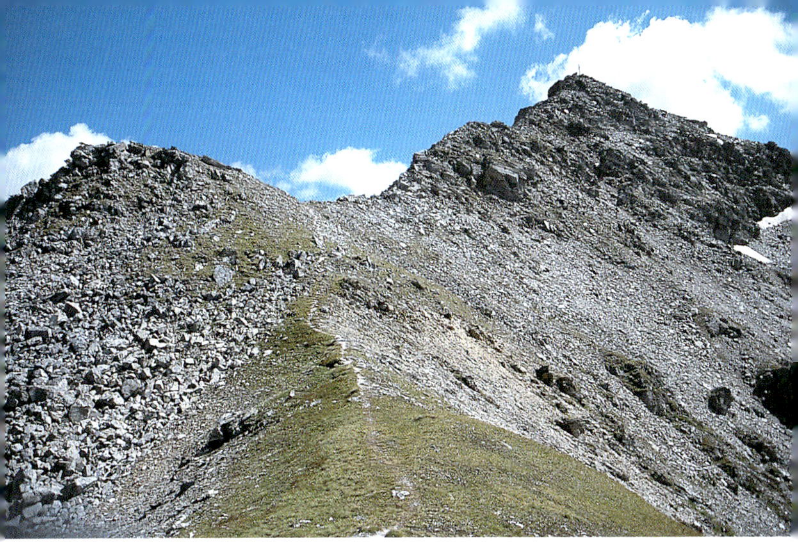

Der Aufstieg zum Piz Val Gronda läuft über einen luftigen Gratweg.

Steilanstieg liegt hinter uns. Markierungsstangen leiten uns an einer kleinen Almhütte vorbei zum stattlichen Gebäude der **Vorderalp (2)**, 2010 m.
Von der Alm führt ein Pfad über eine wellige Hochebene auf einen quer verlaufenden Bergkamm zu. Der Pfad verliert sich stellenweise in Heidelbeersträuchern und bildet sich erst wieder mit zunehmender Höhe heraus. Kurz unterhalb des Piz Titschal halten wir links auf den Kamm zu. Oben auf dem Kamm können wir drei vor uns liegende Berge ausmachen: den Piz Titschal, den Piz Lad mit Steinmann auf dem Gipfel und das große Gipfelkreuz auf dem Piz Val Gronda. Der **Piz Titschal (3)**, 2550 m, ist bereits nach einer Viertelstunde bestiegen. Wir schauen tief ins Tal der Surselva, das nach Norden von den Glarner Alpen mit dem Tödi-Massiv abgeschlossen wird.

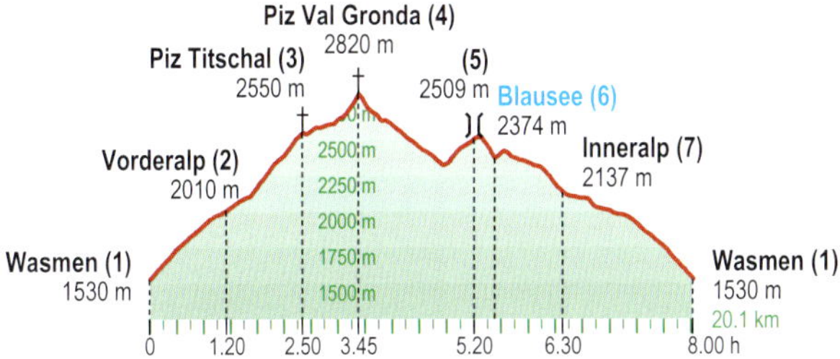

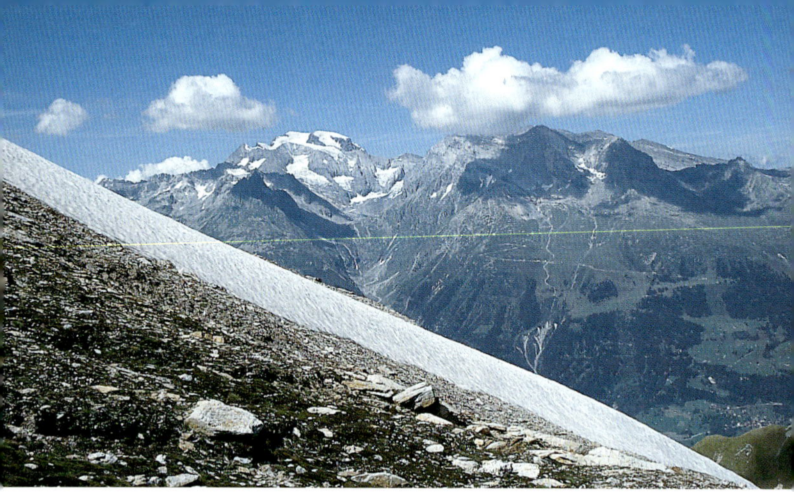

Schneehänge am Aufstieg zum Piz Val Gronda.

Vom Titschal zieht unser Weg als stellenweise ausgesetzter Saumpfad an der Ostflanke des Piz Lad entlang. Links unten schimmert das grüne Auge des Blausees herauf. Gut 20 Minuten nach dem Titschal passieren wir den Abzweig zum See (→ Variante) und steuern auf die mit Felsschutt übersäte Flanke des Piz Val Gronda zu. Ein 20-minütiger Steilanstieg auf dem Grat bringt uns zum Gipfelkreuz auf dem **Piz Val Gronda (4)**, 2820 m, die letzten Meter laufen durch eine Felsrinne, die beidseitig mit Ketten gesichert ist.
Der Abstieg in Richtung »Alp Gren« gestaltet sich problemlos. Der Steig knickt bald links in einen mit Felsschutt übersäten Kessel ab. Im Kessel und über die Almwiesen der Alp Gren helfen weit auseinandergesetzte Markierungsstangen. An einer Gabelung gut eine Stunde nach dem Gipfel verlassen wir den Weg zur Alp Gren und gehen scharf links auf den elegant geschwungenen **Sattel (5)**, 2509 m, zu, der den Schwarztobel vom Blausee trennt. Nach einem nochmals ordentlichen Aufstieg von 200 Höhenmetern bieten sich vom Sattel zwei Pfade hinab zum Blausee an: der eine ist nicht markiert und geht direkt am Sattel los, der andere markierte Pfad beginnt etwas höher – beide sind steil und schuttbedeckt. Am **Blausee (6)**, 2374 m, queren wir den Überlauf und orientieren uns in Richtung »Inneralp«. Quasi eine Etage tiefer umgehen wir die rechte Seite des am Vormittag so mühevoll überquerten Bergkammes und erreichen inmitten einer Wiesenterrasse **Inneralp (7)**, 2137 m. Ein Wiesenpfad, wieder mit Stangen markiert, führt um den unteren Ausläufer des Bergkammes herum und trifft 5 Minuten unterhalb der **Vorderalp (2)**, auf 1990 m, auf den vom Hinweg bekannten Almweg, dem wir vorbei an dem Brunnenstock zurück nach **Wasmen (1)** folgen.

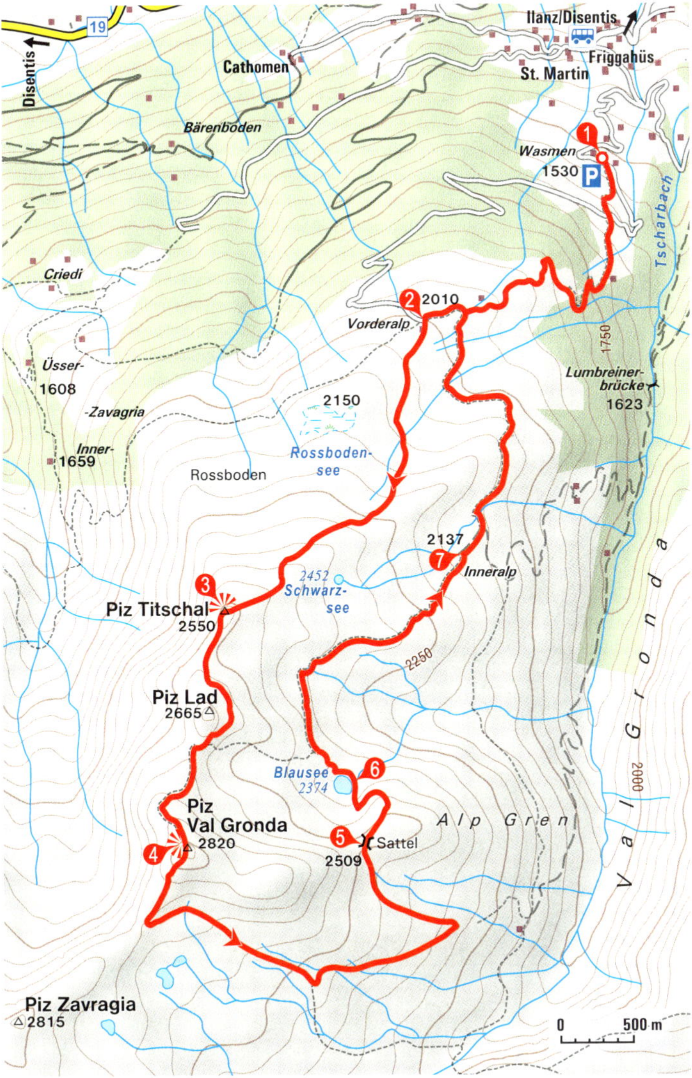

19
Disentis
Cathomen
Ilanz/Disentis
Friggahüs
St. Martin
Bärenboden
1
Wasmen
1530
P
Tscharbach
Criedi
2
2010
Vorderalp
1750
Lumbreiner-
brücke
1623
Üsser-
1608
-Zavagria
2150
Inner-
1659
Rossboden-
see
Rossboden
2137
7
Inneralp
3
2452
Schwarz-
see
Piz Titschal
2550
2250
Piz Lad
2665
6
Blausee
2374
Piz
Val Gronda
Alp Gren
2000
Val Gronda
5
Sattel
4
2820
2509
Piz Zavragia
2815
0
500 m

TOP **29** **5.15 Std.**

Über den Piz Mundaun, 2064 m

Auf einen der schönsten Aussichtsgipfel der Surselva

Der Piz Mundaun wird oft in einem Atemzug mit der Rigi genannt, jenem spektakulären Aussichtsgipfel am Vierwaldstätter See, von dem Mark Twain 1880 den Sonnenaufgang in überschwänglichen Worten pries und so einen regelrechten Ansturm auf die Schweizer Alpen auslöste. Der Rücken des Piz Mundaun verdankt seine exzellente Aussicht der zentralen Lage mitten im Surselvatal. Die Besteigung ist sehr beliebt und gestaltet sich zudem relativ einfach – man wird das Gipfelglück also selten alleine genießen.

Ausgangspunkt: Vella, 1244 m. Anfahrt mit Pkw oder Postauto von Ilanz.
Höhenunterschied: Knapp 1000 m.
Anforderungen: Mittelschwierige Runde auf breiten Wegen und Pfaden.
Einkehr: Restaurant Bündner Rigi (Tel. +41 81 933 30 40); Gipfelhütte Piz Mundaun (Tel. +41 79 922 15 54, www.gipfelhuettepizmundaun.ch); Ustria Trutg (Tel. +41 81 931 19 30, www.trutg.ch) am Ortseingang von Vella.
Kurztour: Man fährt zum Gasthaus Bündner Rigi, steigt zur Gipfelhütte Piz Mundaun auf und geht auf gleichem Weg wieder zurück (hin und zurück gut 2 Std.).
Tipp: Ein schönes Ausflugsziel mit Zeltmöglichkeit ist der Badesee Davon Munts im nahe gelegenen Vattiz.

Von der Post in **Vella (1)**, 1244 m, werfen wir zunächst einen Blick auf das visavis der Dorfstraße wie ein Schloss thronende Casti de Mont aus dem 17. Jahrhundert und folgen dann an der Kirche dem schmalen Teersträßchen nach **Morissen (2)**, 1346 m. Oberhalb der Kirche sind zwei Routen

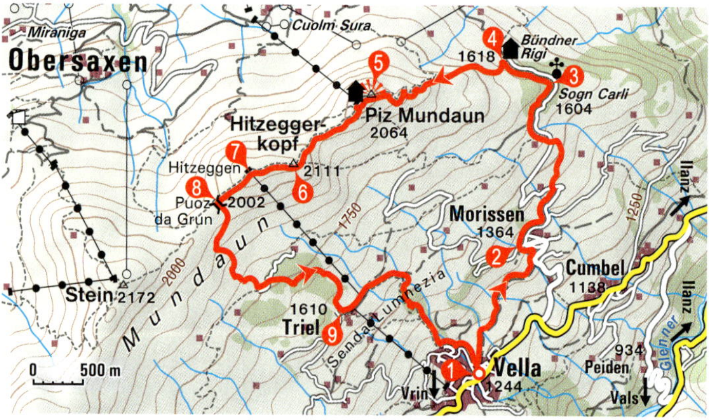

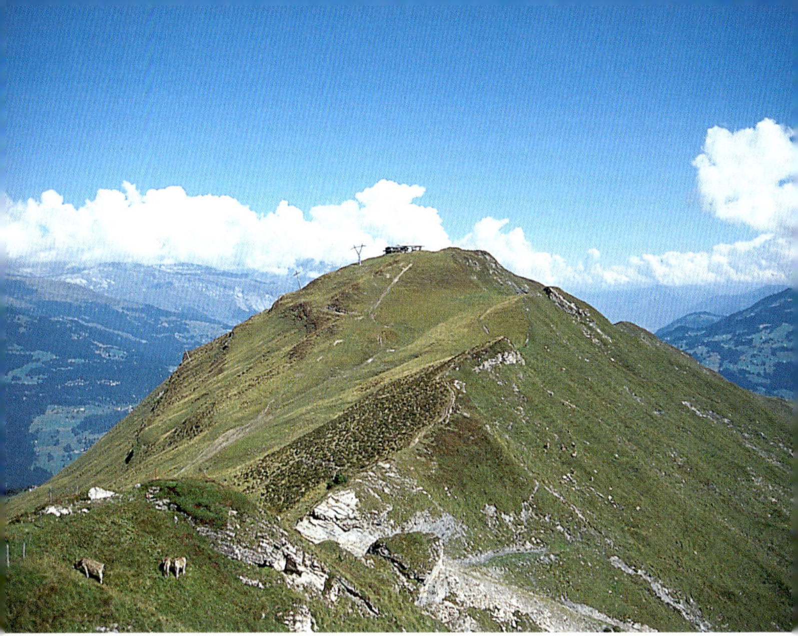

Der Piz Mundaun ragt exponiert aus dem Vorderrheintal empor.

zum Piz Mundaun ausgeschildert. Wir wählen die rechte Variante in Richtung Sogn Carli. Ein rechts abzweigender Weg kürzt eine lange Schleife des Sträßchens ab. Vorbei an der Waldkirche **Sogn Carli (3)**, 1604 m, erreichen wir auf dem nun geschotterten Weg den Berggasthof **Bündner Rigi (4)**, 1618 m, von dem sich eine herrliche Aussicht auf das Vorderrheintal mit dem alles überragenden Tödi (3614 m) ergibt. An der Aussichtsterrasse beginnt der eigentliche Aufstieg zu dem steil aufragenden Rücken des **Piz Mundaun (5)**, 2064 m. Am Gipfel erweitert sich das Panorama zu einem grandiosen Rundblick. Zwei Sitzbänke stehen zur Wahl – man weiß gar nicht, von welcher man die Aussicht zuerst genießen soll: Im Norden sieht man den Vorderrhein in der Rheinschlucht verschwinden, über der Falera, Laax und Flims auf der Flimser Bergsturzterrasse liegen; von

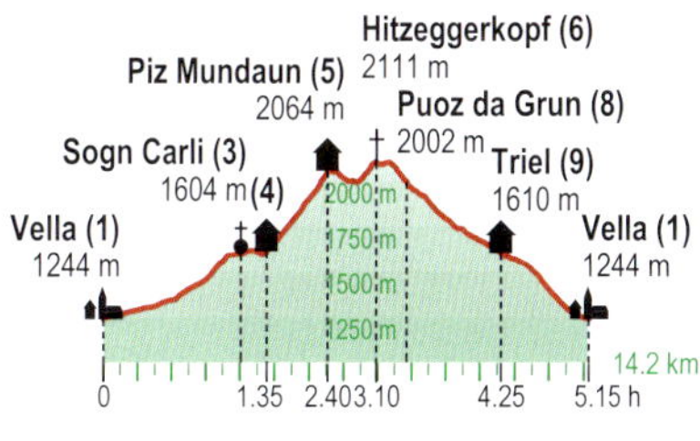

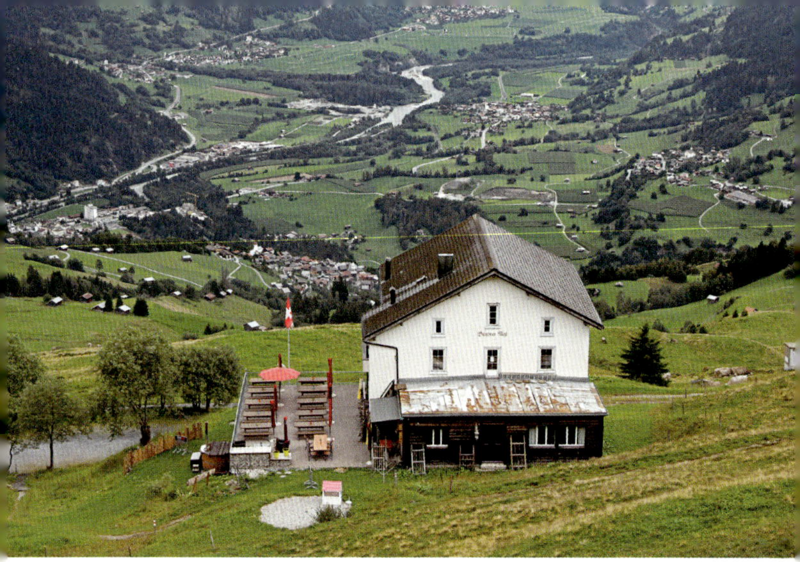

Oben: Der Berggasthof Bündner Rigi hoch über dem Vorderrheintal.
Rechts: Talmulde am Aufstieg zum Piz Mundaun.

der anderen Bank schaut man nach Süden über das Lugnez hinweg auf Piz Terri (3149 m), Piz Aul (3121 m) und Rheinwaldhorn (3402 m).
Vom Piz Mundaun wandern wir auf dem breiten Kamm hinüber zur 5 Minuten entfernten **Gipfelhütte Piz Mundaun** an der Liftstation Mundaun-Cuolm Sura. Nach einer eventuellen Pause auf der Hüttenterrasse geht es in Richtung Hitzeggen weiter, wobei wir uns nach knapp 150 m links halten und auf einem Wiesenpfad (Achtung, kein Wegzeichen!) zunächst in einen Sattel absteigen.
Über den **Hitzeggerkopf (6)**, 2111 m, wird die Liftstation **Hitzeggen (7)**, 2112 m, erreicht. Unmittelbar an der Station halten wir auf dem Grat abwärts in Richtung »Stein/Vella« auf einen gut einsehbaren Almweg im Sattel von **Puoz da Grun (8)**, 2002 m, zu. Dort steigen wir links immer das Val Lumnezia vor Augen auf einem anfangs breiten Weg, bald auf einem bescheiden markierten Pfad ab, bis dieser nach etwa 30 Minuten in einen Forstweg mündet. Wir folgen diesem rechts zu einem Teersträßchen, steigen auf diesem kurz links auf und kürzen rechts haltend auf einem Waldpfad eine Schleife des Sträßchens ab, das uns schließlich nach **Triel (9)**, 1610 m, hinabbringt. An der Standorttafel Triel scharf links haltend kommen wir an zwei kurz aufeinanderfolgenden Liftstationen vorbei. Nach der zweiten bringt uns ein Wiesenpfad, bald ein breiter Weg, nach **Vella (1)** hinab.

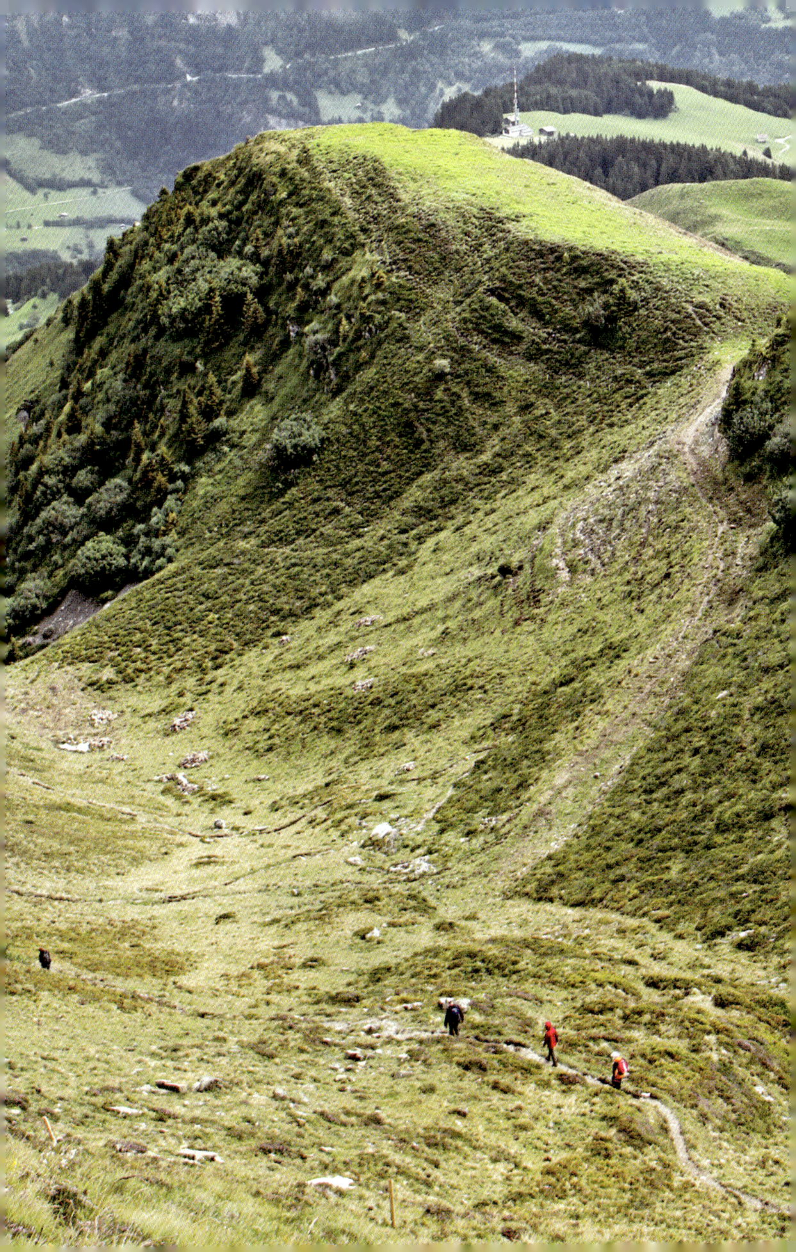

TOP **30**

Von Vrin über den Pass Diesrut, 2428 m, zur Greinaebene

9.00 Std.

Paradetour über den Pass Diesrut in den Parc Adula

Der Übergang an der Schnittstelle zwischen der Alpennord- und Alpensüdseite über den Pass Diesrut und den Greinapass war früher eine der wichtigsten Routen vom Vorderrhein ins Tessin. Die Vriner Viehzüchter trieben ihre Ochsen über die beiden Pässe, um sie auf den Märkten in Mailand gewinnbringend zu verkaufen. Diese einzigartige Tundralandschaft ist Teil des Parc Adula.

Ausgangspunkt: Wanderparkplatz Parvalsauns, 1630 m. Mit Pkw von Ilanz nach Vrin und weiter auf schmalem Sträßchen durch die Weiler Cons und San Giusep nach Puzzatsch, 1630 m. An der Kirche vorbei folgt man der Schotterstraße noch 500 m bis zum kleinen Wanderparkplatz nach einer Brücke. Das Postauto von Ilanz verkehrt bis Vrin, von dort mit privatem Wanderbus (Mitte Juni bis Mitte Oktober, Voranmeldung unter Tel. +41 79 4838369, www.busalpin.ch) bis nach Puzzatsch.
Höhenunterschied: 1400 m.
Anforderungen: Für ausdauernde Wanderer eine technisch problemlose Tour, einige Kletterstellen sind mit Ketten gesichert. Zu Beginn anstrengender Passanstieg. Auf der Hochebene gilt es, etliche Gebirgsbäche zu überqueren, was je nach Jahreszeit nicht immer ganz einfach ist.
Einkehr und Unterkunft: Übernachtung und warme Küche bietet die Camona da Terri, Tel. +41 81 9431205, www.terrihuette.ch. Die Berghütte verfügt über 100 Schlafplätze und ist von Mitte Juni bis Mitte Oktober bewartet. Rechtzeitig reservieren – der Andrang ist groß!
Hinweis: Um das sensible Ökosystem zu schützen, sollte das Wegenetz nicht verlassen werden.
Variante: Sofern man morgens zu spät startet (der erste Wanderbus erreicht Puzzatsch erst gegen 9 Uhr) empfiehlt es sich, nicht zum Passo della Greina, sondern direkt zur Terrihütte zu gehen. Die Tour kann durch Übernachtung auf der Terrihütte in zwei Tagesetappen aufgeteilt werden. Von der Hütte steigt man nach Tenigerbad (1305 m) ab (→ Tour 16 rückwärts).

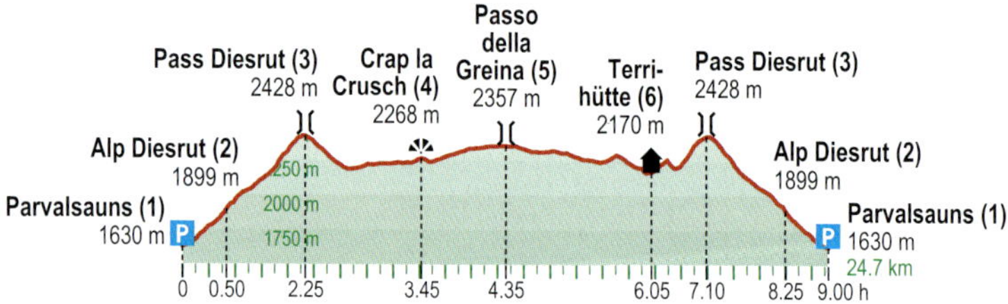

Am Fuß des Piz Gaglianana gilt es, ein unwirtliches Schuttfeld zu queren – mit gutem Auge lassen sich darin zwei Wanderer ausmachen.

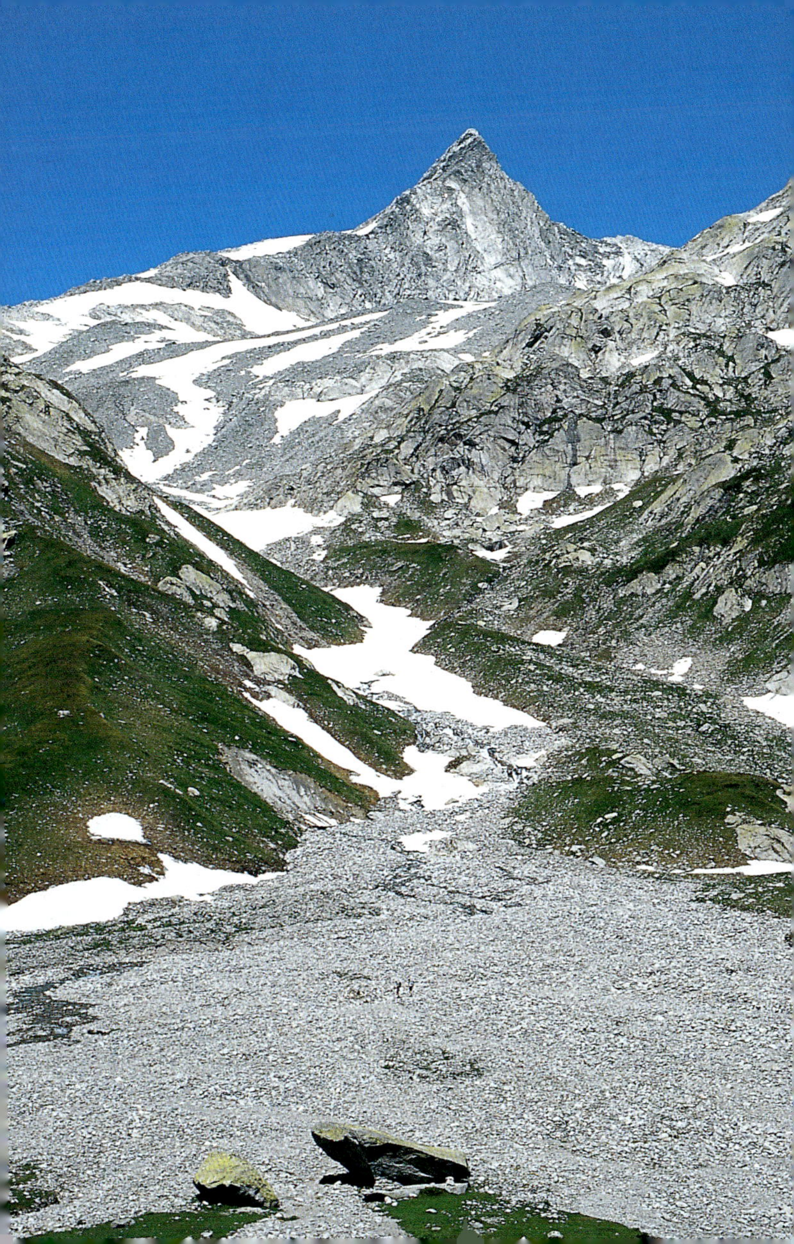

Vom Wanderparkplatz **Parvalsauns (1)**, 1630 m, folgen wir zunächst dem ungeteerten Wirtschaftsweg und verlassen ihn nach 3 Minuten geradeaus in einen gut ausgetretenen Wanderweg, der sich die rechte Seite eines Tales zur **Alp Diesrut (2)**, 1899 m, hinaufzieht. Weg und Tal schwenken nun nach Westen, von der vor uns liegenden Passhöhe rauschen Wildbäche zu Tal.
Nach fast zweistündigem, recht anstrengendem Anstieg erreichen wir die Steinsäule am **Pass Diesrut (3)**, 2428 m. 5 Minuten nach der Passhöhe ergibt sich ein erhabener Blick auf die von Schnee bedeckten Bergen eingerahmte Greinaebene. Nach weiteren 5 Minuten biegen wir links in Richtung »Passo della Greina« ab (wer nicht genügend Zeit hat, geht geradeaus zur Brücke über den Rein da Sumvitg hinab und erreicht von dort die auf einer Bergkuppe thronende Terrihütte). Der Weg senkt sich sanft in die von schmalen Flussarmen durchzogene Ebene ab. Wir halten uns immer am östlichen (linken) Rand der Ebene. Einem von links kommenden Zufluss müssen wir 100 m nach Osten folgen, um ihn auf einer Brücke zu überqueren. Kurz darauf bietet sich ein 10-minütiger Abstecher zum Aussichtspunkt **Crap la Crusch (4)**, 2268 m, an, von dem ein Weg zur Berghütte Motterascio und zum Lago di Luzzone ins Tessin führt. Wir gehen jedoch zurück zum Rein da Sumvitg und steigen parallel zum Fluss nach Westen zum Greinapass auf. Kurz vor der lang gezogenen Passhöhe wird rechts am Weg eine Schutzhütte passiert, 10 Minuten darauf stehen wir am Holzkreuz des **Passo della Greina (5)**, 2357 m.
Vom Pass gehen wir auf demselben Weg eine Viertelstunde zurück und biegen an einer Verzweigung links in einen unscheinbaren, doch markierten Pfad ein, der uns zur Terrihütte bringen wird. Am Fuß des wie eine Pyramide geformten Piz Gaglianera (3121 m) wird ein riesiges Schuttfeld traversiert. Mehr oder weniger weglos geht es über Felsschutt hinweg, wobei mehrere

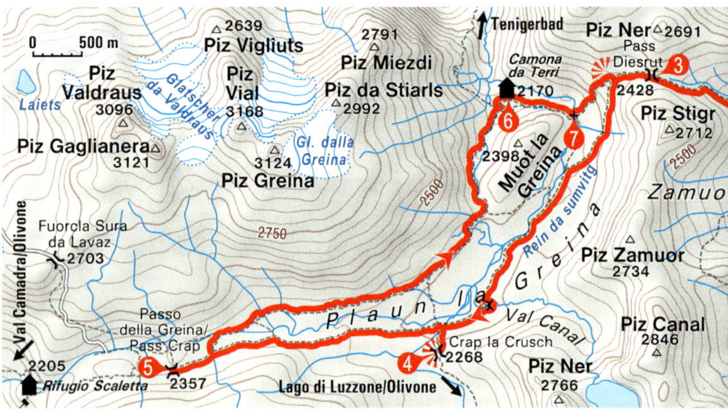

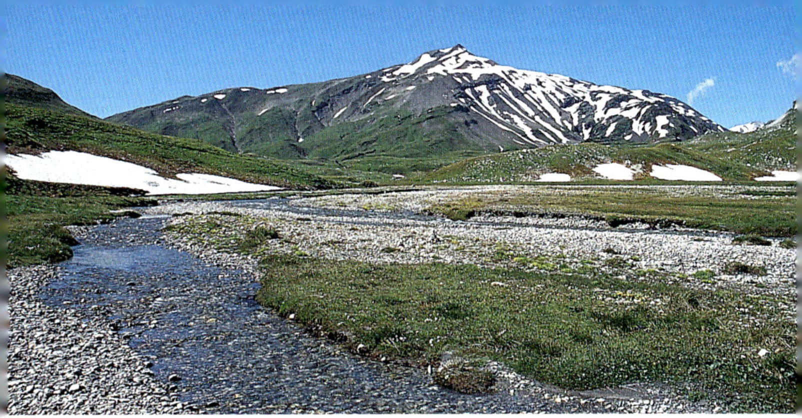

Über dem kiesigen Flussbett des Rein da Sumvitg hebt sich der Piz Coroi (2785 m).

Bachläufe gequert werden wollen. Je nach Wasserstand ist es nicht ganz einfach, den besten Übergang zu finden. Der Weg läuft nun am westlichen Rand der Greinaebene entlang. Am Abzweig zum Crap la Crusch treffen wir auf einen kleinen See, dessen liebliche Ufer sich als Rastplatz anbieten. Eine Viertelstunde später gilt es, eine mit Ketten gesicherte Kletterstelle zu überwinden. Kurz darauf verlassen wir die Greina, der Weg schwenkt nach links in ein Seitental. Es folgt ein steiniger, etwas unübersichtlicher Abstieg, doch schon bald sieht man die Berghütte vor sich liegen. Unterhalb der Hütte stoßen wir auf den von Tenigerbad heraufkommenden Weg und folgen diesem zur **Camona da Terri/Terrihütte (6)**, 2170 m. Auf der Terrasse haben wir eine herrliche Aussicht ins Val Sumvitg und auf das Tödi-Massiv (3614 m).

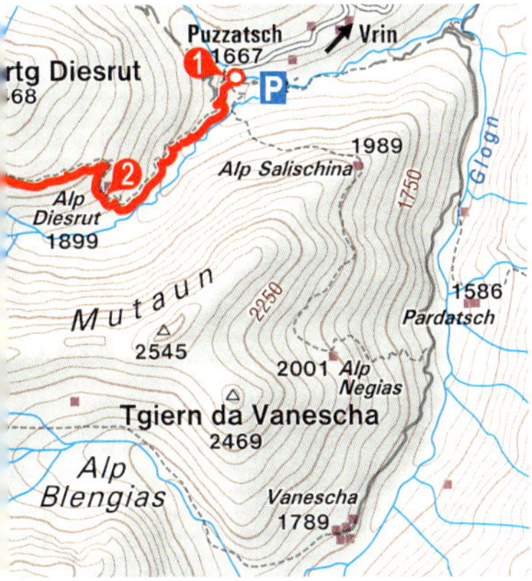

Gut gestärkt beginnen wir von der Berghütte den Rückweg zum Pass Diesrut. Zunächst geht es in eine Senke hinab, dann in gut 15-minütigem, steilem Gegenanstieg über die Felsbarriere des Muot la Greina und hinunter zu der über den **Rein da Sumvitg (7),** 2200 m, führenden Stahlbrücke (beim Abstieg ist eine Stelle mit Ketten gesichert). Am Aufstieg zum Pass Diesrut treffen wir kurz unterhalb der Passhöhe auf den vom Hinweg bekannten Abzweig und folgen dem Weg zurück nach **Parvalsauns (1)**.

31 Von Vals nach Leis

2.00 Std.

Aussichtsreicher kleiner Rundweg über dem Valser Rhein

Zwei Bergkapellen, der hübsche Weiler Leis und wunderbare Ausblicke auf die steingedeckten Holzhäuser von Vals und Valé sind die Highlights dieser kleinen Rundwanderung. Dazu gibt es eine empfehlenswerte Einkehrmöglichkeit.

Ausgangspunkt: Vals-Platz, 1252 m.
Höhenunterschied: Gut 300 m.
Anforderungen: Einfache Kurzwanderung, am Anfang auf bequemem Almweg, dann ein relativ steiler Abstieg auf einem Wiesenpfad.
Einkehr: Restaurant Ganni (Tel. +4181 9351354, www.ganni.ch) in Leis.

Gegenüber der Post in **Vals-Platz (1)**, 1252 m, folgen wir am Verkehrsbüro Visit Vals der geteerten schmalen Almstraße in Richtung »Soladüra/Zorts/Leis«. Der Weg läuft oberhalb der Therme entlang. Nach 10 Minuten zweigt ein für den Verkehr gesperrter Teerweg ab (diesem könnte man nach links folgen und 2 Minuten darauf rechts auf leicht ausgesetztem Waldpfad aufsteigen, der dann eine lange Kehre abkürzt und wieder auf das Almsträßchen trifft). Wir folgen jedoch geradeaus dem nun ungeteerten Fahrweg und können in **Soladüra (2)**, 1350 m, einen kurzen Abstecher zu der rechts vom Weg gelegenen Kapelle St. Johann Baptist machen, die von einer Lawine zerstört und danach wieder aufgebaut wurde. In ihr befindet sich ein sehenswerter Altar.

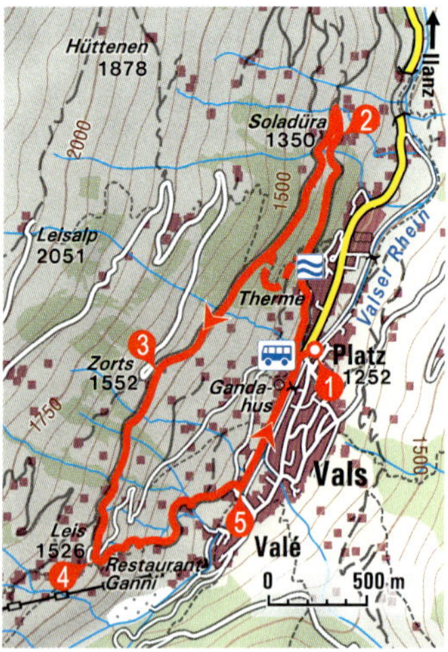

Der Weg schwenkt bald scharf nach links. Sobald das Waldstück durchlaufen ist, bieten sich schöne Ausblicke ins Valser Tal und auf das gegenüberliegende Tomülhorn (2946 m). An der Standorttafel **Zorts (3)**, 1552 m, verlassen wir den Almweg nach links in Richtung »Leis/Ganni Restaurant« und gehen an der Gabelung nach 15 Minuten ebenfalls links. Kurz nach dem Biohof Platta taucht der Glockengiebel der Kapelle von **Leis (4)**, 1526 m, auf, um die sich ein Dutzend alte Walserhäuser scharen. Gegenüber der komplett ausgemalten Kapelle lädt das Terrassenlokal Ganni zur Rast.

Schräg gegenüber der Kapelle weist ein Schild talwärts nach Valé. Der Wiesenpfad führt zu zwei auf eine Bergterrasse gesetzte Almhütten hinab. Bald relativ steil und immer mit wunderbaren Ausblicken auf Valé und Vals nimmt uns an zwei weiteren Hütten ein Weg mit betonierten Fahrstreifen auf. Rechts schauen wir auf die Talstation der Gondelbahn nach Gadastatt. An einer Gabelung kurz über dem Talboden halten wir rechts weiter abwärts und queren in **Valé (5)**, 1266 m, auf einer Brücke den Valser Rhein. Direkt nach der Brücke wandern wir auf dem Dammweg am Flussufer nach **Vals-Platz (1)** zurück.

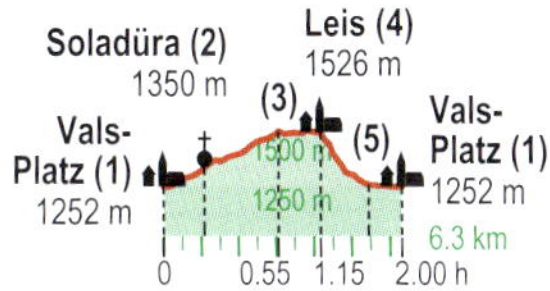

Walserhäuser in Leis.

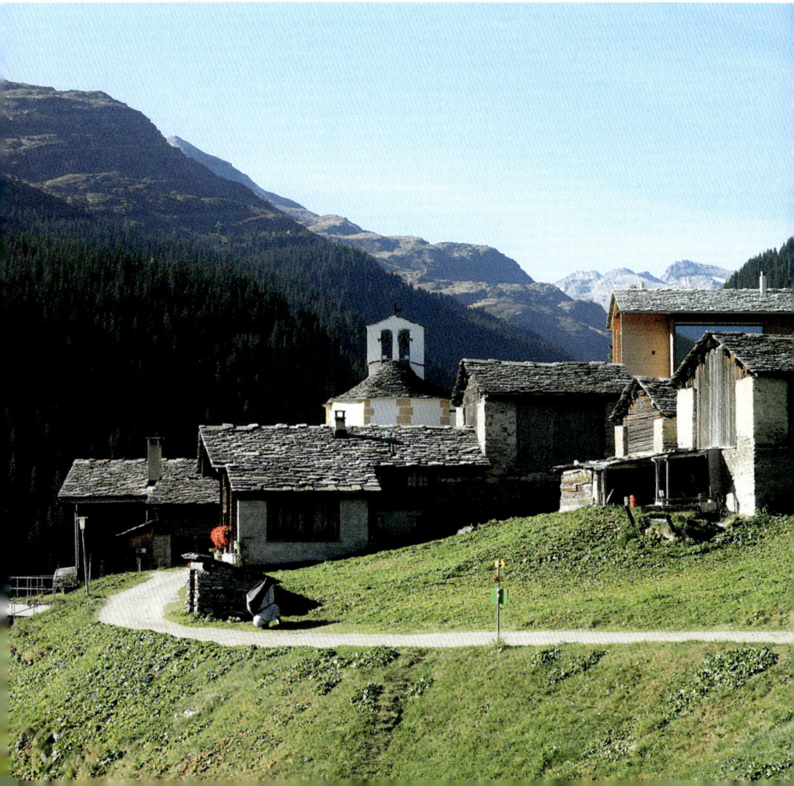

32 Auf das Faltschonhorn, 3022 m

4.30 Std.

Panoramareicher Aufstieg zwischen Valsertal und Val Lumnezia

Mit seinen von Schneeflecken gesprenkelten grauen Schutthalden gehört das Faltschonhorn nicht gerade zu den fotogensten Alpengipfeln, doch erlaubt es eine exzellente Aussicht über die Bergregion von Valsertal und Val Lumnezia. Und für einen Dreitausender ist es zudem relativ unkompliziert zu besteigen. Extra-Schmankerl: Am Patnaulpass können mit etwas Glück Steinböcke beobachtet werden.

Ausgangspunkt: Leisalp, 2051 m. Anfahrt von Vals-Platz mit dem Wanderbus (nicht täglich, www.pizaul.ch/wanderbus) oder Pkw. Das schmale Sträßchen beginnt direkt gegenüber der Post.
Rückweg: Von der Leisalp gibt es keinen Wanderbus zurück nach Vals. Sofern man nicht auf dem Almsträßchen absteigen will, kann man in etwa 1 Std. über Stafelti (1930 m) die Gondelbahn Gadastatt (1809 m) erreichen.

Höhenunterschied: Knapp 1000 m.
Anforderungen: Eine für versierte Bergwanderer technisch problemlose Tour, bei der allerdings Trittsicherheit und Schwindelfreiheit erforderlich sind, beim Passanstieg auch etwas Orientierungsvermögen.
Variante: Vom Patnaulpass kann in gut 3 Std. ins Val Lumnezia nach Vrin (1448 m) abgestiegen werden, von dort Postautoanschluss via Ilanz nach Vals.

Von der **Leisalp (1)**, 2051 m, genießen wir zunächst das imposante Panorama auf die »Hörner« der anderen Talseite: Genau gegenüber steht das Tomülhorn, rechts davon, neben dem Einschnitt des Peiltales, Guraletschhorn, Fanellahorn und das alles überragende, immer mit Schnee gepuderte Güferhorn. Hinter der Leisalp wächst eine bizarre Wand in den Himmel, deren höchste Erhebung der Piz Aul markiert – nur unser Gipfelziel, das Faltschonhorn, ist noch nicht einsehbar. Von der Alm folgen wir zunächst dem leicht

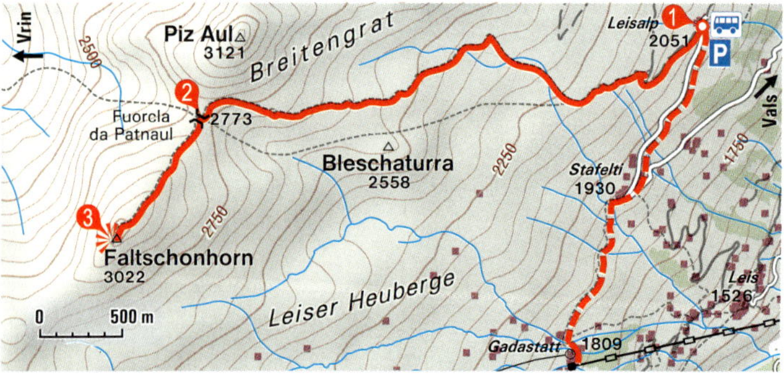

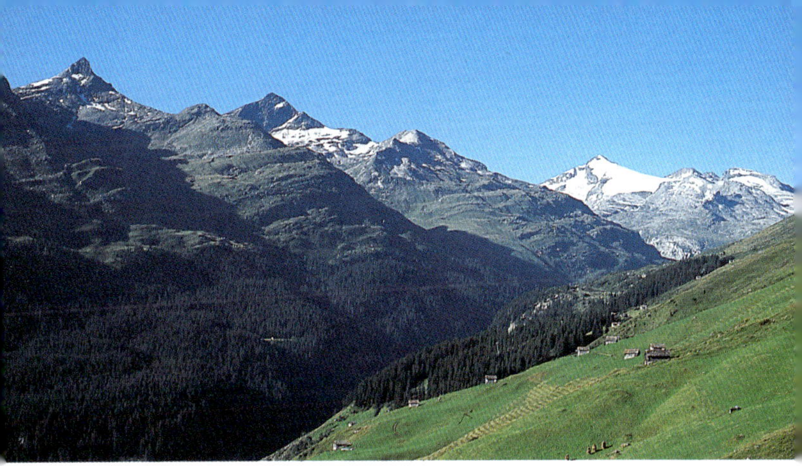

Gipfeltrio über dem Valsertal: von links nach rechts Guraletschhorn, Fanellahorn und Weissgrätli, im Hintergrund das verschneite Güferhorn.

ansteigenden Wirtschaftsweg. Diesen verlassen wir nach knapp 10 Minuten etwa 100 m nach der ersten Rechtskehre links in einen mit Pfeil markierten Wiesenpfad. Der Pfad läuft auf die wie ein Riegel aufgebaute nackte Felsbarriere zu, die sich vom Piz Aul zum Peterhorn zieht.

Mit zunehmender Höhe wird der Pfad felsiger, knickt dann nach links ab, und angesichts der schroff aufragenden Wand fragt man sich allmählich, wo der Passübergang ins Val Lumnezia denn nun sein mag. Schließlich wird der Blick auf das Faltschonhorn frei, auf dessen lang gezogenem Grat wir zum Steinmann auf dem Gipfel aufsteigen werden. Wir traversieren einen Schutthang und erreichen zwischen dem Faltschonhorn und dem Piz Aul die **Fuorcla da Patnaul (2)**, 2773 m.

Den Gipfelanstieg beginnen wir mit dem Aul im Rücken. Ein gut ausgetretener Steig läuft steil den Nordostgrat hinauf (Vorsicht beim Abstieg!). Nach einer halben Stunde meint man schon oben zu sein, doch erst jetzt zeigt sich der Steinmann auf dem Gipfel. Die letzten 10 Minuten sind ein wahrer Genuss: Nur noch sanft ansteigend erreichen wir direkt auf dem Grat gehend den Gipfel des **Faltschonhorn (3)**, 3022 m. Das Panorama auf den zentralen Alpenkamm ist überwältigend, unten im Tal sehen wir das 1800 Meter tiefer gelegene Vals. Zurück zur **Leisalp (1)** auf gleichem Weg.

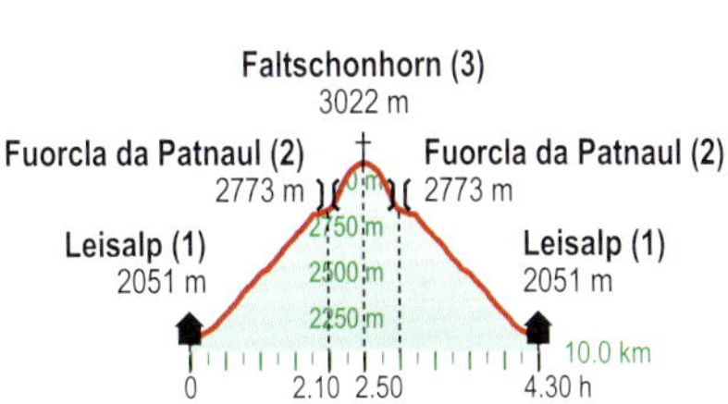

33 Von Vals zum Zervreilasee, 1862 m

5.45 Std.

Aussichtsreiche Runde durch das Valsertal

Wo heute ein smaragdgrüner See zwischen den Bergen sich lang macht, duckte sich vor 50 Jahren das Dorf Zervreila in das pittoreske Tal. Mit dem Bau der Staumauer 1956 verschwand ein Stück Walser Kultur, geblieben ist die großartige Bergkulisse. Der Höhenweg hinauf zum Stausee läuft am Fuß des bizarr gezackten Breitengrats entlang, auf der gegenüberliegenden Talseite begleiten uns die Gipfel von Guraletschhorn und Ampervreilhorn. Wer im Spätsommer unterwegs ist, sollte zusätzlich eine halbe Stunde fürs Blaubeerenpflücken einplanen.

Ausgangspunkt: Vals-Platz, 1252 m.
Höhenunterschied: 1000 m.
Anforderungen: Leichter Aufstieg auf Wiesenpfaden; zurück auf stellenweise steinigem altem Dorfverbindungsweg, bei Nässe rutschig.
Einkehr: Restaurant Ganni in Leis (Tel. +41 81 9351354, www.ganni.ch); Restaurant Zervreila (Tel. +41 81 9351166, www.zervreila.ch), Spezialität ist der Heidelbeerkuchen.

Kürzere Touren: Man kann mit dem Wanderbus nach Leis (täglich ab 12 Uhr ab Post in Vals-Platz, Anmeldung unter Tel. +41 81 9351649) oder von Valé aus mit der Gondelbahn nach Gadastatt fahren und von dort in 15 Min. nach Moos absteigen (die Gondelbahn verkehrt Di.–So. stündlich, Tel. +41 81 9207070, www.vals3000.ch). Die Wanderung kann außerdem bereits in Zervreila (Postautoanschluss Linie 431 Ilanz–Vals) beendet werden.

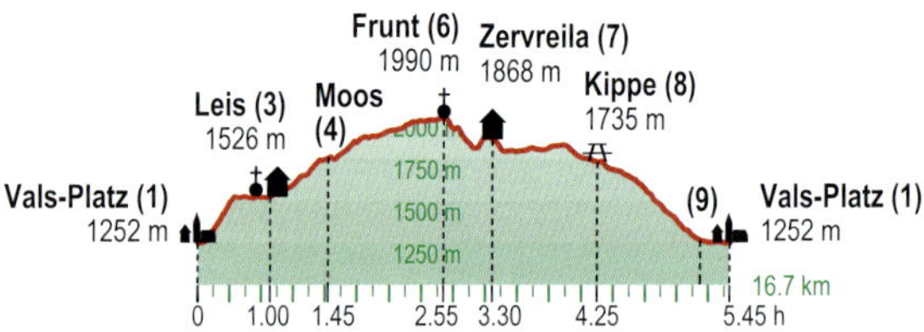

Vom Postamt in **Vals-Platz (1)**, 1252 m, folgen wir der parallel zum Valser Rhein verlaufenden Dorfstraße taleinwärts, passieren linker Hand die Brücke zum Dorfplatz und biegen 75 m darauf in Höhe der gegenüberliegenden Pfarrkirche in einen steil bergauf führenden Pfad ein (Ausschilderung »Zorts/Leis/Frunt/Zervreila«). 2 Minuten danach wird linker Hand das fast 400 Jahre alte kleine **Gandahus** (kein Schild) erreicht, in dem ein Heimatmuseum untergebracht ist (Besichtigungstermine erfragen über Visit Vals, Tel. +41 81 9207070). Hier zweigt links ein grasiger Pfad nach Zervreila ab, wir steigen jedoch weiter geradeaus in Richtung Zorts auf und queren bald darauf zwei kurz aufeinanderfolgende Fahrwege. Der weiterhin steile Steig mündet nach

50 Minuten am Flurnamen **Zorts (2)**, 1552 m, auf einen breiten Almweg. Links in Richtung Leis/Restaurant Ganni wandernd genießen wir nun von dem aussichtsreichen Höhenweg den wunderbaren Talblick. An der Gabelung gut 10 Minuten später gehen wir links nach **Leis (3)**, 1526 m, und schauen kurz in das hübsch mit Fresken ausgeschmückte Kirchlein hinein.

Gleich nach der Kirche teilt sich der Weg, wir wählen den über Frunt nach Zervreila führenden rechten Pfad. An einem Hof wird ein Wirtschaftsweg erreicht, wir halten hier links.

Kurz darauf wird an einer Brücke ein Wasserfall passiert, danach ist der Weg betoniert. Auf markiertem Pfad können zweimal ein paar Kehren abgekürzt werden, bequemer läuft es sich jedoch auf dem Betonweg, der dreimal die Gondelbahn Gadastatt unterquert.

Eine halbe Stunde nach dem Wasserfall wird der Betonweg in einer scharfen Rechtskehre geradeaus in einen Wurzelpfad verlassen (rotweißes Wegzeichen erst nach 15 m), ein paar Minuten darauf kommen wir zu den verstreut gelegenen Häusern des Maiensäß **Moos (4)**, 1761 m. Immer der Ausschilderung »Frunt/Zervreila« folgend läuft der Pfad abwechselnd über Wiesen und Felsbänder durch ein Hochmoor. Im **Kristallloch (5)**, 1849 m, laden Sitzbänke zum Verweilen. Nach diesen führen Bohlenwege durch die reizvolle Moorlandschaft. Im Sommer blühen am Wegrand Knabenkraut und Teufelskralle,

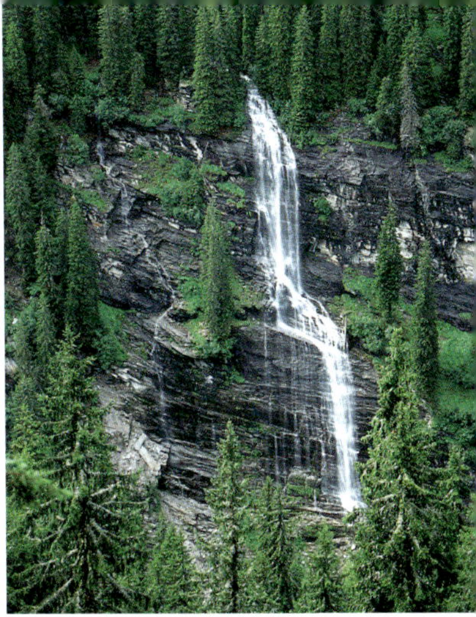

Von den mit Fichten bewaldeten Talflanken stürzen stattliche Wasserfälle zu Tal.

Bohlenwege führen durch die zauberhafte Moorlandschaft.

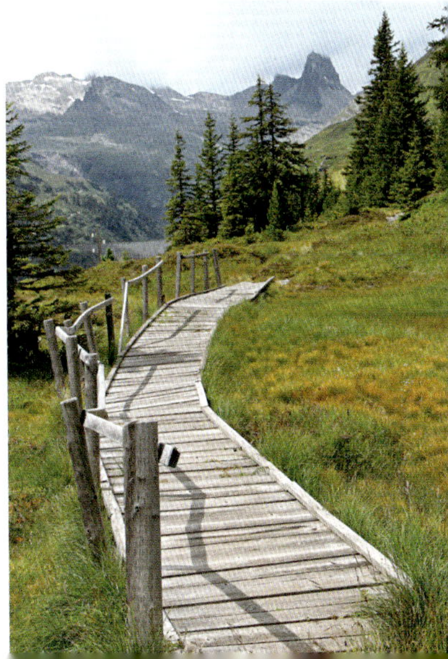

dazu ganze Felder roter Alpenrosen. Mit dem Maiensäß **Frunt (6)**, 1990 m, ist der höchste Punkt der Wanderung erreicht. Von der St.-Anna-Kapelle am Rand der Bergterrasse haben wir eine schöne Sicht auf den uns zu Füßen liegenden Stausee. Auf einer steinigen Piste steigen wir in einer Viertelstunde zur Staumauer des **Zervreilasees**, 1862 m, ab. Genussvoll lässt es sich über die 504 m lange Dammkrone schreiten und das Panorama auf das markante Zervreilahorn genießen. Am Ende der Staumauer treffen wir auf ein Teersträßchen, welches uns zum Parkplatz und zur Bushaltestelle am Restaurant **Zervreila (7)**, 1868 m, bringt.

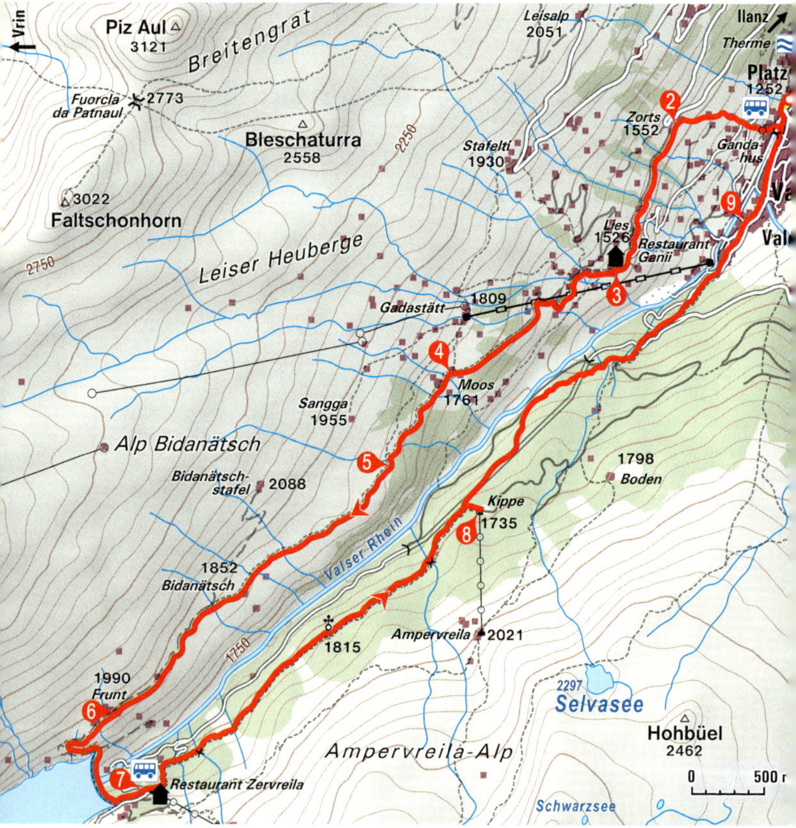

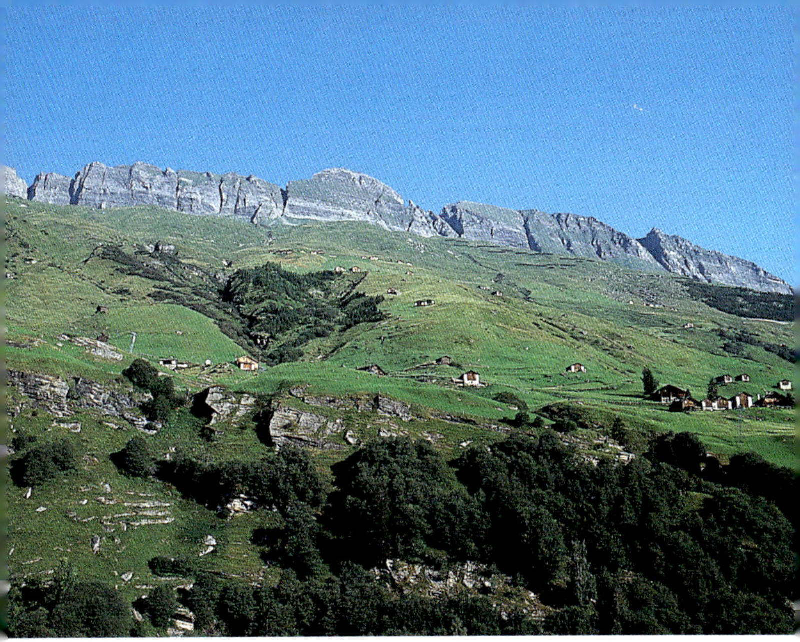

Über der Maiensäß Leis erhebt sich der felsige Breitengrat.

Den Wanderschildern »Kippe/Vals« folgend steigen wir nun auf der anderen Talseite auf dem alten Zervreilaweg ab. Der mitunter steile Weg läuft durch einen lichten Fichtenwald, den Unterwuchs stellen Farne, dicke Moospolster überziehen die Felsblöcke. Auf der anderen Talseite blicken wir auf die weiße Kapelle von Frunt, über der sich das Frunthorn erhebt. Wir passieren die ehemalige Wallfahrtskapelle **Calvari**, 1815 m, und kurz darauf die Warme Chrache, einen tief in den Boden eingelassenen Felsspalt. Eine halbe Stunde nach der Kapelle teilt sich der Weg, rechts haltend erreichen wir nach knapp 200 m die **Kippe (8)**, 1735 m, eine während des Staudammbaues angelegte Wiesenterrasse. Die Lichtung mit Feuerstelle bietet sich als Rastplatz an. Wieder zurück an der Gabelung steigen wir weiter durch den Wald Richtung Vals ab. Der Hang fällt stellenweise fast senkrecht ab, der Weg ist steinig und etwas mühsam zu gehen. Nachdem wir eine Forststraße und zweimal die Zervreilastraße gekreuzt haben, erreichen wir nahe der Talstation der Bergbahn den Ortseingang von **Valé (9)**, 1266 m. Wir folgen der Straße 5 Minuten, bis diese Richtung »Ilanz« links abknickt, und gehen dann geradeaus in Richtung Hotel Valserhof zur Kirche in **Vals-Platz (1)** und über die Brücke zurück zur Post.

34 Läntagletscher und Furggelti, 2712 m

7.00 Std.

Am »Matterhorn von Graubünden«

Das Zervreilahorn gehört zu den alpinen Wahrzeichen der Surselva – wegen seiner markanten Form wird es gerne das Matterhorn Graubündens genannt. Ein bequemer Weg führt durch das Hochtal des Valser Rheins zur Zunge des Läntagletschers. Von dort wird auf einem imposanten Passweg bis fast auf Augenhöhe zum »Matterhorn« aufgestiegen – ein atemberaubender Rundweg!

Ausgangspunkt: Kapelle Zervreila, 1985 m. Von Vals mit Pkw zum Parkplatz an der Kapelle. Alternativ kann man mit dem Postauto zum Restaurant Zervreila fahren und von dort auf der 1,3 km langen Straße in 25 Min. zur Kapelle Zervreila aufsteigen.
Höhenunterschied: Gut 1100 m im Auf- und Abstieg.
Anforderungen: Bis zur Läntahütte bequeme Wanderung auf breiten Wegen, dann langer und steiler Passanstieg auf felsigem Steig.
Einkehr: Läntahütte, www.laentahuette.ch, Tel. +41 81 9351713. Außerdem in der Lampertschalp.

Vom Parkplatz an der **Kapelle Zervreila (1)**, 1985 m, folgen wir dem mit »Läntahütte« ausgeschilderten Fahrweg, der sich am Seeufer entlang zur **Canalbrücke (2)**, 1865 m, senkt. Wir queren auf ihr den südlichsten Seezipfel, eine halbe Stunde darauf bringt uns am Ochsastafel (1892 m) ein Brückchen über das Schluchtbett des Valser Rhein. Der Almweg wird schmaler und läuft parallel zum Flussufer das Hochtal hinauf. An der **Lampertschalp (3)**, 1991 m, bietet sich eine erste Rast an. Vor uns eröffnet sich nun ein

Das Rheinwaldhorn (3402 m) und der Läntagletscher.

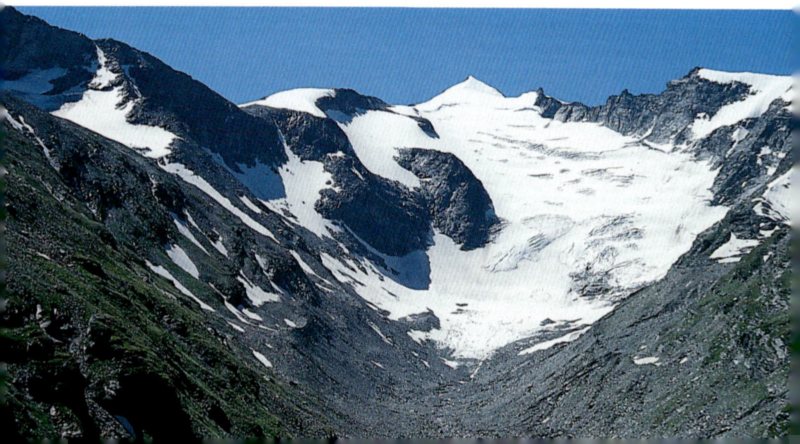

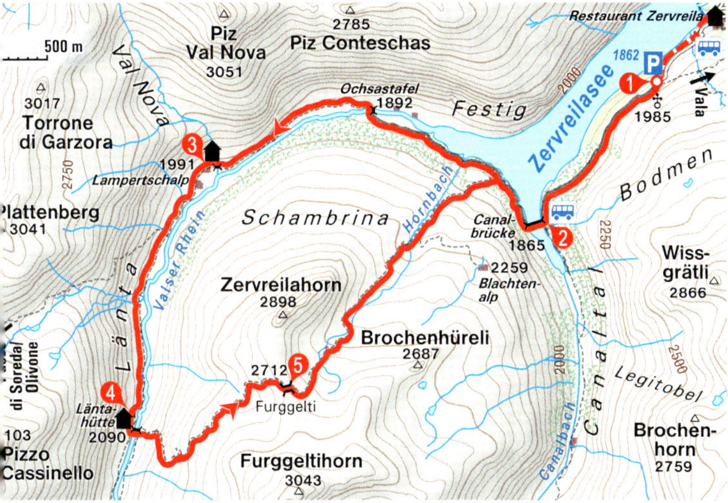

imposanter Ausblick auf das Grauhorn (3260 m) und das wie eine Eispyramide zugespitzte Rheinwaldhorn (3402 m) mit dem Läntagletscher. In dem flachen Trogtal begleiten uns wie von Riesenhand eingestreute, große Findlinge zur **Läntahütte (4)**, 2090 m. In der bewirtschafteten Berghütte können wir vor dem Weiterweg nochmals Kraft tanken und beim Hüttenwart nachfragen, ob der Passweg zum Furggelti einigermaßen schneefrei ist.

Ab der Hütte geht es nun richtig zur Sache. Ein ziemlich steiler und felsiger Steig bringt uns nach zweistündigem Anstieg zum **Furggelti (5)**, 2712 m, zwischen dem Zervreilahorn und dem Furggeltihorn. Die Passhöhe erlaubt ein wundervolles Panorama auf die umliegenden Dreitausender. Beim ebenso langen Abstieg genießen wir die Ausblicke auf den Zervreilasee. Über dem Seeufer treffen wir wieder auf den breiten Almweg, der uns rechts über die Canalbrücke zur **Kapelle Zervreila (1)** zurückbringt.

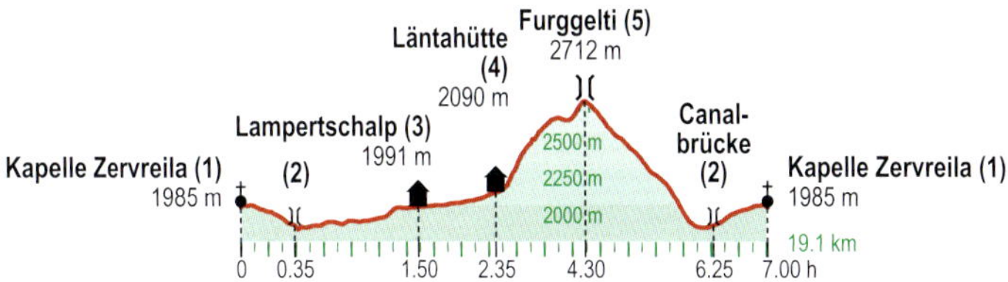

35 Drei-Seen-Weg

4.00 Std.

Genussvolle Tour an die Ufer pittoresker Bergseen

Vom Stausee Zervreila führt ein aussichtsreicher Weg zu zwei malerisch gelegenen Bergseen. An den Ufern laden idyllische Rastplätze zum Verweilen ein. Die Alpenflora gibt sich hier besonders vielfältig – am Guraletschsee kann inmitten von Alpenastern, Gold-Pippau und Enzian auch das Edelweiß entdeckt werden. Auch Murmeltiere sind hier zu Hause, wenn sie sich auch nicht immer zeigen, hört man zumindest ihre warnenden Pfiffe.

Ausgangspunkt: Kapelle Zervreila, 1985 m. Vom Postamt in Vals-Platz mit dem Pkw zur Kapelle oberhalb vom Zervreilastausee. Man kann auch mit dem Postauto bis zum Restaurant Zervreila fahren, von dort steigt man das 1,3 km lange Sträßchen in 25 Min. zur Kapelle auf.
Endpunkt: Restaurant Zervreila, 1862 m. Rückfahrt nach Vals oder zum Ausgangspunkt mit dem Postauto.
Höhenunterschied: 600 m im Anstieg, gut 700 m im Abstieg.
Anforderungen: Stellenweise etwas ausgesetzter Saumpfad. Das Wegstück zur Ampervreila-Alp setzt ein gewisses Maß an Orientierungsvermögen voraus.

Am Wanderparkplatz an der **Kapelle Zervreila (1)**, 1985 m, folgen wir den Schildern in Richtung »Guraletschsee/Selvasee« bergauf. Der felsige Pfad läuft an zwei Hausruinen vorbei durch im Bergfrühling blühende Alpenrosen. Während das markante Zervreilhorn langsam aus dem Blickfeld schwindet, genießen wir zunehmend das Panorama auf das Valsertal und den Piz Tomül, bald auch auf das vor uns liegende Ampervreilhorn (links) und das Guraletschhorn (rechts).
Am **Guraletschsee (2)**, 2409 m, queren wir auf Steinplatten den Überlauf und folgen dem Pfad links haltend zu einem Wegdreieck (rechts geht es zum Fanellagrätli, → Tour 36). Wir gehen geradeaus, leicht ansteigend hoch über dem Tal des Valser Rheins weiter. Bald schauen wir wieder auf den smaragdgrünen Zervreilasee mit dem dazugehörigen Horn, das aus dem jetzigen Blickwinkel die Konturen merklich verändert zu haben scheint und ein weitaus massigeres Gesicht aufgesetzt hat. Nach kurzem Auf und Ab des schönen Höhenweges erreichen wir den **Ampervreilsee (3)**, 2377 m. Am See biegen wir von dem zum Selvasee weiterführenden Hauptweg links in Richtung »Ampervreila/Valé« ab. Das nur wenig begangene Wegstück läuft auf einem undeutlichen Wiesenpfad in eine Senke hinab. Nun gilt es verstärkt auf die auf Felsen gemalten Markierungen zu achten, die mit-

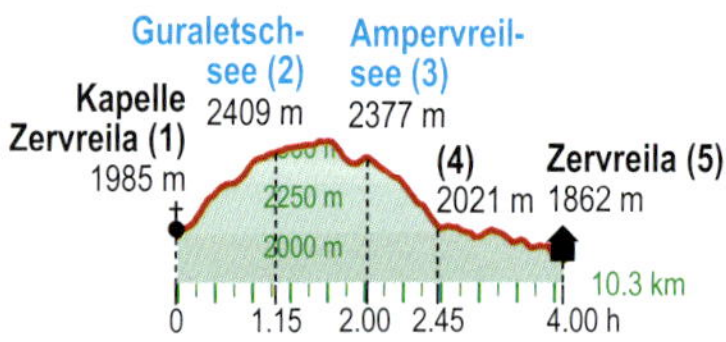

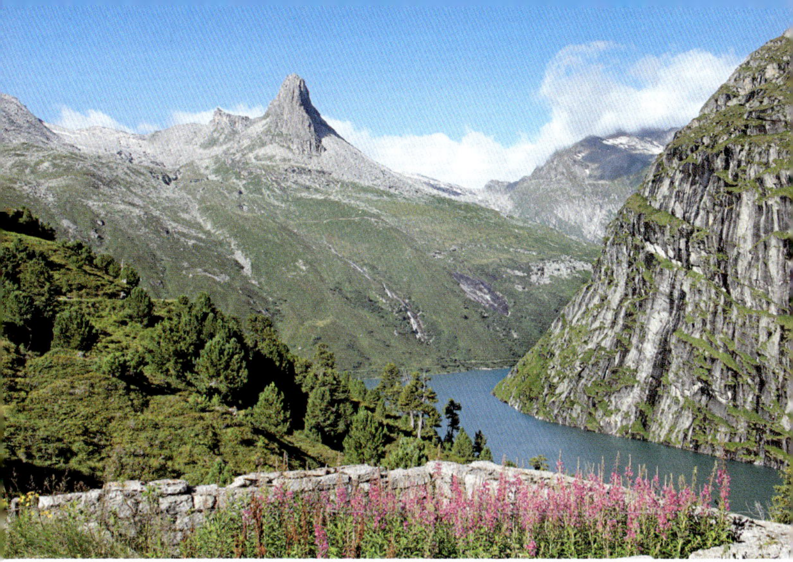

Zervreilahorn.

unter weit auseinanderliegen. Wir orientieren uns an einem Bachlauf, an dem der Pfad mehr oder weniger weglos links entlangläuft. Der Bach wird gequert, kurz darauf können wir unter uns die an den Hang geschmiegten, steingedeckten Häuser der **Ampervreila-Alp (4)**, 2021 m, erkennen. Vor der Alp knickt der Weg links ab, vor einem Wasserfall queren wir drei Bachläufe. Ab jetzt ist die Wegführung wieder eindeutig. Oberhalb des Zervreilasees treffen wir auf einen Fahrweg, der uns rechts abwärts zur Bushaltestelle am **Restaurant Zervreila (5)**, 1862 m, bringt. Wer zum Pkw zurück muss, folgt dem Teersträßchen hinauf zur **Kapelle Zervreila (1)**.

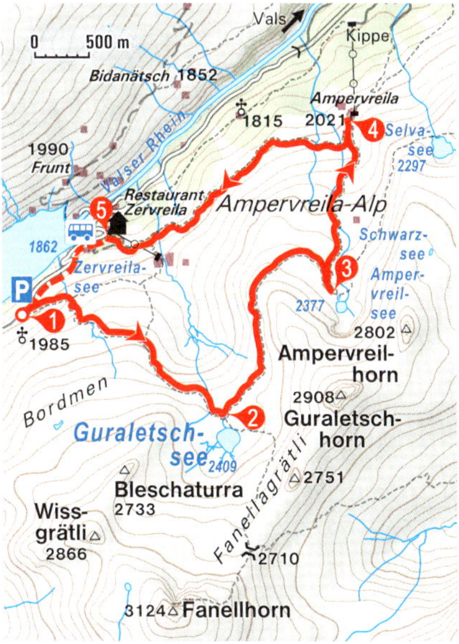

TOP **36**

Auf das Fanellahorn, 3124 m

5.45 Std.

Felsiger Aufstieg auf einen Dreitausender

Von den pittoresken Ufern des Guraletschsees aus gesehen verbindet das Fanellagrätli in einer wie von Menschenhand gezogenen Linie das Guraletschhorn mit der dreiseitigen Pyramide des Fanellahorn. Am Berg entpuppt sich der Aufstieg auf den Dreitausender als eine recht felsige Angelegenheit – doch das Gipfelglück entschädigt für die Kraxelei.

Ausgangspunkt: Kapelle Zervreila, 1985 m. Vom Postamt in Vals-Platz mit dem Pkw zur Kapelle oberhalb vom Zervreilastausee. Man kann auch mit dem Postauto bis zum Restaurant Zervreila fahren, von dort steigt man das 1,3 km lange Sträßchen in 25 Min. zur Kapelle auf.
Höhenunterschied: 1140 m.
Anforderungen: Sehr mühsame Felsschuttquerungen, die spärlichen Markierungen erfordern Orientierungsvermögen.
Variante: Vom Fanellagrätli kann durch das Peiltal in gut 2 Std. zur Geisalp Peil (Kioskbetrieb, www.geissalp-peil.ch) abgestiegen werden. Von dort sind es zwei weitere Gehstunden nach Vals (von Peil fährt um 17 Uhr auch ein Wanderbus nach Vals; Anmeldung unter Tel. +41 81 9351649).

Am Wanderparkplatz an der **Kapelle Zervreila (1)**, 1985 m, folgen wir zunächst der Ausschilderung zum **Guraletschsee (2)**, 2409 m (→ Tour 35). Wir

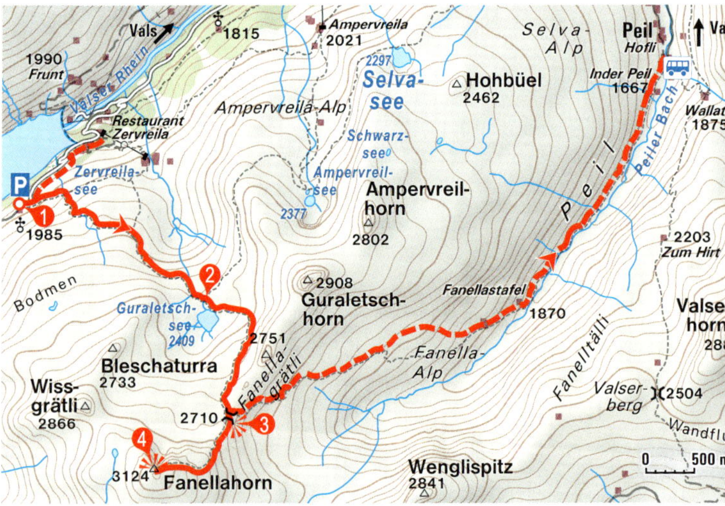

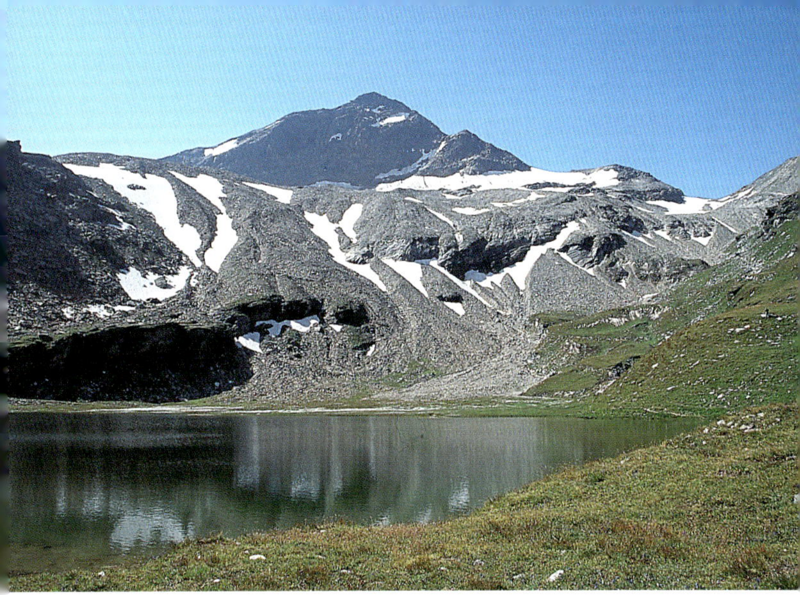

Guraletschsee mit Fanellahorn.

queren auf Steinplatten den Überlauf des Sees und erreichen kurz darauf ein Wegdreieck, an dem rechts der undeutliche Pfad zum Fanellagrätli abzweigt. Oberhalb des Sees beginnt ein steiler Anstieg zu einem mit Felstrümmern übersäten, 2600 m hoch gelegenen alten Gletschervorfeld. Steinmännchen und weit auseinandergezogene Markierungszeichen helfen durch die Schuttwüste zum **Fanellagrätli (3)**, 2710 m, hinauf. Vom Grat genießen wir den Blick ins lang gestreckte Peiltal (Variante).

Für den Aufstieg zum Fanellahorn wenden wir uns nach rechts und folgen dem Pfad den Grat hinauf. Etwas unterhalb des Grats traversieren wir auf der Peilertalseite einen felsigen Schutthang. Größere Steinmännchen und weißblaue Wegzeichen leiten uns nun auf der fast durchgängigen Trittspur zum Gipfel des **Fanellahorns (4)**, 3124 m.

Der Abstieg zur **Kapelle Zervreila (1)** erfolgt auf dem Aufstiegsweg.

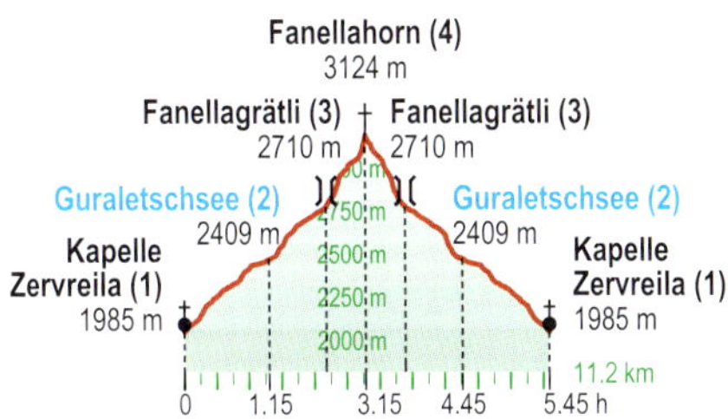

37 Tomülhorn, 2946 m

6.00 Std.

Gratwanderung zwischen Valser- und Safiental

Der Tomülpass ist seit alters der gängigste Übergang zwischen Valser- und Safiental. Der Passweg ist gut ausgebaut und der Gratanstieg auf das fast 3000 Meter hohe Tomülhorn – einer der schönsten Aussichtsgipfel der Region – ist für bergtüchtige Wanderer eine relativ problemlose Angelegenheit.

Ausgangspunkt: Riefawald, 1800 m, oberhalb des Weilers Riefa. Anfahrt von Vals-Platz mit dem Wanderbus. Zurück ebenfalls mit dem Wanderbus um 16.00 Uhr, nicht täglich (www.pizaul.ch/wanderbus). Das Zeitfenster für die Wanderung ist damit relativ eng (ohne Rückfahrt muss eine zusätzliche Abstiegsstunde eingeplant werden). Für die Anfahrt zum Startpunkt im eigenen Pkw ist eine gebührenpflichtige Bewilligung (5 Franken) erforderlich, die am Automaten auf dem Dorfplatz von Vals (hinter der Kirche) gelöst werden muss.
Höhenunterschied: 1200 m.

Anforderungen: Mäßig steiler Passanstieg auf gut ausgebautem Weg (nach Rother Schwierigkeitsskala eine blaue Route). Der Gratanstieg zum Tomülhorn setzt Schwindelfreiheit und Trittsicherheit voraus (Route im rot-schwarzen Bereich).
Einkehr: Heiße Getränke und leckere »Schoggimilch« in der Alp Tomül.
Varianten: Sofern nicht zum Gipfel aufgestiegen wird, lohnt die Tour auch nur zur Alp Tomül oder zum Tomülpass.
Vom Tomülpass kann man in 2.30 Std. nach Turrahus (Busanschluss) absteigen.

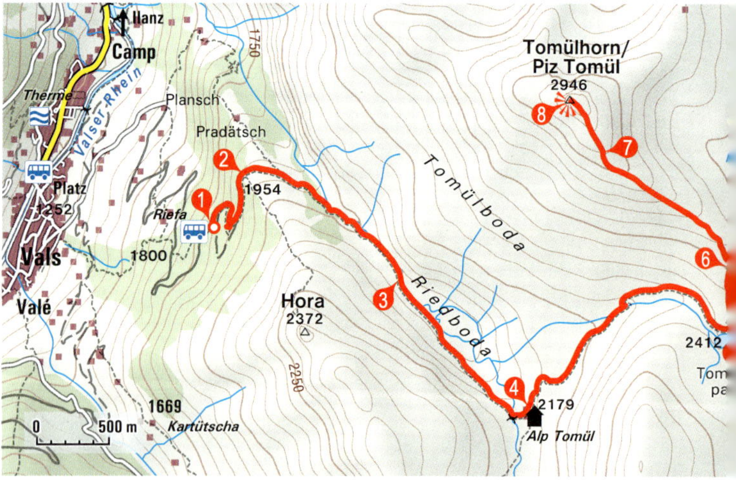

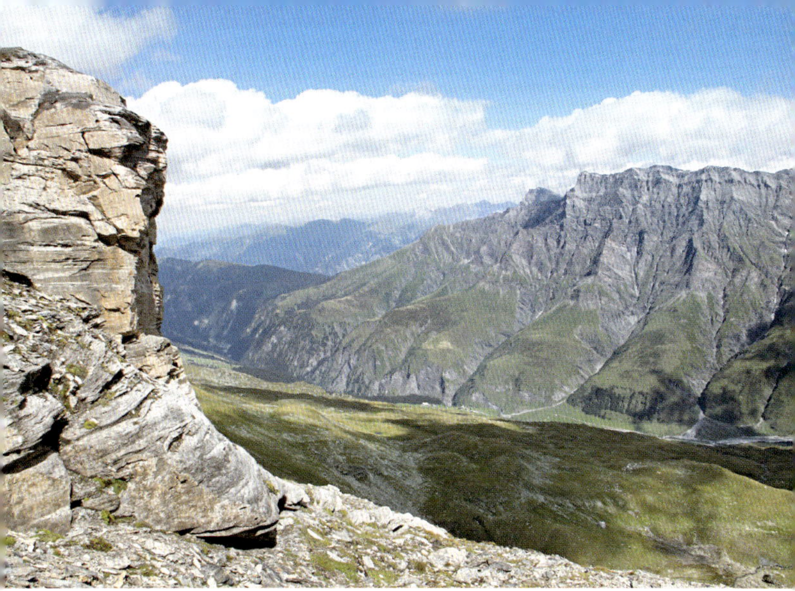

Beim grandiosen Anstieg auf felsigem Grat zum Gipfel des Tomülhorn zeigt sich tief unten das Safiental.

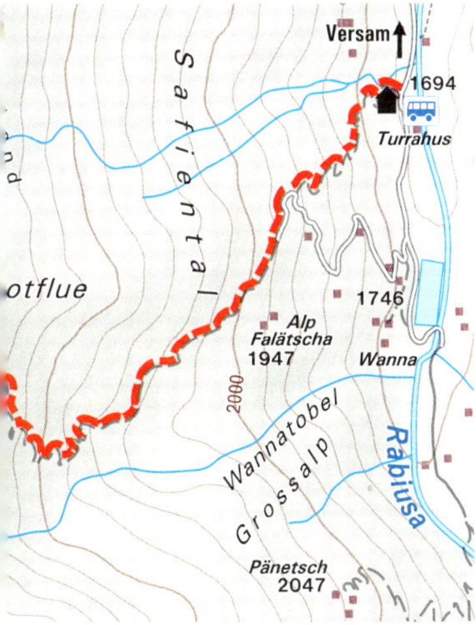

Am Wendeplatz des Wanderbusses im **Riefawald (1)**, 1800 m, gehen wir gut 75 m auf dem Almweg zurück und biegen rechts in den mit »Alp Tomül« ausgeschilderten Wanderweg ein. Nach 10 Minuten treffen wir auf einen breiten Weg, dem wir durch schönen Mischwald aus Lärchen und Fichten weiter aufwärts nach **Pradätsch (2)**, 1954 m, folgen. Wer nur zur Alp Tomül oder zum Pass hinaufwill, hat hier bereits das steilste Wegstück hinter sich.

Der Wald lichtet sich. Der malerische Weg läuft sanft ansteigend rechts oberhalb von **Riedboda (3)**, 2044 m, entlang, einer bügelbrettflachen Hochebene, über der sich der Gipfel des Tomülhorn erhebt.

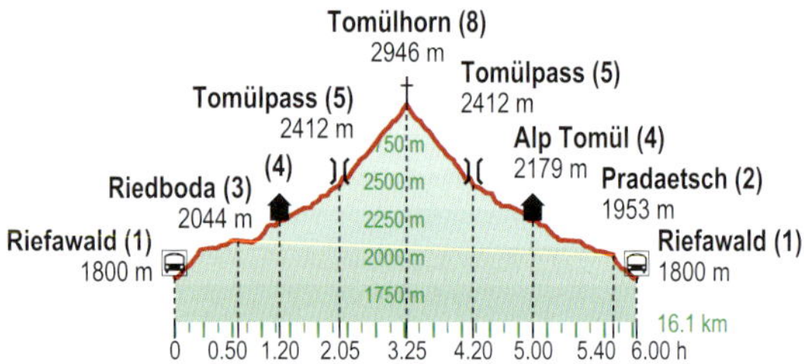

Von seiner Westflanke stürzt sich der Tomülbach herab, der sich mäandernd durch die Ebene zieht. Nach kurzem Anstieg erreichen wir die Gebäude der **Alp Tomül (4)**, 2179 m. Hier kann man sich bei einer Schokomilch eine Rast gönnen.

Südlich des lang gestreckten Gipfelgrates des Tomülhorn wird nach mäßig steilem Anstieg der **Tomülpass (5)**, 2412 m, erreicht. Vom Pass umlaufen wir in Blickrichtung zu dem von hier nicht einsehbaren Tomülhorn zunächst mehr oder weniger weglos die felsige Kuppe über dem Standortschild und halten dann auf einen Strommast zu, an dem ein erodierter Pfad Konturen annimmt. Die vage Trittspur läuft steil etwa 10 bis 15 Meter links von einem Weidezaun zu einer weiteren mit Felsen besetzten Kuppe, dem **P. 2535 (6)**, hinauf; wir passiert diese auf der linken Seite.

Nach der zweiten Kuppe folgen wir noch etwa 150 m dem Weidezaun und achten dann auf eine rechts auf den breiten Grat hinaufziehende Trittspur

Pittoreskes Panorama vom Tomülpass auf die Grauhörner.

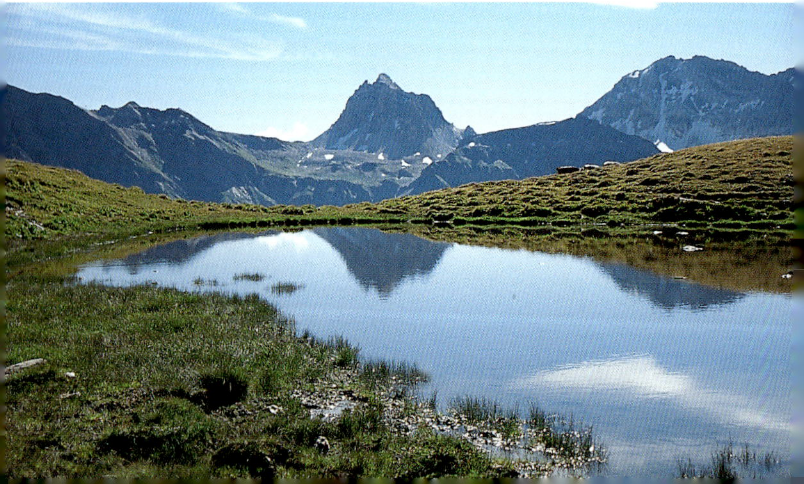

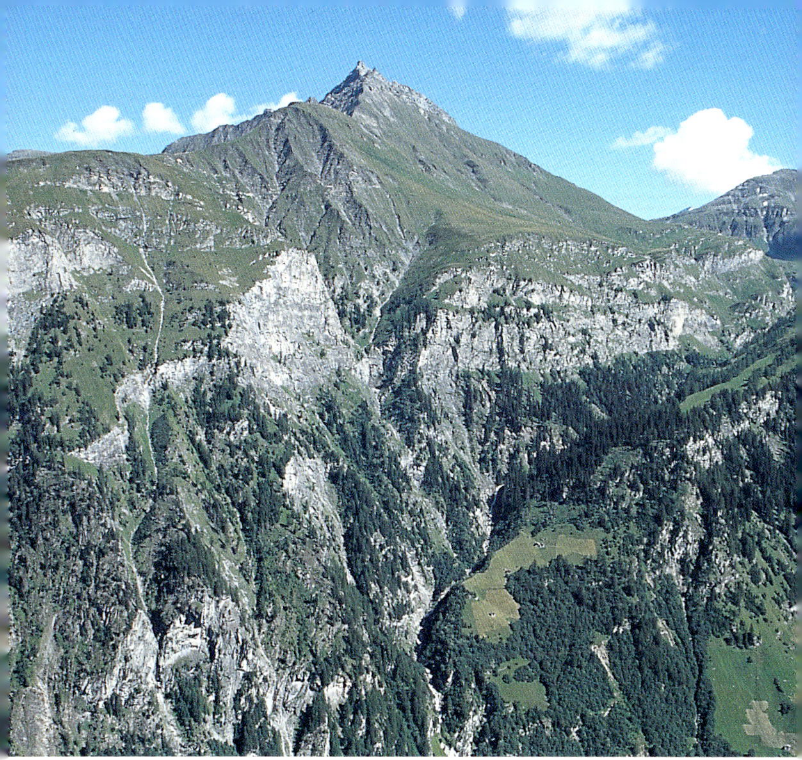

Tomülhorn, gesehen von der Leisalp.

(Steinmännchen). Auf dem zunächst breiten Grat angekommen ist der Pfad nun eindeutig und wird immer besser. Von dem imposanten Gratweg genießen wir linker Hand wunderbare Ausblicke ins Valsertal und zum Zervreilasee, rechts schauen wir ins Safiental hinab. Im felsigen Schuttbereich, **P. 2834 (7)**, unterhalb des Gipfels verlassen wir den Grat, leicht nach rechts setzt sich hier die deutliche Trittspur fort. Etwa 20 Minuten darauf stehen wir nach nochmals steilem Anstieg am großen Steinmann auf dem **Tomülhorn (8)**, 2946 m. Vorsicht, neben dem Steinmann am Gipfel ist nur wenig Platz, der Fels fällt jäh zu drei Seiten ab! Besonders eindrucksvoll zeigt sich im Südwesten oberhalb des Zervreilasees das Rheinwaldhorn mit dem Läntagletscher, gegen Osten dominieren die Splügener Kalkberge mit dem markanten Klotz der Grauhörner. Vom Gipfel geht es auf gleichem Weg zurück zum Ausgangspunkt im **Riefawald (1)**.

38 Bärenhorn, 2929 m

6.45 Std.

Abenteuerliche Route für Fährtensucher

Wer über die Alp Tomül schon zum Tomülhorn (→ Tour 37) aufgestiegen ist, kennt bereits das Gipfelpanorama zwischen dem Valser- und Safiental. Ein Besuch des Bärenhorn an der Nordseite des Rheinwaldtales ist mindestens ebenso lohnend. Der ab der Alm nur wenig begangene Pfad setzt allerdings Orientierungssinn voraus, ist dafür aber eine bärenstarke Tour!

Ausgangspunkt: Riefawald, 1800 m, oberhalb des Weilers Riefa. Anfahrt von Vals-Platz mit dem Wanderbus. Zurück geht es ebenfalls mit dem Wanderbus um 16.00 Uhr, nicht täglich (www.pizaul.ch/wanderbus). Das Zeitfenster für die Wanderung ist damit relativ eng (ohne Rückfahrt muss eine zusätzliche Abstiegsstunde eingeplant werden). Für die Anfahrt zum Startpunkt im eigenen Pkw ist eine gebührenpflichtige Bewilligung (5 Franken) erforderlich, die am Automaten auf dem Dorfplatz von Vals (hinter der Kirche) gelöst werden muss.
Höhenunterschied: 1260 m.
Anforderungen: Ab der Alp Tomül ist der Weg nur sehr sparsam markiert und erfordert gutes Orientierungsvermögen in weglosem Gelände. Nach der Schneeschmelze im Frühjahr kann die Überquerung des Baches schwierig sein.
Einkehr: Alp Tomül.

Vom **Riefawald (1)**, 1800 m, steigen wir wie in Tour 37 beschrieben zunächst zur **Alp Tomül (2)**, 2179 m, auf. Im Hof der rechteckig angeordneten Gebäude stehend gehen wir rechts an dem Bewirtungshäuschen vorbei. Dahinter beginnt ein anfangs deutlicher Pfad, der auf den Teischer (2688 m) zuhält. Am Fuß des Berges können wir zwei übereinandergelegene, gerundete Felskuppen ausmachen, an denen rechts ein Bach herabstürzt – dort wird unsere Aufstiegsroute sein. Unser Wiesenpfad läuft an einem Weidezaun entlang zum Bach, wo er sich verliert.

Der Gratanstieg auf das Bärenhorn beginnt an der Bärenlücke (linker Bildrand).

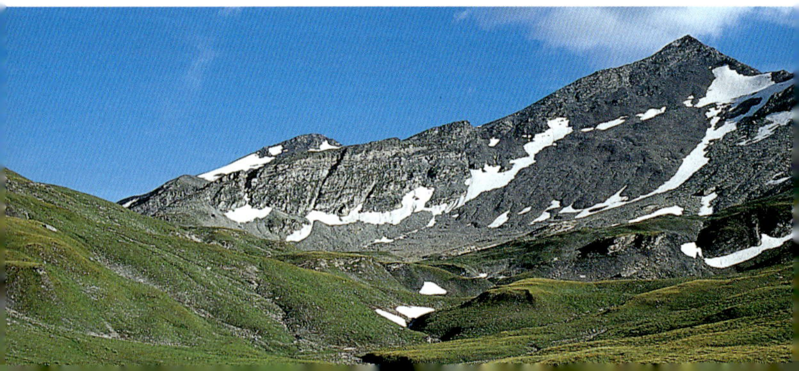

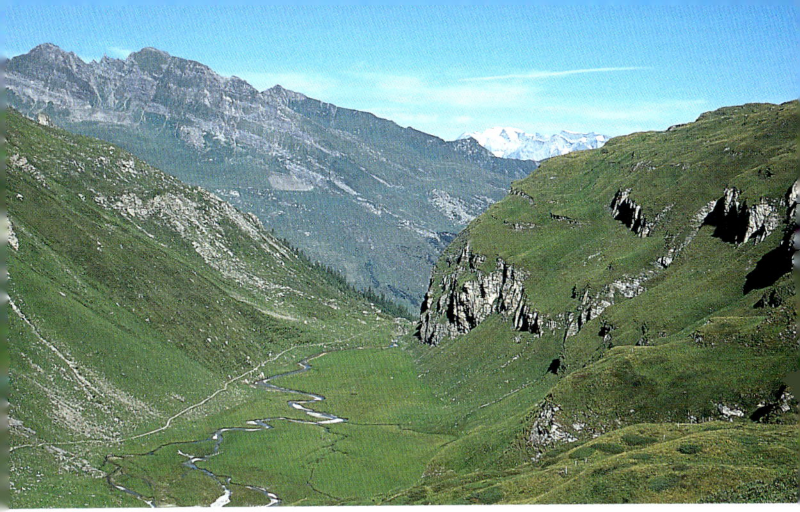

Das Hochtal Riedboda gegen den schneebedeckten Tödi.

Mehr oder weniger weglos gehen wir wahlweise im breiten Schuttbett oder auf der linken Uferböschung weiter, bis etwa 100 m vor die Felskuppen. Dort wird an geeigneter Stelle der Bach nach rechts zum **Wasserfall (3)**, 2212 m, gequert. Am Fuß des Wasserfalls halten wir nach weit auseinander gesetzten auf Fels gemalten großen rot-weißen Wegzeichen Ausschau und steigen steil hangaufwärts, etwa 30 m versetzt zum sich hinabstürzenden Bach. Das erste Steilstück liegt bald hinter uns, auf einer Trittspur geht es durch ein Tal und wir umlaufen einen kleinen Wasserfall, der sich in eine Gumpe stürzt. Oberhalb vom Wasserfall queren wir den Bach. 3 Minuten darauf wechseln wir vor einem weiteren, gut 10 m hohen Wasserfall abermals die Bachseite. Der Weg wird besser und zieht als Saumpfad rechts am Ufer entlang. Linker Hand stürzt der Gebirgsbach eine 50 m lange Rinne herab.

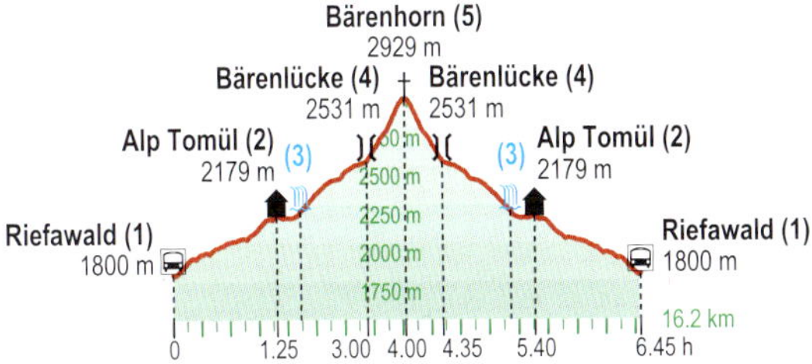

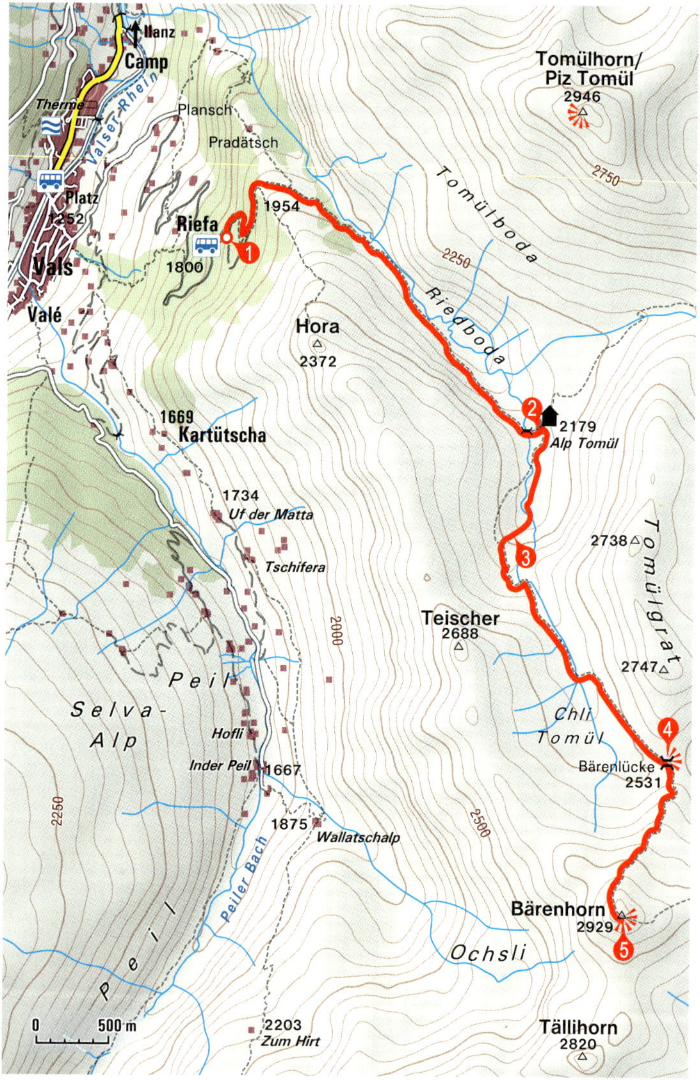

Ilanz
Camp
Therme
Valser Rhein
Plansch
Pradätsch
Platz
1252
Riefa
1800
1954
Vals
Valé
Hora
2372
Tomülhorn/
Piz Tomül
2946
2750
Tomülboda
2250
Riedboda
2179
Alp Tomül
1669
Kartütscha
1734
Uf der Matta
Tschifera
2000
2738
Tomülgrat
Teischer
2688
2747
Peil
Selva-
Alp
Chli
Tomül
Hofli
Inder Peil
1667
Bärenlücke
2531
1875
Wallatschalp
2500
2250
Peiler Bach
Bärenhorn
2929
Ochsli
Peil
0
500 m
2203
Zum Hirt
Tällihorn
2820

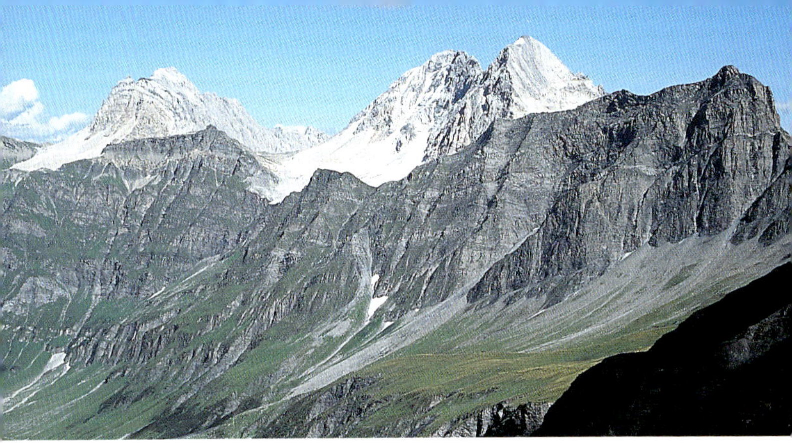

Blick von der Bärenlücke über den Talschluss von Safien gegen Pizzas d'Anarosa, Alperschällihorn und Wisshorn (von links nach rechts).

Kurz darauf erreichen wir eine **Hochebene**. Erstmals liegt nun das wie eine zugespitzte Pyramide geformte Bärenhorn in voller Größe vor uns, links davon erhebt sich der massige Tomülgrat (2747 m). Das nächste Etappenziel, die Bärenlücke, liegt zwischen Tomülgrat und Bärenhorn, ist von unserem Standpunkt jedoch nicht komplett einsehbar. Der weitere Wegverlauf gestaltet sich nicht ganz einfach, zumal etliche Murmeltierpfade zusätzlich verwirren können. Unser Pfad läuft ein paar Minuten am rechten Bachufer entlang und wechselt dann auf das andere Ufer. Immer nach Wegzeichen suchend steigen wir mäßig steil zur **Bärenlücke (4)**, 2531 m, auf. Am Pass erwartet uns gegen Osten ein grandioses Panorama auf die Grauhörner (3002 m) und das Alperschällihorn (3039 m) über dem Safiental.

Von der Bärenlücke gehen wir zunächst zu einem großen Steinmann hinauf, um dann von dort auf dem felsigen Nordostgrat den Gipfelansturm zu beginnen. Der Trittpfad lässt sich die ersten 20 Minuten gut ausmachen. Unterhalb von einem Nebengipfel sehen wir eine Schutzhütte, doch wir halten uns rechts nahe dem Grat und steigen zu den nun sichtbaren drei Steinsäulen auf dem Hauptgipfel des **Bärenhorn (5)**, 2929 m, auf. Die erste davon entpuppt sich aus der Nähe als ein Werk der Natur, die anderen beiden sind von Menschenhand gemacht. Das 360°-Panorama ist mehr als überzeugend: Im Westen schauen wir auf das abgeplattete Guraletschhorn und das schneebedeckte Rheinwaldhorn. Im Nordwesten beherrscht der Piz Aul die Szenerie, links davon das Faltschonhorn; hinter der Piz-Aul-Kette spitzt der Tödi hervor. Nordwärts blicken wir über den Tomülboden auf das Tomülhorn, nach Osten auf die Splügener Kalkberge. Vom Gipfel geht es auf demselben Weg zum Ausgangspunkt im **Riefawald (1)** zurück.

TOP 39

Weltnaturerbe 1: Segnaspass, 2627 m

5.00 Std.

Spektakuläre Bergtour zu Tschingelhörnern und Martinsloch

Mit der Erklärung zum Weltnaturerbe Tektonik-Arena Sardona würdigt die UNESCO die einzigartige Berglandschaft um die Tschingelhörner. Geologisch hochinteressant: In dem auch als Glarner Hauptüberschiebung bekannten Phänomen liegt 250 Millionen Jahre altes Gestein auf »nur« 35 Millionen Jahre altem Geschiebe auf. Der Clou der einzigartigen Bergtour ist die in einer ehemaligen Militärhütte aus dem Zweiten Weltkrieg eingerichtete Mountain Lodge direkt auf dem Segnaspass (Pass dil Segnas). Von der luftigen Terrasse aus kann man mit etwas Glück einen Bartgeier über der Passhöhe seine Kreise ziehen sehen. Auch ohne den anstrengenden Schlussanstieg zum Pass eine großartige Bergtour.

Ausgangspunkt: Nagens, 2127 m, Endstation des Nagens Shuttle ab Laax-Postamt (verkehrt Ende Juni bis Mitte Okt. sechsmal täglich). Für Privat-Pkw ist die Straße gesperrt.
Endpunkt: Alp Nagens, 1970 m. Rückfahrt mit dem Nagens Shuttle nach Laax-Postamt.
Höhenunterschied: Gut 700 m im Anstieg und 870 m im Abstieg.
Anforderungen: Anspruchsvolle Bergtour mit teils steilen An- und Abstiegen auf schmalen Pfaden. Der Schlussanstieg zum Segnaspass erfordert absolute Trittsicherheit und Schwindelfreiheit. Knifflige Passagen mit Ketten gesichert. Ohne Abstecher zum Pass eine »rote« Tour.
Einkehr: Bergrestaurant Alp Nagens (Stalla, Tel. +41 81 927 99 28, www.stalla-alpnagens.ch); Mountain Lodge (Tel. +41 79 7040594, www.segnespass.ch); Segneshütte (Camona da Segnas; Tel. +41 81 927 9925, www.segneshuette.ch).
Variante: Von Punkt 211 oder von der Segneshütte kann man auf dem Panoramaweg zur Alp Naraus wandern, von dort geht es dann per Sesselbahn nach Flims hinab (siehe Tour 40).

Bergfrühling auf dem Segnasboden am Fuß der Tschingelhörner.

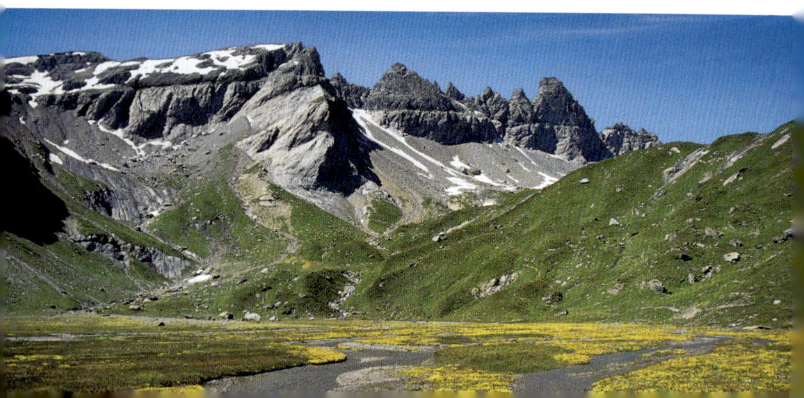

Von **Nagens (1)**, 2127 m, folgen wir dem anfangs geteerten Weg in Richtung Grauberg, der oberhalb der Bergstation Nagens (nur Winterbetrieb) auf den wuchtigen Buckel des Fil de Cassons (2674 m) und links davon den Atlas (2927 m) zuhält. Bald schieben sich die Tschingelhörner ins Bild – die horizontale Linie der Hauptüberschiebung kann auch von Nichtgeologen mit einem Blick erfasst werden.

Eine Kehre unterhalb der Station **Grauberg (2)**, 2233 m, biegen wir links in Richtung Segnaspass ab und steigen auf schmalem Pfad in den **Unteren Segnasboden/Plaun Segnas Sut (3)**, 2097 m, ab. Je nach Jahreszeit, vor allem aber nach der Schneeschmelze ist die Schwemmlandebene mitunter feucht. Wir wandern am Westrand des Bodens bis zu seinem nördlichen Ende, wo Stege über den Segnasfluss führen. Kurz davor halten wir rechts (Wegzeichen) und erreichen an der Standorttafel 209 eine Gabelung. Wir steigen links einen steilen, teils schuttbedeckten Grat auf. Wegzeichen führen zum Punkt 217 (2465 m), wo sich ein spektakulärer Blick auf das 17 mal 19 Meter große Martinsloch ergibt. Rechts davon liegt unser Wanderziel, der Segnaspass. (Wem der folgende Schlussanstieg zu steil und mühsam scheint, macht sich ab hier auf den Rückweg.)

Der Pfad zum Pass steigt zunächst noch sanft einen Schutthang hinauf und in einen kleinen Geländeeinschnitt hinab, der bis in den Spätsommer mit Schneeresten gefüllt

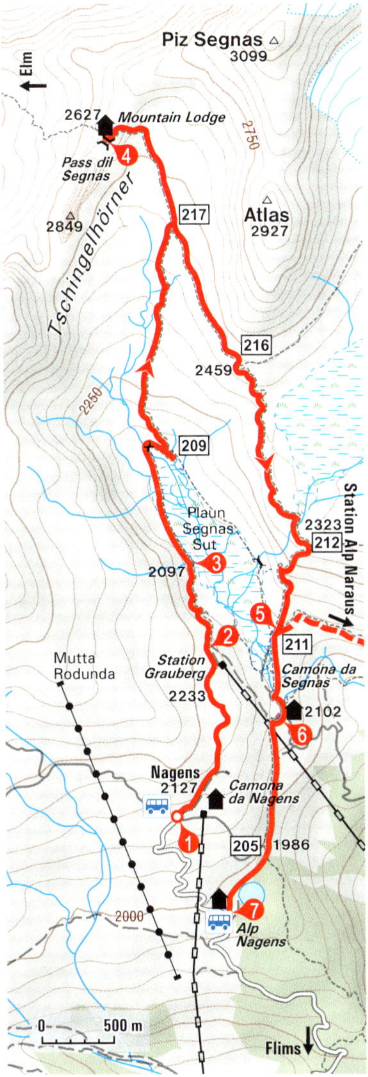

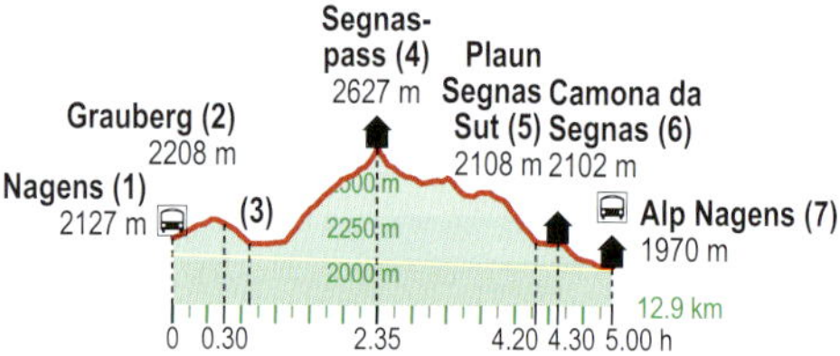

sein kann. Der finale Anstieg ist steil und der Pfad von Schutt übersät (Vorsicht beim Abstieg!). Unterhalb der Passhöhe helfen etliche Steigbügel und eine Kette durch die steile Felsrinne, bis wir dann nach Luft ringend auf dem **Segnaspass (4)**, 2627 m, stehen. Das grandiose Panorama mit Blick ins Glarnerland und nicht zuletzt die luftige Terrasse der Mountain Lodge entschädigen für die Mühe.

Vom Pass steigen wir wieder zu Punkt 217 ab und gehen von dort geradeaus in Richtung Fil de Cassons weiter. Der wieder stellenweise leicht ausgesetzte Saumpfad traversiert die Westflanke des Atlas und erreicht nach einer mit einer Kette gesicherten Stelle unter leicht überhängendem Fels bei Punkt 216 (2459 m) den Abzweig zum Cassons. Wir gehen hier rechts in Richtung Segneshütte und haben während des Abstiegs nun sowohl den Unteren als auch Oberen Segnasboden (Plaun Segnas Sura) im Blick. Der Pfad zieht bald mehr oder weniger höhehaltend zwischen den beiden Böden über einen grasigen Rücken und erreicht dann den Abfluss des **Oberen Segnasboden**. Hier zwängt sich der Gebirgsbach durch eine kleine Felsenschlucht. Wir fol-

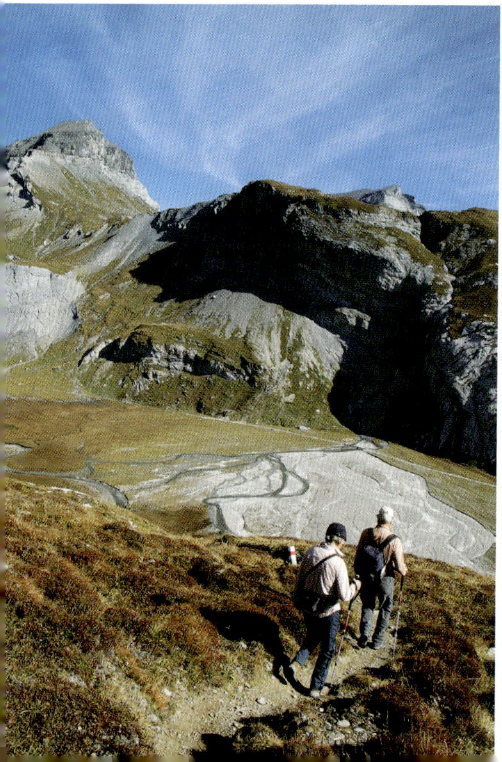

Am Abstieg in den Unteren Segnasboden, im Hintergrund der fast 3000 m hohe Atlas.

gen dem Bachlauf für etwa 50 m und queren ihn dann (Wegzeichen). Von der Gabelung an Punkt 212 (2323 m) lässt sich der weitere Wegverlauf nun gut überblicken: Gegenüber sehen wir die Station Grauberg, links vom Unteren Segnasboden die Segneshütte, hinter der wir am Ufer eines kleinen Stausees entlang wieder Nagens erreichen werden. Zunächst aber steigen wir an einem hohen Drahtzaun (Lawinenschutz) und dann auf einem Grat ziemlich steil zum Punkt 211 auf dem **Unteren Segnasboden (5)**, 2108 m, ab.

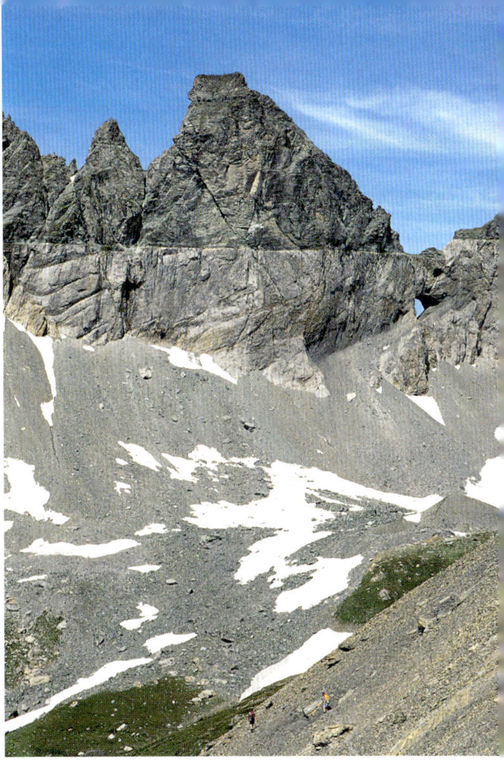

Die Tschingelhörner mit dem berühmten Martinsloch (am rechten Bildrand).

In der Schwemmlandebene folgen wir dem Weg für etwa 75 m an deren Ostrand entlang, queren eine Fahrspur und steigen dann wieder auf einem Pfad ein paar Meter auf. Auf einer Felsbrücke wird der Ual Segnas gequert und kurz darauf die **Segneshütte/Camona da Segnas (6)**, 2102 m, erreicht.

Von der Hütte steigen wir nicht an Punkt 210 den breiten Weg in Richtung Startgels/Nagens ab, sondern folgen dem Weg am Ende der Terrasse in Richtung Grauberg. Wir halten kurz auf die Station Grauberg zu und biegen dann, bevor der Weg anzusteigen beginnt, links in einen nicht markierten Pfad ab, der uns mit wunderbarer Aussicht auf das 800 m tiefer gelegene Flims in gut 15 Minuten zu Punkt 205 (1986 m) bringt. Dort gehen wir geradeaus Richtung Alp Nagens/Laax, kommen kurz darauf am Ufer des eigens für die Beschneiung von Skipisten angelegten Stausees vorbei und erreichen kurz darauf die Bushaltestelle am Bergrestaurant der **Alp Nagens (7)**, 1970 m.

40 Der Panoramaweg von Alp Naraus zur Segneshütte

2.30 Std.

Luftiger Höhenweg zwischen Flimserstein und Vorab

Er heißt nicht nur offiziell so, er hält auch, was der Name verspricht. Von der Sesselbahnstation Naraus läuft der Panoramaweg oberhalb von der Baumgrenze auf gut 2000 Meter Höhe mit unverstellten Ausblicken hinüber zur beliebten Segneshütte. Und nach anfangs lediglich kurzem Anstieg dazu mehr oder weniger eben. Blickfang sind neben Flimserstein und Vorab die sich über dem Unteren Segnasboden auftürmenden Zacken der Tschingelhörner.

Ausgangspunkt: Alp Naraus, 1840 m, erreichbar mit der Sesselbahn von Flims Dorf über Foppa (www.flims.com/infos/oeffnungszeiten).
Höhenunterschied: 370 m.
Anforderungen: Anfangs auf leicht ausgesetztem Saumpfad, der Rückweg auf breitem, doch relativ steilem und von Schutt übersätem Almweg.
Einkehr: Segneshütte (Camona da Segnas; Tel. +41 81 927 9925, www.segneshuette.ch).
Variante: Von der Segneshütte kann in 25 Minuten die Alp Nagens erreicht werden, von dort verkehrt ein Shuttle-Bus nach Laax-Postamt.

Nach der Fahrt mit dem Sessellift von **Flims Dorf (1)** über Foppa zur **Alp Naraus (2)**, 1840 m, beginnen gleich neben der Terrasse des Bergrestaurants die ausgeschilderten Wanderwege. Wir nehmen den hangaufwärtsführenden Pfad in Richtung »Camona da Segnas«. Vom Startpunkt ist das Wanderziel bereits gut auszumachen: Blickfang ist der konisch geformte Gipfel

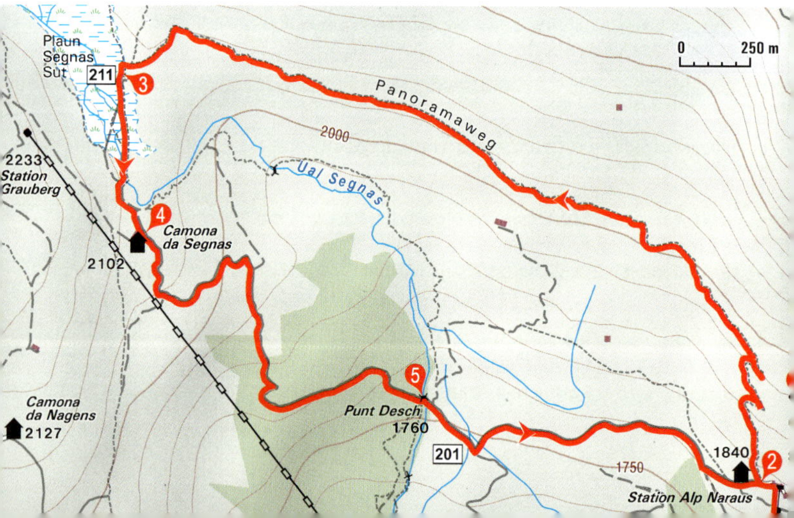

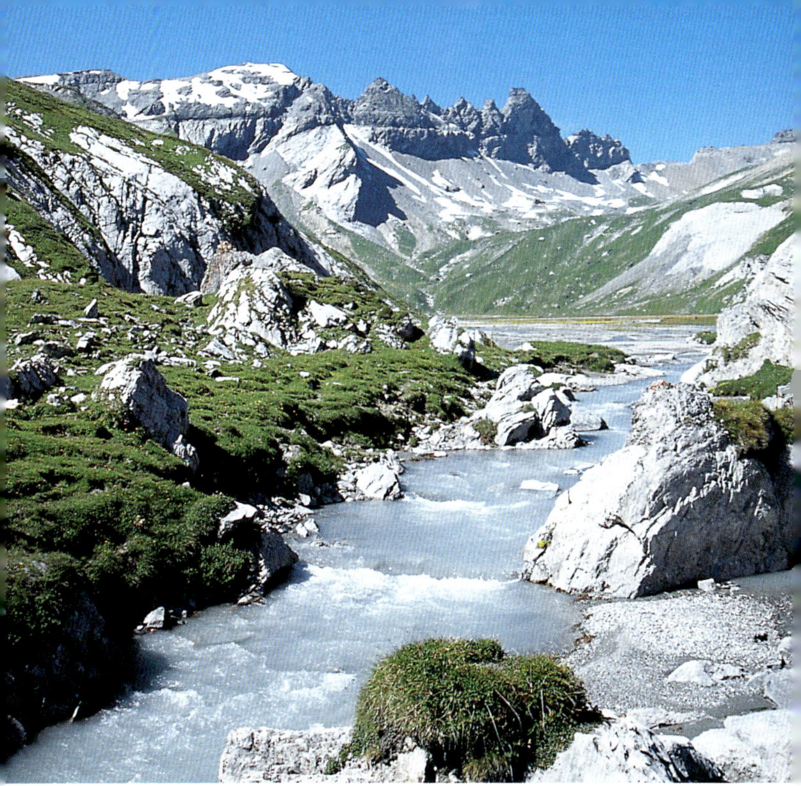

Ein Wildbach entwässert den Segnasboden, im Hintergrund die Tschingelhörner.

des Vorab (3028 m), an dessen Fuß die Station Grauberg liegt. Links unterhalb davon thront auf einer Anhöhe die Segneshütte, noch ein Stück weiter sind die Stationen Crap Son Gion und Crap Masegn zu sehen. Der anfangs stellenweise leicht ausgesetzte Pfad steigt zunächst auf gut 2000 m Höhe an, von dort wandern wir sozusagen »auf Augenhöhe mit der Segneshütte«. Der Pfad mündet schließlich an Punkt 211 in den **Unteren Segnasboden/ Plaun Segnas Sut (3)**, 2108 m, von dem sich über die Schwemmlandebene hinweg ein prächtiger Ausblick auf die Tschingelhörner im Weltnaturerbe der UNESCO ergibt. Wir folgen dem Weg für etwa 75 m am Ostrand der Ebene entlang, queren eine Fahrspur und steigen dann wieder auf einem Pfad ein paar Meter auf. Auf einer Felsbrücke wird der Ual Segnas gequert und kurz darauf die **Segneshütte (4)**, 2102 m, erreicht.

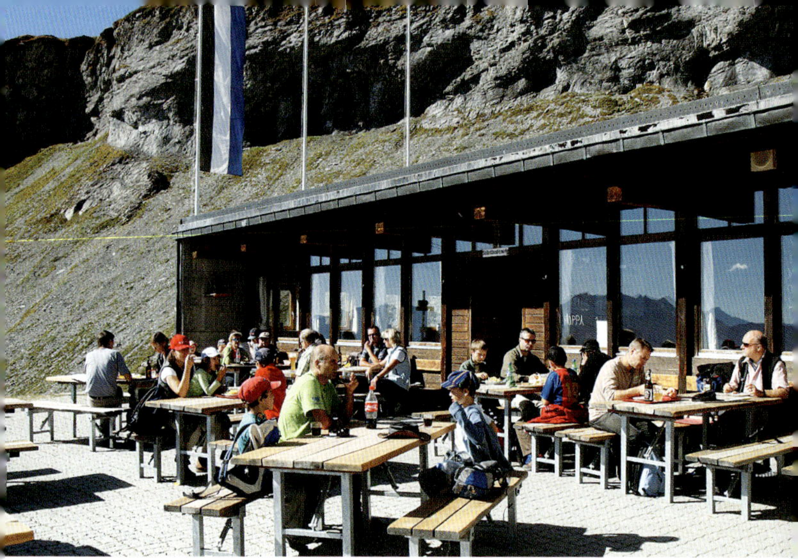

Die 1899 erbaute Segneshütte ist eines der ältesten Berglokale der Region. Sehr beliebt ist die Sonnenterrasse vor dem modernen Anbau.

Nach einer Rast auf der geräumigen Sonnenterrasse wandern wir sozusagen eine Etage tiefer nach Naraus zurück. Wir folgen der Ausschilderung Startgels/Foppa/Flims den breiten Schotterweg abwärts und passieren nach 5 Minuten den Rechtsabzweig nach Nagens und Laax.

Die Station Naraus liegt in Sichtweite vor uns. Nach einer Almhütte mit einem Brunnentrog davor fällt der geschotterte Weg mitunter steil unter die Baumgrenze ab, Fichten nehmen uns kurzzeitig die Sicht. Nach dem Waldstück wird an der Standorttafel **Punt Desch (5)**, 1760 m, auf einer Brücke der Ual Segnas gequert. 20 m nach der Brücke lassen wir einen links aufwärtsführenden Weg unbeachtet und wandern geradeaus in Richtung Naraus. Der Weg läuft am Fuß des wie eine Felsburg aufragenden Flimserstein entlang.

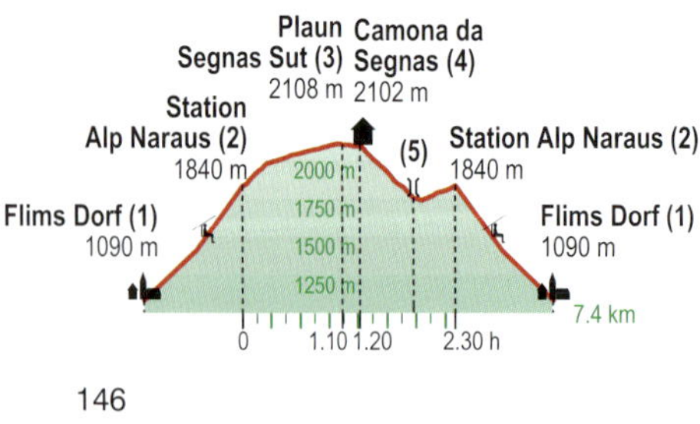

Bei Punkt 201 verlassen wir den Schotterweg nach links und steigen zur Station **Alp Naraus (2)** auf, von wo uns die Bergbahn wieder bequem nach **Flims Dorf (1)** hinunter bringt.

2.45 Std.

Zu den Badeseen im Flimser Wald

41

Stille Waldwanderung über die eiszeitliche Flimser Bergsturzterrasse

Die außerordentliche Lage verdankt Flims einer eiszeitlichen Naturkatastrophe, als ein Teil des Flimserstein abrutschte und die große Terrasse schuf. Die stille Runde zeigt den Flimser Forst von seiner schönsten Seite. Der Wald auf der Bergsturzterrasse ist mit einem sehr gut markierten Wegenetz erschlossen. Am Weg liegen zwei zauberhafte Badeseen und Aussichtspunkte auf die »Swiss Grand Canyon« genannte Rheinschlucht.

Ausgangspunkt: Flims Waldhaus, 1110 m.
Höhenunterschied: Jeweils knapp 350 m im An- und Abstieg.
Anforderungen: Leichte Tour ohne anstrengende Anstiege auf breiten Forstwegen und gut ausgebauten Pfaden.
Einkehr: Gasthäuser am Lag la Cresta, in Conn und am Lag la Cauma.
Tipp: Badesachen nicht vergessen!

Vom Postamt in **Flims Waldhaus (1)**, 1110 m, folgen wir der Ausschilderung »Lag la Cresta« die Straße abwärts in Richtung Parkplatz Caumasee. Wir gehen jedoch nicht zum Parkplatz hinab, sondern bleiben auf dem Sträßchen namens Rudi Dado und passieren das Hotel Sunstar Alpine. Gut 100 m nach dem Hotel gehen wir rechts und erreichen kurz nach einem Kindergarten den Waldrand. Dort beginnt ein Naturlehrpfad. Wir folgen ihm in Richtung Crestasee, bis bei Punkt 36 ein Querweg schräg gekreuzt wird. Eine Viertelstunde

Der Caumasee mitten im Flimser Wald ist im Sommer ein beliebter Badeplatz.

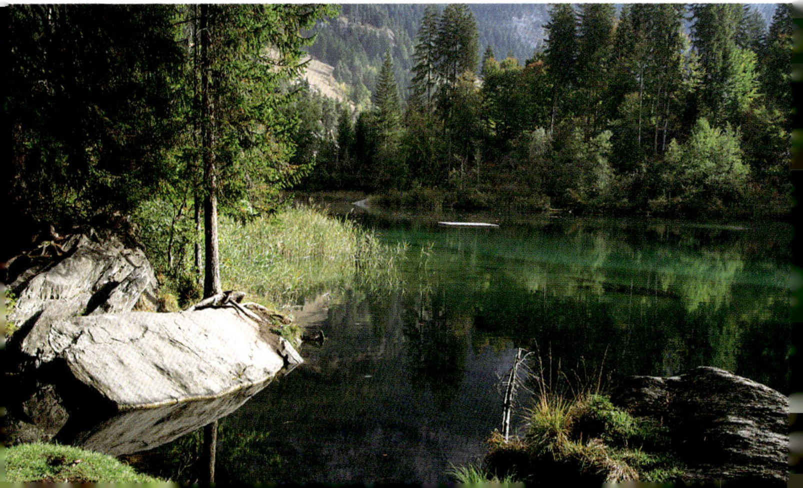

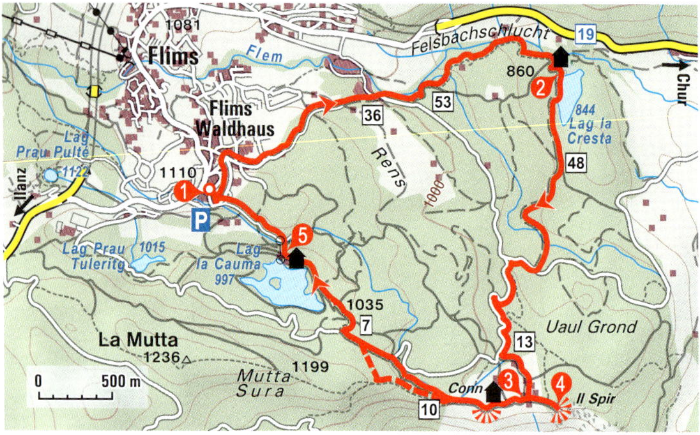

darauf verlassen wir bei Punkt 53 den bislang breiten Waldweg links in einen schmaleren Pfad, der uns bald zur **Felsbachschlucht** (885 m) bringt. Der Flem hat sich hier ein tiefes Bett in den Fels gefräst. Am **Lag la Cresta (2)**, 844 m, besteht in dem Terrassenlokal die erste Einkehrmöglichkeit.

Von dem Terrassenlokal gehen wir zur Badestelle am Bootssteg hinab und folgen dort dem Weg am Westufer des Sees entlang (kein Schild). 10 Minuten nach dem See wird ein rechts abgehender Weg nach Flims passiert, 40 m darauf gehen wir an Punkt 48 geradeaus in Richtung »Conn/Lag la Cauma«. An den nächsten drei Gabelungen weisen ebenfalls Schilder in Richtung Caumasee.

An der großen Kreuzung am **Punkt 13**, 970 m, teilt sich der Weg: Während es geradeaus zum Caumasee geht, wählen wir links den Weg nach Conn. Am Conn Hüsli vorbei treffen wir an Punkt 11 auf die Senda Sursilvana, die links zur Station Versam führt (Tour 42). Wir gehen jedoch geradeaus abwärts und erreichen an den Häusern von **Conn (3)**, 975 m, die Abbruchkante zur Rheinschlucht. Der spektakulärste Einblick in die Schlucht ergibt sich von der luftigen **Aussichtsplattform Il Spir (4)**, 960 m, die links haltend nach 300 m erreicht wird.

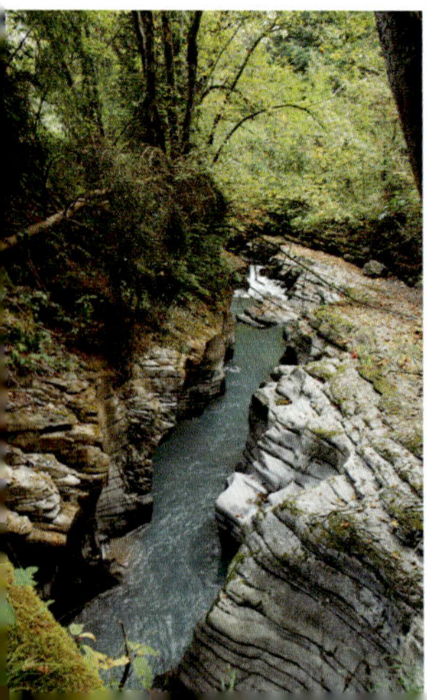

Klein, aber fein: die Felsbachschlucht.

Wieder zurück am Abzweig in Conn folgen wir nun geradeaus dem nahe der Kante entlangführenden Spazierweg nach Osten (Richtung Caumasee/Flims), der kurz darauf am **Ausflugslokal Conn (3)** vorbeizieht. An Punkt 10 zeigt sich die Schlucht nochmals von ihrer besten Seite (wer noch weitere 10 Minuten an der Abbruchkante entlangwandern will, kann hier dem steil aufwärtsführenden Wurzelpfad (Schild »Mutta«) folgen, um dann auf einem rechts abgehenden Pfad wieder auf den Spazierweg zu treffen).

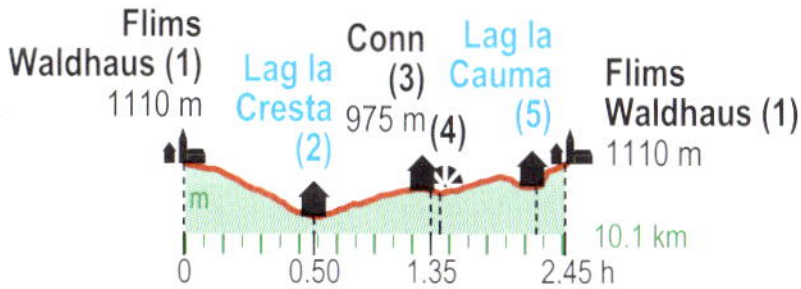

An einer Weggabelung verlassen wir die Senda Sursilvana nach rechts in Richtung Caumasee und gehen 100 m danach an der Kreuzung (Punkt 7, 1035 m) links. Gut 5 Minuten später halten wir uns geradeaus (links könnte man den Lag la Cauma umrunden) und erreichen schließlich das Restaurant **Caumasee (5)**, 997 m.

Nach einer Einkehr oder einem erfrischenden Bad (nach 17 Uhr freier Eintritt) erspart uns oberhalb des Seelokals der Caumasee-Lift 75 Höhenmeter (kostenlose Benutzung, Selbstbedienung). An der »Bergstation« wenden wir uns nach links und erreichen 10 Minuten später wieder **Flims Waldhaus (1)**.

Der Caumasee mitten im Flimser Wald ist im Sommer ein beliebter Badeplatz.

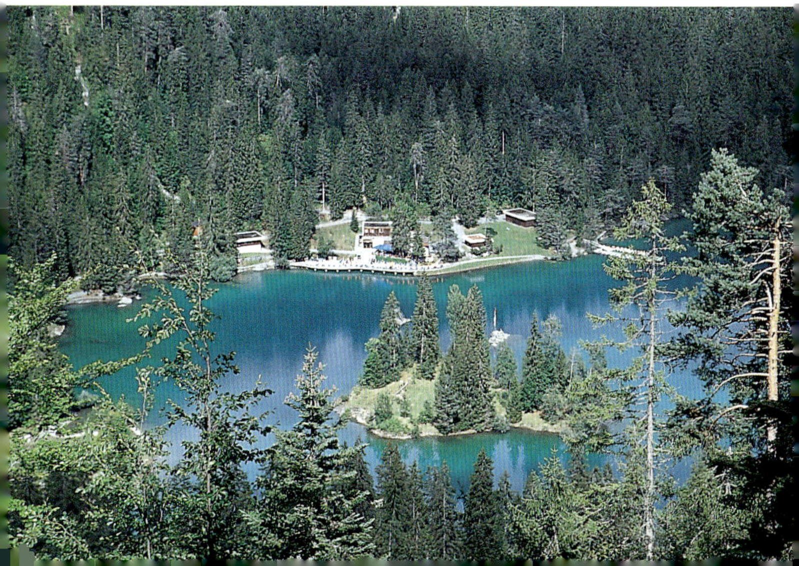

TOP

42 Durch die Rheinschlucht

5.40 Std.

Durch den Grand Canyon der Schweiz

Zwischen Ilanz und Reichenau hat sich der Vorderrhein eine gewaltige Schlucht durch die Schuttmassen des Flimser Bergsturzes gefräst. Die »Ruinaulta« oder der »Swiss Grand Canyon«, wie die Schlucht auch genannt wird, ist eines der spektakulärsten Naturwunder der Schweiz. Nach dem schattigen Abstieg zum Fluss führt der Wanderweg direkt am Ufer des Vorderrheins entlang und erlaubt beeindruckende Ansichten auf die steilen Kalkklippen.

Ausgangspunkt: Flims Waldhaus, 1110 m.
Höhenunterschied: 910 m, jeweils im An- und Abstieg.
Anforderungen: Bis Ransun bequemer Spaziergang auf breiten Waldwegen; steiler Abstieg in die Schlucht auf gut ausgebauten Pfaden und Wurzelwegen.
Einkehr: Waldgasthaus Conn (Tel. +41 81 911 12 31, www.conn.ch).
Variante: Kurztour durch die Schlucht ab Bahnstation Versam-Safien zur Station Valendas-Sagogn (knapp 1.30 Std.).

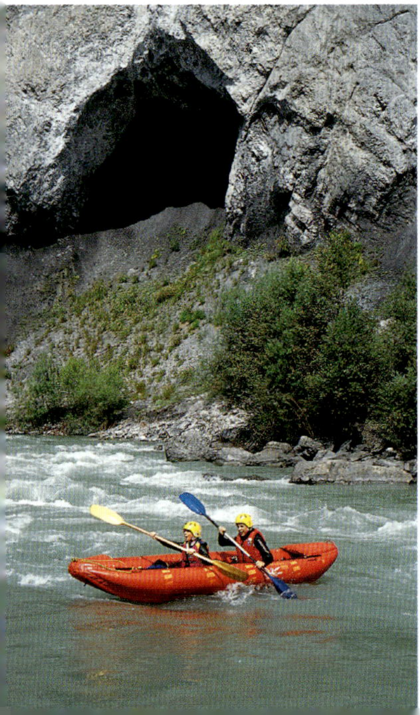

Vom Postamt **Flims Waldhaus (1)**, 1110 m, folgen wir der Beschilderung »Conn/Versam« bergab zum 150 m entfernten Parkplatz Cauma (Pkw-Fahrer können hier parken). Hier beginnt der Promenadenweg des Kurortes. Der anfangs geteerte Weg läuft durch den Flimser Wald leicht bergab, wir passieren den Caumasee-Lift und blicken hinab auf den türkisfarbenen Bergsee. An dem bestens ausgeschilderten Weg halten wir uns immer Richtung »Conn«. Am Waldgasthaus in **Conn (2)**, 975 m, haben wir erstmals einen grandiosen Blick in die Rheinschlucht mit der Halbinsel Chli Isla und der Eisenbahnbrücke, über die wir in Kürze den Fluss queren werden. 75 m nach dem beliebten Ausflugslokal ist geradeaus haltend der

In der Rheinschlucht übt der Nachwuchs der Kanuschule in Versam.

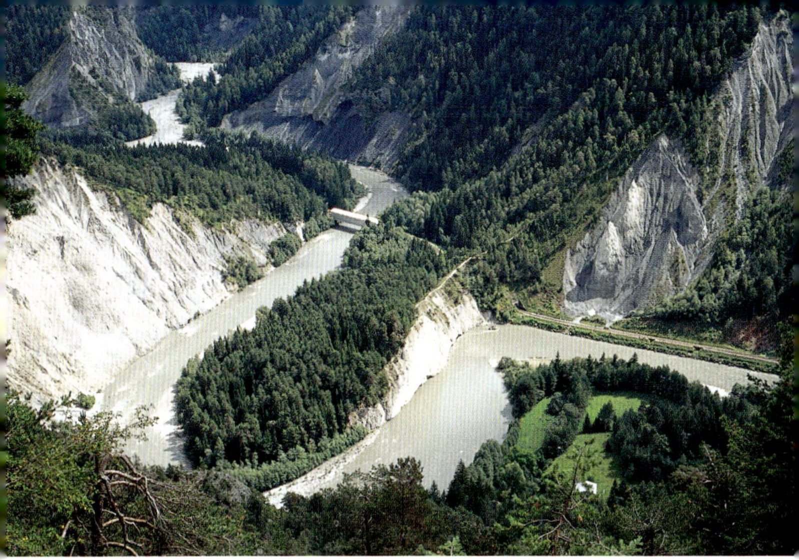

Chli Isla wird im Rätoromanischen das markante Rheinknie genannt.

kurze Abstecher zur luftigen **Aussichtsplattform Il Spir (3)**, 960 m, ein Muss, von dem sich der »Swiss Canyon« wie aus der Vogelperspektive zeigt. Wieder am Abzweig in Conn zurück wandern wir nun auf der Senda Sursilvana (in Richtung Versam Station/Trin) bis zu Punkt 424. Dort wenden wir uns scharf nach rechts und folgen der Ausschilderung nach Versam Station. In **Ransun (4)**, 805 m, verlassen wir den bequemen Waldweg und beginnen den steilen Abstieg in die Schlucht. 5 Minuten darauf halten wir uns an einer nicht ausgeschilderten Gabelung links und erreichen 10 Minuten später die Flussaue Isla Bella.
Auf der **Eisenbahnbrücke (5)**, 626 m, mit Fußgängerübergang wird der Vorderrhein gequert. Der Pfad führt in kurzem Steilaufstieg auf die in der Chrummwag genannten Flussschleife gelegene Halbinsel Chli Isla, auf deren Scheitelpunkt ein Abzweig zum Dorf Versam passiert wird. Wir gehen auf der Halbinsel wieder hinab, der Pfad läuft nun direkt zwischen dem Vorder-

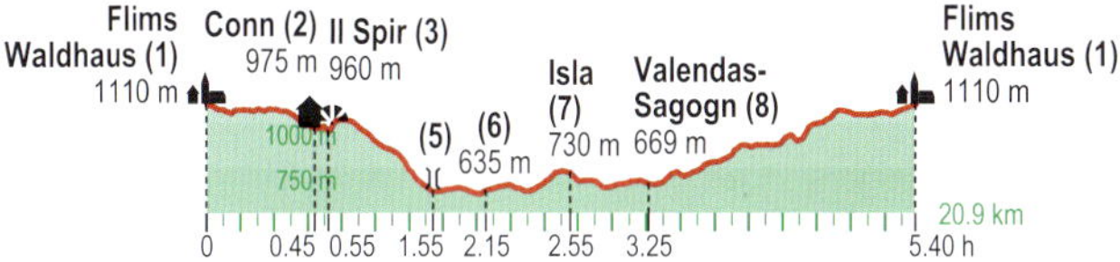

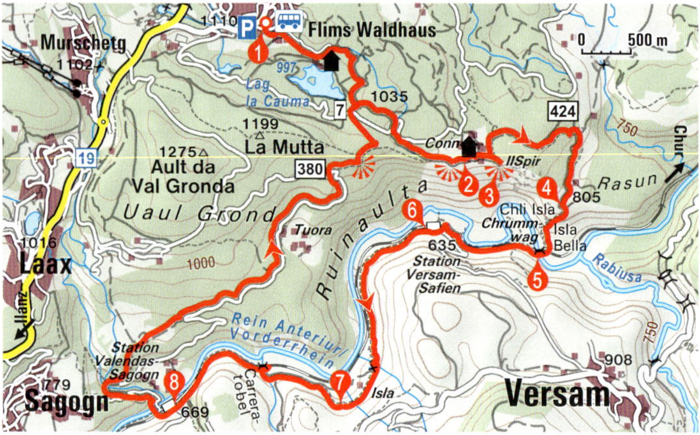

rhein und der Bahntrasse zur Station **Versam-Safien (6)**, 635 m. Vorbei am Bahnhof geht es weiter an den Gleisen entlang. Nach einer Kiesgrube knickt der Weg nach links ab und bringt uns zur **Isla (7)**, 730 m, hinauf und an ein paar Häusern vorbei auf einem Fahrweg wieder hinab zur Bahntrasse. Kurz nach dem Abzweig nach Valendas gehen wir durch eine Unterführung, queren auf der Brücke den Carreratobel und wandern weiter an den Gleisen entlang zur Station **Valendas-Sagogn (8)**, 669 m.

Nach dem Bahnhof queren wir auf einer Brücke abermals den Rhein und gewinnen auf dem ungeteerten Forstweg in Richtung »Salums/Conn« allmählich wieder an Höhe. Bei Punkt 380 leiten uns Schilder rechts auf einem schmalen Wurzelpfad in Richtung Flims Waldhaus durch den Uaul Grond (Großer Wald) hinauf. Nochmals bietet sich ein beeindruckender Ausblick hinab in die Rheinschlucht auf die Chrummwag. Der Pfad stößt wieder auf einen Forstweg, auf dem wir bei Punkt 7 auf den vom Hinweg bekannten Promenadenweg treffen, der uns zurück nach **Flims Waldhaus (1)** bringt.

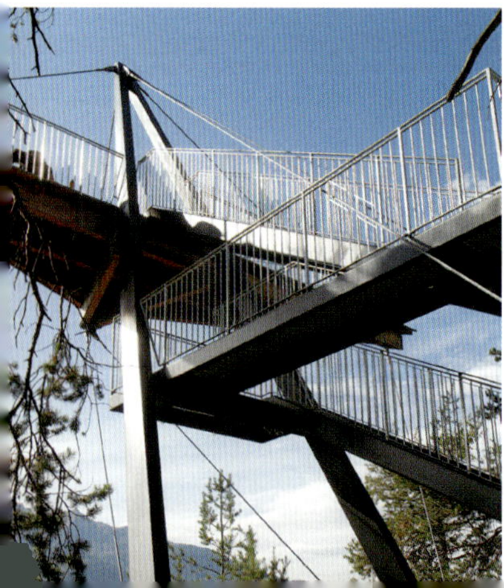

Die Aussichtsplattform Il Spir.

2.45 Std.

Von Fidaz zur Ruine Belmont 43

Über das Ausflugslokal Bargis zu einer mittelalterlichen Bergfestung

Von Fidaz steigt ein Waldpfad zunächst zur imposanten Wand von Trutg la Bleica und nach Bargis auf. Das dortige Berghaus ist ein beliebter Ausgangspunkt für Touren durch das reizvolle Bargistal und auf den Flimserstein. Der zweite Teil der Wanderung macht dann mit der Burgruine Belmont bekannt, von der außer ein paar Mauerresten und einer Zisterne lediglich die wunderbare Aussicht ins Vorderrheintal überdauerte.

Ausgangspunkt: Bushaltestelle Pinut, 1189 m, an der Route des Shuttle Flims–Laax–Falera (verkehrt auch ab Laax und Falera).
Höhenunterschied: 540 m.
Anforderungen: Anfangs steiler Anstieg auf leicht ausgesetztem Waldpfad, gegen Ende der Tour auf bequemen Forstwegen. Etliche Verzweigungen verlangen etwas Aufmerksamkeit.
Einkehr: Berghaus Bargis (Tel. +41 81 9111145, www.berghaus-bargis.ch).

Bei Fidaz am Flimserstein.

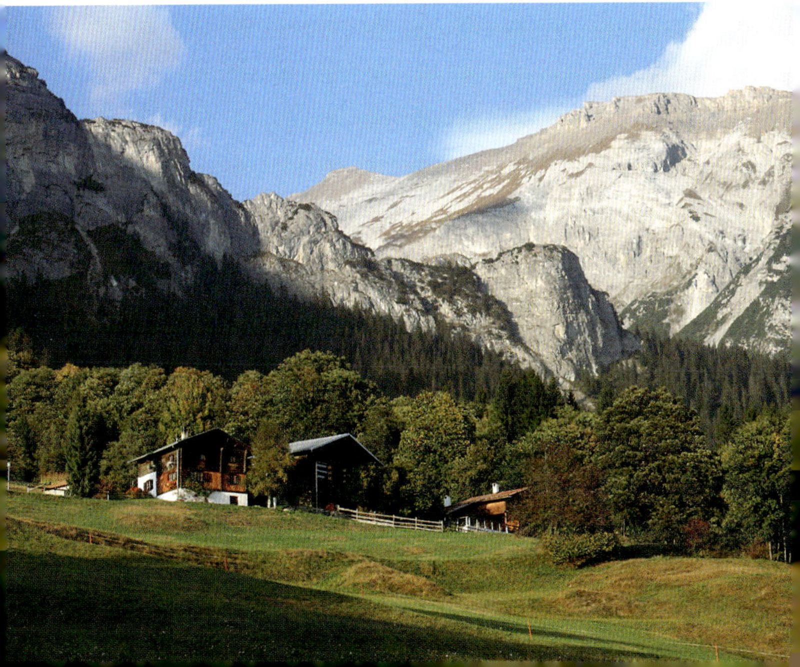

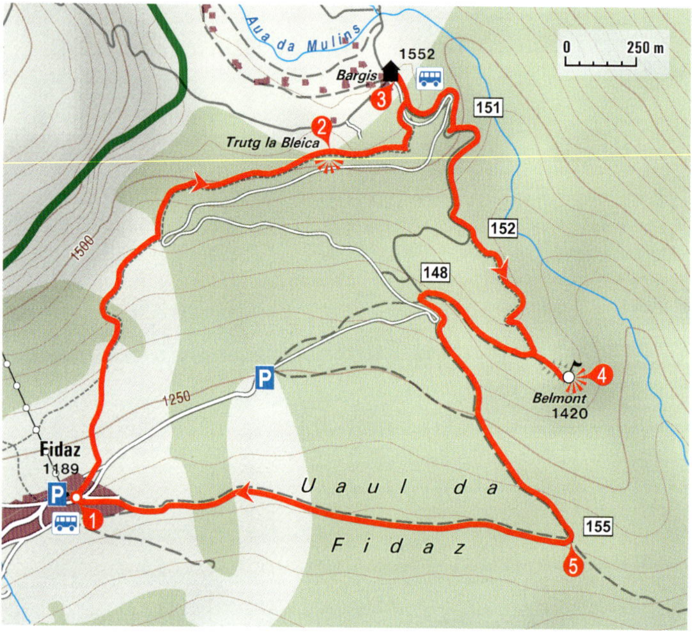

Von der Haltestelle **Pinut (1)**, 1189 m, folgen wir dem Sträßchen in Fahrtrichtung des Busses für 200 m und verlassen es links in einen Almweg (Schild »Zum Höhenweg Bargis«). Der bald grasige Pfad läuft in einen Fichtenwald hinein, der uns nun die Sicht auf die Steilwand des Flimserstein nimmt. Gut 100 m nach einem Holzsteg über einen Bachlauf halten wir leicht links und treffen drei Minuten später auf einen Querweg. Wir steigen auf ihm links aufwärts. Der teils gestufte Pfad berührt an einer Sitzbank wieder das Sträßchen nach Bargis, wir folgen dem Pfad weiter hangaufwärts. Stellenweise leicht ausgesetzt geht es nach einem überhängenden Felsen direkt am Fuß einer senkrecht aufstrebenden Wand entlang, die aussichtsreiche Passage am **Trutg la Bleica (2)**, 1510 m, ist mit einem Seil und Holzsteg gesichert.

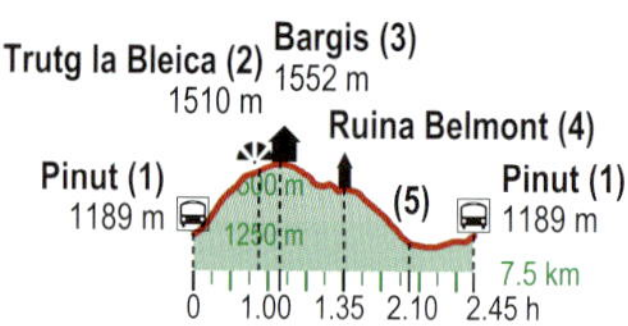

Der Pfad trifft abermals auf das Sträßchen, auf dem nach 200 m das **Berghaus Bargis (3)**, 1552 m, erreicht wird. Von der Terrasse des Lokals genießt man einen schönen Ausblick ins Bargistal (Tour 45) und die »Scala«, einen auf den Flimserstein hinaufführenden alten Pflasterweg (Tour 44).

Nach einer Rast im Berghaus gehen wir auf dem Sträßchen zurück und biegen nach fünf Minuten in einer Haarnadelkurve (Punkt 151) links abwärts in einen geschotterten Spazierweg in Richtung Ruina Belmont ein. Durch lockere Bewaldung geht es ab Punkt 152 auf einem idyllischen Waldpfad weiter, der uns zum Fuß des Burgfelsens bringt. Auf einem mit einem Seil gesicherten Treppenweg steigen wir den 50 m hohen Felsen zur **Ruina Belmont (4)**, 1420 m, auf. Von der wunderbaren Aussichtsterrasse mit Sitzbänken führt die letzten Meter eine Leiter auf den Felskopf hinauf.

Vom Fuß des Burgfelsens setzt sich der weiterhin reizvolle Pfad links in Richtung Fidaz/Waldrand fort. An der Gabelung 10 Minuten darauf halten wir links und erreichen 100 m weiter am Punkt 148 wieder das Sträßchen Fidaz – Bargis. Wir folgen ihm links abwärts und verlassen es in der Kurve nach 150 m geradeaus in Richtung Trin Mulin. Bei **Punkt 155 (5)**, 1147 m, wird der Weg nach Trin Mulin scharf rechts verlassen (Schild Fidaz/Flims).

Auf einem Forstweg wandern wir nun mehr oder weniger höhehaltend durch den Fidazer Wald. Nach dem Waldstück öffnet sich die Landschaft wieder, wir schauen hinab zum Crestasee und weit ins Rheintal hinein. An den ersten Häusern von **Fidaz** wird schließlich wieder das Teersträßchen erreicht, auf dem wir links haltend 75 m darauf die Bushaltestelle **Pinut (1)** erreichen.

Aussichtsterrasse auf dem Burgfelsen Belmont.

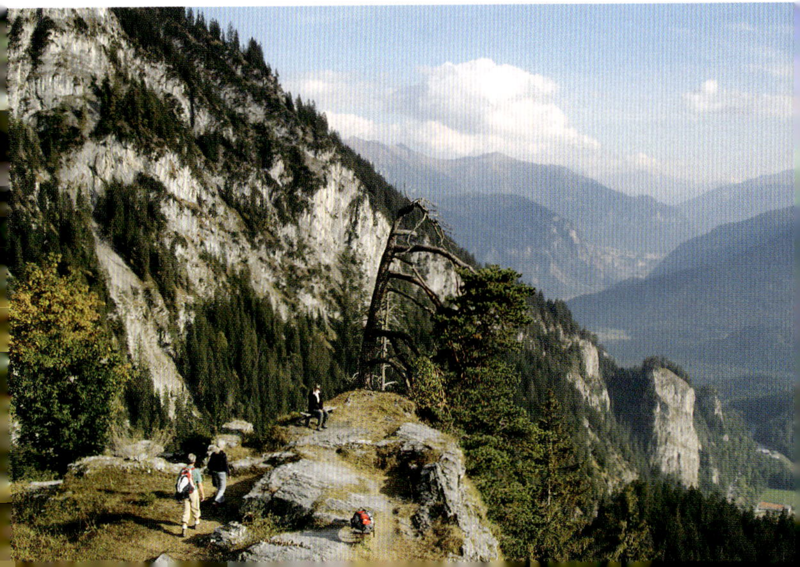

44 Weltnaturerbe 2: Fil de Cassons, 2674 m

6.20 Std.

Luftige Gratwanderung von Bargis auf den Fil de Cassons

Die Wände des Flimserstein stürzen in alle vier Himmelsrichtungen fast senkrecht in die Tiefe. Der bucklige Kalkkoloss ohne eigentlichen Gipfel kann vom Bargistal aus relativ bequem bestiegen werden. Ein alter Pflasterweg (rätoromanisch Scala = Treppe) führt zur aussichtsreichen Alp Tegia Gronda hinauf, Höhepunkt ist allerdings die luftige Gratwanderung entlang der nördlichen Abbruchkante. Kettensicherungen machen dort den Weg auch für wenig geübte Wanderer begehbar. Am Flimserstein ereignete sich vor ungefähr 12.000 Jahren eine gewaltige Naturkatastrophe: Bei dem größten Bergsturz in den Alpen brach ein geschätztes Volumen von 15 Kubikkilometern Fels ab. Das Rheintal wurde zugeschüttet, der Fluss staute sich 90 Meter hoch zu einem See, bis er sich schließlich einen engen Canyon durch den Kalkstein fräste. Die Hochgebirgstour erlaubt grandiose Einblicke in die als Weltnaturerbe der UNESCO anerkannte Tektonik-Arena Sardona.

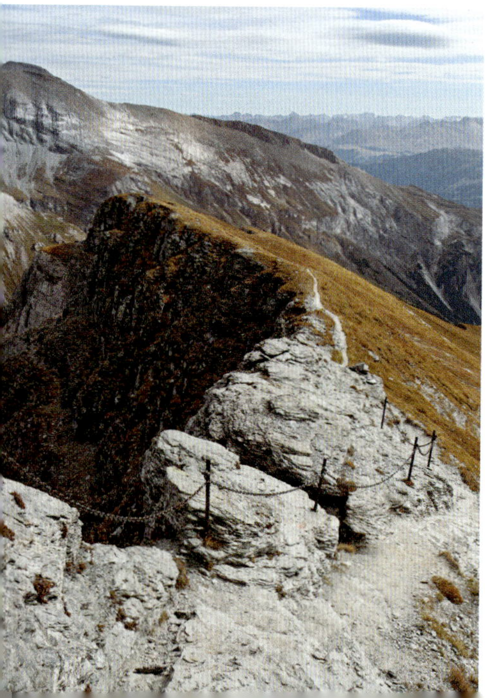

Ausgangspunkt: Bargis, 1552 m, erreichbar mit dem Shuttle Flims–Laax–Falera (verkehrt auch ab Laax und Falera). Für den normalen Pkw-Verkehr ist das Sträßchen nach Bargis gesperrt.
Höhenunterschied: Je 1180 m im An- und Abstieg.
Anforderungen: Lange und gute Kondition erfordernde An- und Abstiege auf ruppigem Pflasterweg und steilen Bergpfaden. Am Grat ist Schwindelfreiheit gefragt, eine Passage ist durch Ketten gesichert.
Einkehr: Berghaus Bargis (Tel. +41 81 9111145, www.berghaus-bargis.ch) am Beginn der Wanderung, bei sonnigem Wetter mit Terrassenbewirtschaftung hinter dem Haus, unbedingt die Zwetschgenwähe probieren.

An der Abbruchkante des Flimsersteins.

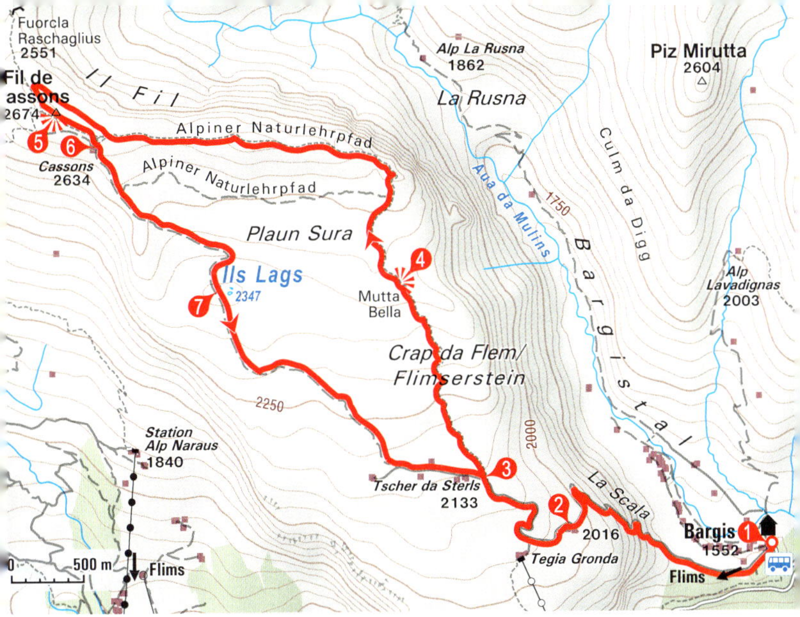

In **Bargis (1)**, 1552 m, beginnt links vom Berghaus der schon 1867 in den Fels gehauene Pflasterweg auf den Flimserstein (Ausschilderung Tegia Gronda/Crap da Flem/Fil de Cassons). Mit zunehmender Höhe ergibt sich eine wunderbare Aussicht auf das grüne Bargistal. Nach einer guten Stunde liegt der steile Anstieg hinter uns, ein Wiesenweg bringt uns zu den drei Häusern der **Alp Tegia Gronda (2)**, 2016 m, hinüber. An der Alp nimmt uns ein Almweg auf, der ein paar Minuten darauf an einer Materialseilbahn vorbeiführt, die in erster Linie für den Milchtransport nach Fidaz hinab installiert wurde. Während des weiteren Aufstiegs begleiten uns nun die Ausblicke auf die Bergkette auf der Südseite des Vorderrheins, in den vor uns liegenden Glarner Alpen dominiert der immer schneebedeckte Tödi (3614 m) die Szenerie. Kurz vor der **Alp Tscher da Steris (3)**, 2133 m, verlassen wir den Almweg rechts in einen Pfad in Richtung Mutta Bella. Während des weiteren Anstiegs führen Wegzeichen über den teils stark erodierten Kalkfels. Der Steig hält wieder steiler werdend auf einen lang gestreckten Rücken zu, an dessen linker Seite mit **Mutta Bella (4)**, 2460 m, die Abbruchkante erreicht wird – der Fels fällt hier rund 600 m fast senkrecht zum Bargistal ab.

Ein paar Schritte abwärts, dann führt der Pfad eng an einer Wand entlang und steigt gelegentlich von Stangen markiert zu dem quer vor uns liegenden Grat auf. Auf halbem Weg treffen wir auf den **Alpinen Naturlehrpfad**, dem wir geradeaus zum Grat folgen. Auf dem Grat angekommen ergibt sich er-

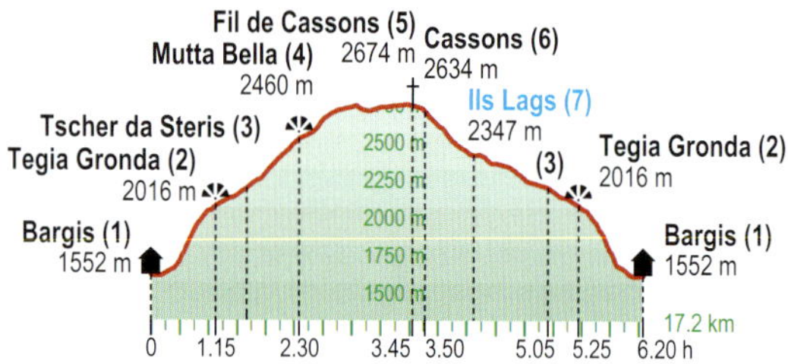

neut ein imposanter Tiefblick auf die tief unten gelegene Alp La Rusna (Tour 45), von der ein Bergpfad zur Fuorcla Raschaglius hinaufzieht. Darüber liegt zwischen Piz Dolf und Piz Segnas der Segnasgletscher. An den beiden Dreitausendern sind etwa jeweils 300 Höhenmeter unterhalb der Gipfel deutlich die fast messerscharfen horizontalen Linien der **Glarner Hauptüberschiebung** erkennbar – seit 2008 darf sich das geologische Phänomen Weltnaturerbe der UNESCO nennen.
Nach einer mit Kette gesicherten Passage wird auf 2695 m der höchste Punkt der Wanderung erreicht. Der Weiterweg auf dem bald breiten Grat ist nun purer Genuss, der Blick auf Tschingelhörner und Vorab vervollständigt das ohnehin schon grandiose Hochgebirgspanorama. An einer Gabelung bleiben

Blick vom Fil de Cassons auf Atlas und Segnas.

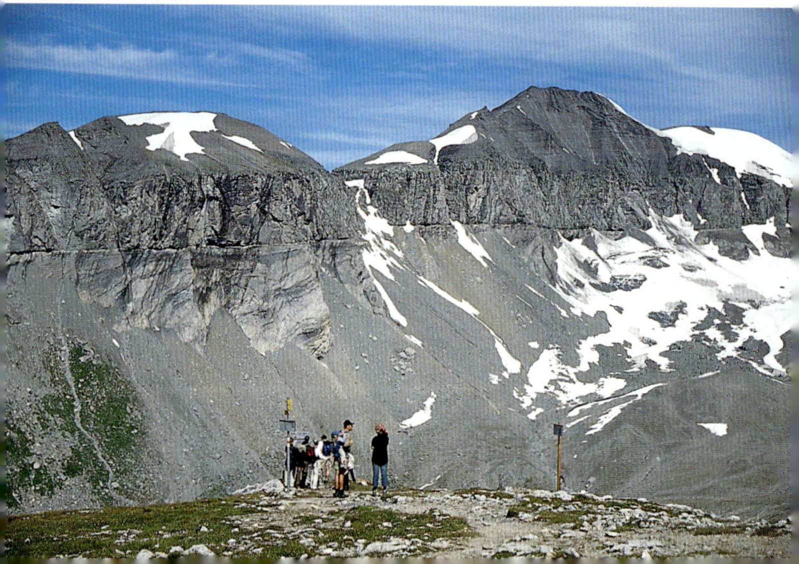

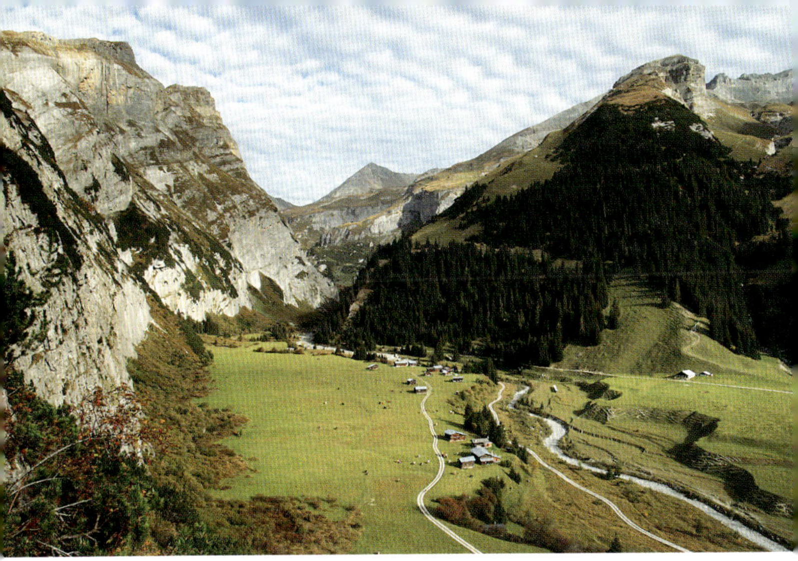

Von der »Scala« aus bietet sich eine reizvolle Aussicht ins Bargistal.

wir rechts haltend auf dem Alpinen Naturlehrpfad, der weiterhin an der Abbruchkante entlangläuft (geradeaus würde man auf dem Hauptweg in zehn Minuten nach Cassons kommen). Von zwei Sitzbänken bieten sich weitere schöne Aussichten in die Tektonik-Arena. Über der Fuorcla Raschaglius knickt der Lehrpfad im spitzen Winkel scharf nach links ab und hält auf die Schweizer Fahne auf dem **Fil de Cassons (5)**, 2674 m, zu. Dort hilft eine Panoramatafel bei der Bestimmung des Gipfelmeeres, höchster auszumachender Bergriese ist der Piz Bernina (4049 m) an der Grenze zu Italien.
Fünf Minuten nach dem Fahnenmast wird **Cassons (6)**, 2634 m, erreicht. Wir steigen von dort nun nach Südost in Richtung Bargis/Crap da Flem ab. Während der Lehrpfad nach 10 Minuten nach links abzweigt, gehen wir geradeaus weiter abwärts (Tegia Gronda/Bargis). Kurz darauf wird an einem zackigen Felsen der sehr steil abwärtsführende Abzweig Naraus passiert. Zusätzlich zu den Wegzeichen führen Stangen zu den in einer weiten Mulde gelegenen und sommers fast immer ausgetrockneten **Ils Lags (7)**, 2347 m, hinab. An einer Verzweigung fünf Minuten nach den »Seen« halten wir leicht links und treffen eine gute Viertelstunde später auf einen Almweg. Wir folgen ihm und erreichen nach der **Alp Tscher da Steris (3)** wieder den vom Hinweg bekannten Abzweig nach Mutta Bella. Der von Tegia Gronda abschließende Abstieg auf der »Scala« ins Bargistal und nach **Bargis (1)** hat es nochmals in sich – machen Sie langsam!

45 Zur »Kathedrale« von La Rusna

3.30 Std.

Gemütlicher Aufstieg durch das reizvolle Hochtal von Bargis

Große Fernblicke dürfen nicht erwartet werden, dafür ist das Bargistal zu abgeschlossen. Doch die Kulisse von Piz Dolf und Piz Segnas und das wunderschöne Tal selbst sprechen für sich. Und schließlich wartet das Wanderziel mit Wasserfällen und einem spektakulären Felsenzirkus auf.

Ausgangspunkt: Bargis, 1552 m, erreichbar mit dem Shuttle Flims–Laax–Falera (verkehrt auch ab Laax und Falera). Für den normalen Pkw-Verkehr ist das Sträßchen nach Bargis gesperrt.
Höhenunterschied: 460 m.
Anforderungen: Talwanderung auf bequemem Almweg; die kurze, teilweise aber weglose Passage zur Kathedrale kann je nach Witterung und Wasserstand feucht sein.
Einkehr: Berghaus Bargis (Tel. +41 81 9111145, www.berghaus-bargis.ch); unterwegs keine Einkehr.

Die markante Felsnadel hoch über dem Tal von Bargis.

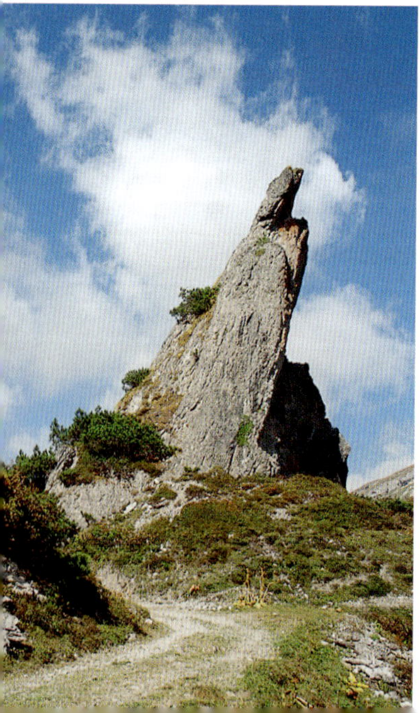

Eine bequem begehbare Schlucht gibt den Zugang zur Kathedrale frei.

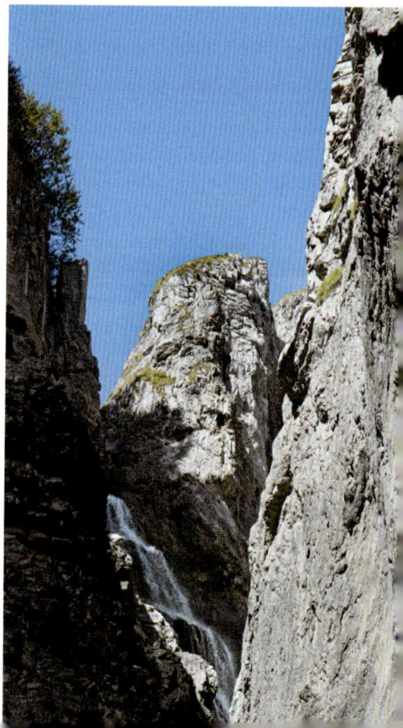

Vom Berghaus **Bargis (1)**, 1552 m, folgen wir dem anfangs geteerten Weg in Richtung Fuorcla Raschaglius in das Tal hinab. Am Abzweig nach Lavadignas/Alp Mora (Tour 46) queren wir die Aua da Mulins. Der bequeme Almweg zieht weiter ins Tal hinein, das zur Linken von der Steilwand des Flimserstein, rechts vom Bergzug Culm da Digg eingefasst wird. Vor uns baut sich der konische Gipfel des Piz Dolf (Trinserhorn, 3028 m) auf, bald zeigt sich links davon auch der wuchtige Segnas (3098 m).

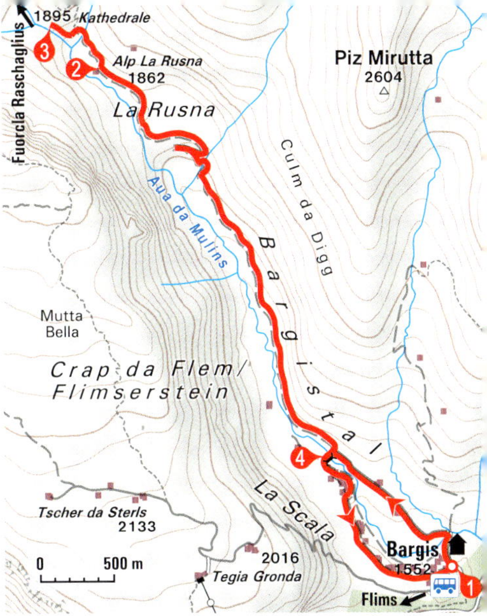

Der Almweg hält die ganze Zeit auf eine nach rechts geneigte markante Felsnadel zu, die schließlich nach etwa 75 Minuten erreicht wird. Von dort ist es nicht mehr weit zur **Alp La Rusna (2)**, 1862 m. An der Standorttafel 20 m vor der Almhütte endet der gut ausgebaute Almweg. Wir gehen rechts den Pfad weiter in Richtung Fuorcla aufwärts und kommen 5 Min. darauf an einen Gebirgsbach, über den ein Steg führt. Knapp 10 m nach dem Steg gehen wir links weglos am rechten Ufer des felsigen Bachlauf abwärts, bis dieser nach etwa 150 m in die Aua da Mulins mündet. Dieser folgen wir rechts auf bald gut erkennbarem Trampelpfad in eine Schlucht hinein. Mitunter kann das Ufer ziemlich feucht sein. Bereits nach wenigen Minuten stehen wir in der als **Kathedrale (3)**, 1895 m, bezeichneten Felsenburg, in die sich ein 100 m hoher **Wasserfall** ergießt. Je nach Wasserstand kann man rechts haltend bis zu einem von Felsbrocken abgesperrten Nadelöhr der Schlucht gehen, von dem sich ein zweiter Wasserfall zeigt.

Von der Kathedrale steigen wir auf gleichem Weg wieder das Bargistal ab, bis etwa 300 m vor den ersten Häusern ein Pfad zum Fluss **Aua da Mulins (4)**, 1550 m, und über eine Brücke zur anderen Uferseite führt. Von dort wandern wir zum Berghaus **Bargis (1)** zurück.

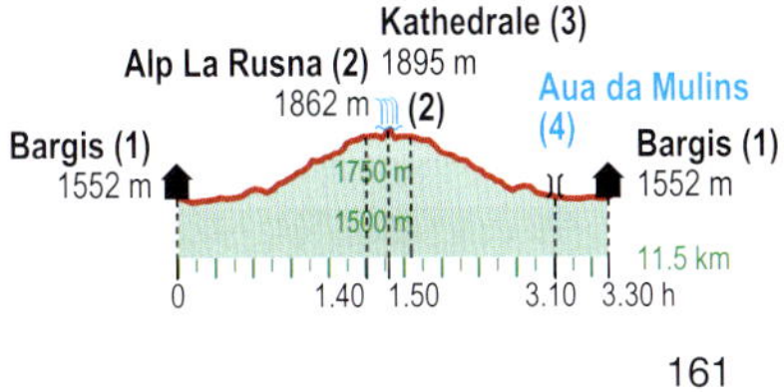

46 Von Bargis nach Trin

5.15 Std.

Einsamer Höhenweg über sattgrüne Bergweiden

Vom wunderschön am Fuß des Flimserstein gelegenen Hochtal von Bargis läuft ein aussichtsreicher Weg hinauf zu Almen und auf langem Abstieg hinab nach Trin. Ein besonders beeindruckendes Wegstück ist der eng an eine Felswand geschmiegte Höhenpfad von Lavadignas zur Alp Mora.

Ausgangspunkt: Bargis, 1552 m, erreichbar, mit dem Shuttle Flims–Laax–Falera (verkehrt auch ab Laax und Falera). Für den Pkw-Verkehr ist das Sträßchen nach Bargis gesperrt.
Endpunkt: Trin, 876 m. Mit dem Postauto zurück nach Flims.
Höhenunterschied: 750 m im Anstieg und 1400 m im Abstieg.
Anforderungen: Mäßig steile An- und Abstiege auf Almwegen und Saumpfaden. Zwischen Lavadignas und Alp Mora stellenweise Trittsicherheit erforderlich.
Einkehr: Berggasthaus Bargis (Tel. +41 81 911 11 45, www.berghaus-bargis.ch), Restaurants in Trin; unterwegs keine Einkehr.

Vom Berggasthaus **Bargis (1)**, 1552 m, folgen wir der Ausschilderung in Richtung »Lavadignas/Alp Mora«. An der Brücke über die Aua da Mulins gabelt sich der Weg. Wir gehen rechts den Almweg bergauf, der sich am Fuß der Culm da Digg tief ins Val Lavadignas zieht. Nach gut einstündigem Anstieg wird die **Alp Lavadignas (2)**, 2003 m, erreicht. Nach der Querung eines Bergbaches schwenkt der Weg nach Osten an der Almhütte vorbei.
Nun beginnt der aussichtsreiche Höhenpfad, der uns zur Alp Mora bringen wird. Der Saumpfad schlängelt sich bald wie auf einem Mauersims am Fuß einer schroffen Wand entlang. Wir kommen an einer Schutzhütte vorbei. Die Blicke schweifen auf den Flimserstein und die wie smaragdgrüne Augen aus

Der Flimserstein hebt sich wie ein Schiffsbug über das grüne Bargistal.

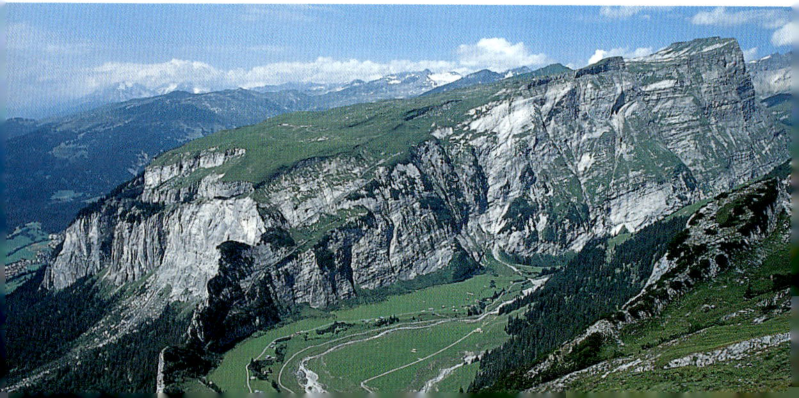

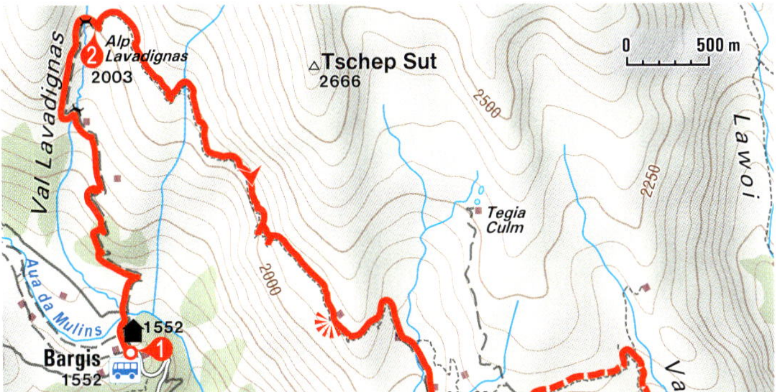

dem Flimser Wald blitzenden Bergseen Cauma und Cresta.

Der folgende Abstieg ist anfangs etwas unübersichtlich. Wir erreichen das obere Gebäude der Alp Mora, von dem wir auf einem wenig ausgeprägten Wiesenweg in einen Talgrund absteigen. Jetzt wieder auf einem breiten Almweg kommen wir an einem betonierten Brunnentrog vorbei. Am Punkt 407 ist die **Alp Mora (3)**, 1975 m, erreicht, von der sich eine interessante Variante zu Gletschermühlen an der Val Maliens anbietet (zusätzlich 40 Min. Gehzeit). Wir passieren ein weiteres großes Wirtschaftsgebäude und steigen auf dem Almweg weiter ab. Kurz darauf können auf einem Pfad einige Wegschleifen abgekürzt werden. Am Punkt 404 bleibt ein Abzweig nach Trin Mulin unbeachtet, an allen weiteren, ausgeschilderten Verzweigungen lassen wir uns hinab nach **Trin (4)**, 876 m, leiten. Am Ortseingang folgen wir einem Teersträßchen zur Hauptstraße und erreichen rechts haltend die **Bushaltestelle**.

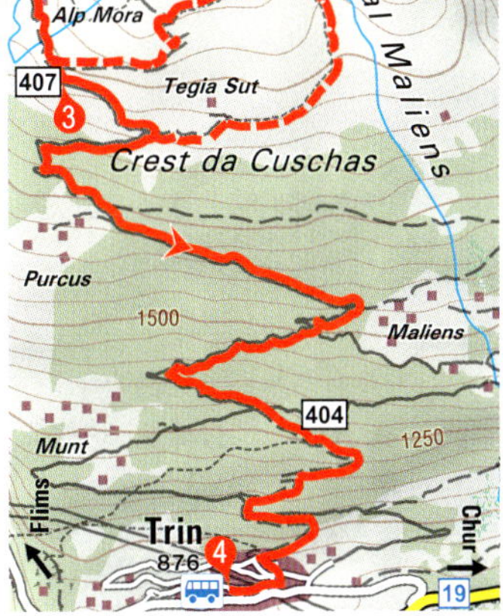

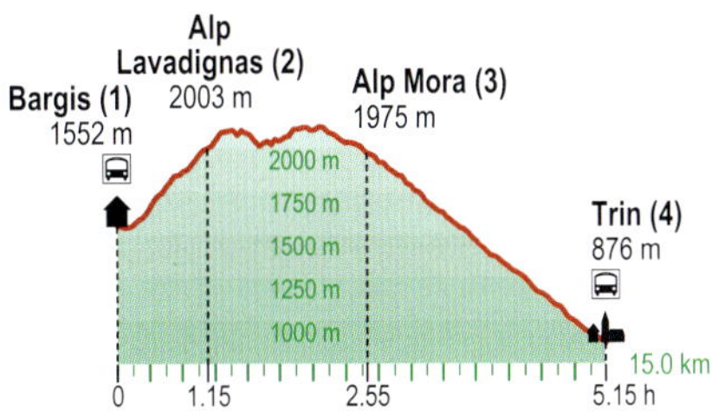

47 Von Tenna auf das Schlüechtli, 2283 m

4.00 Std.

Leicht erwanderbare Route über der Rheinschlucht

Das von den Walsern besiedelte Tenna hoch über dem Safiental ist lediglich über ein einspuriges Stichsträßchen erreichbar, entsprechend ruhig geht es in dem kleinen Bergdorf zu. Von der Bergpension »Alpenblick« führt ein Alm- und Wiesenweg empor zum Tenner Chrüz und dem Schlüechtli, beide sind für ihr vorzügliches Panorama über das Vorderrheintal bekannt.

Ausgangspunkt: Tenna, 1642 m. Anfahrt mit Pkw oder Postauto ab Versam.
Höhenunterschied: Knapp 700 m.
Anforderungen: Mäßig steiler Aufstieg auf teils breitem Almweg, steiler Abstieg auf schmalem Waldpfad.
Einkehr und Unterkunft: Alpenblick (auch Übernachtung), Mo. Ruhetag, Tel. +41 81 6451123, www.berghotel-alpenblick.ch; in Usser Baerg das Pistenbeizli, Tel. +41 81 6451243, www.pistenbeizli.ch, von Juni bis Okt. nur Mo. geöffnet, an den übrigen Wochentagen Selbstbedienung aus dem Kühlschrank.

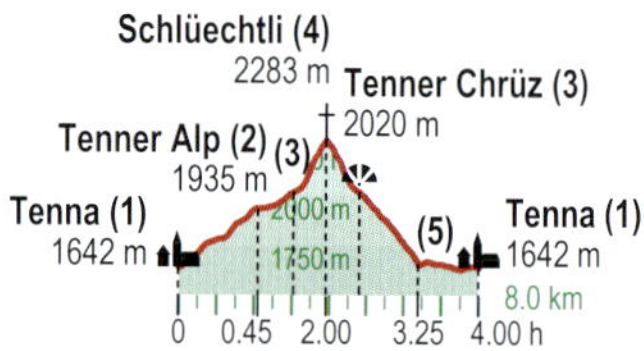

An der Post in **Tenna (1)**, 1642 m, gehen wir am Hotel Alpenblick vorbei die Dorfstraße zur Kirche hinauf (Autofahrer können hier parken) und dort links in einen mit »Tenner Chrüz« ausgeschilderten anfangs geteerten Almweg hinein. Dieser wird fünf Minuten nach der Kirche geradeaus in einen Pfad ver-

Der schroffe Gipfelaufbau des Piz Beverin überragt markant das Safiental.

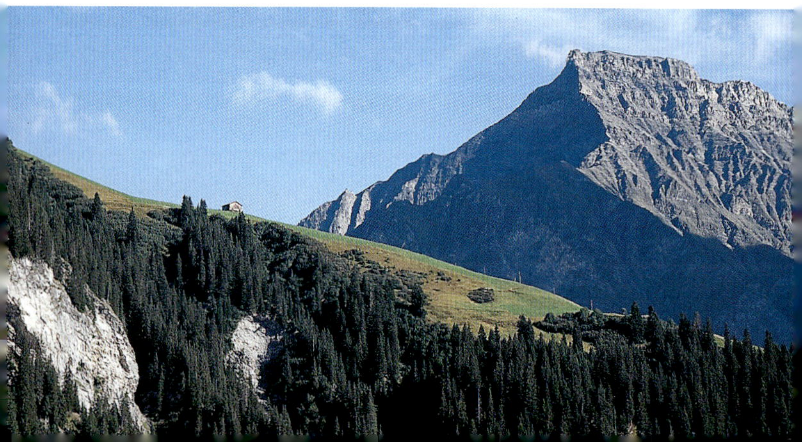

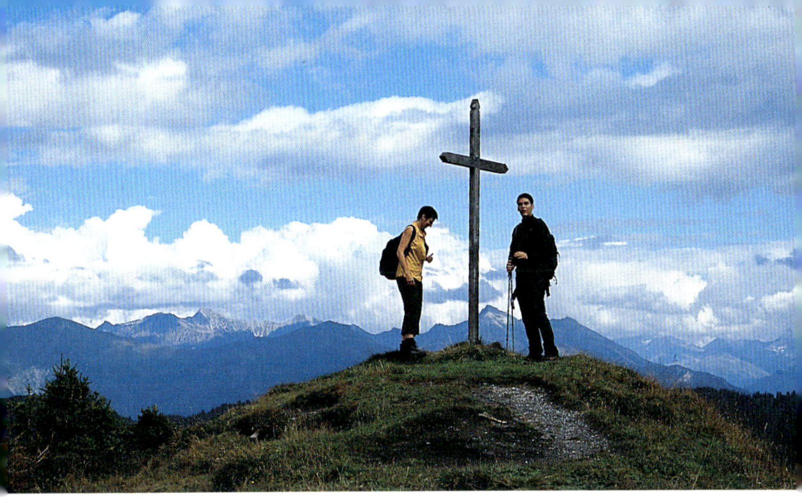

Am Tenner Chrüz.

lassen, der recht kräftig zu einem betonierten Fahrweg ansteigt, dem weiter aufwärts zu einer Alm gefolgt wird. Dort setzt sich links haltend der Pfad fort, der uns über **Tenner Alp (2)**, 1935 m, zum **Tenner Chrüz (3)**, 2020 m, hinaufbringt. Von dem schlichten Holzkreuz bietet sich ein fantastischer Ausblick auf das Vorderrheintal und das Flimser Bergsturzgebiet. Wer noch mehr von der Rheinschlucht sehen will, steigt auf dem deutlichen und mäßig steilen Gratweg weiter zu dem als exzellenten Panoramagipfel bekannten **Schlüechtli (4)**, 2283 m, auf. Die Aussicht reicht vom Oberalpstock über den Tödi, Hausstock, Vorab und Ringelspitz bis zum Calanda und die über dem Safiental aufragenden Gipfel Piz Beverin und Bruschghorn.

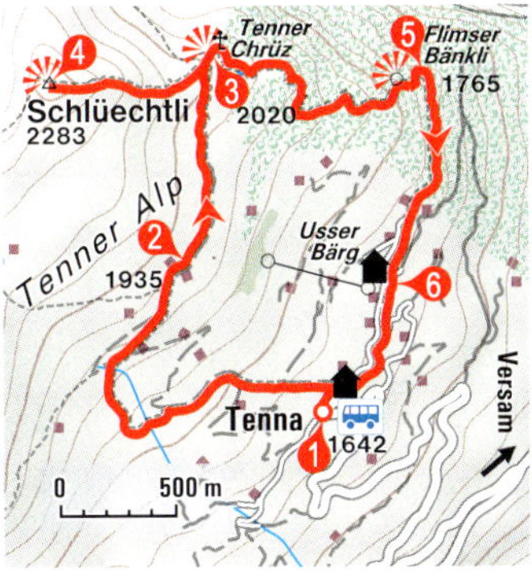

Zurück an der Standorttafel **Tenner Chrüz (3)** steigen wir nun ein paar Schritte unterhalb von dem Holzkreuz durch den Wald zum **Flimser Bänkli (5)**, 1660 m, ab. Die Bank auf einer Lichtung erlaubt nochmals einen Blick auf das Flimser Bergsturzgebiet. Von **Usser Bärg (6)**, 1640 m, mit seinen schönen Walserhäusern und dem Pistenbeizli neben dem 2011 eröffneten weltweit ersten Solarskilift bringt uns ein Teerweg wieder nach **Tenna (1)** zurück.

48 Über den Glaser Grat, 2124 m

5.30 Std.

Auf luftigem Kammweg zwischen Safiental und Domleschg

Bevor das Safiental mit einer Straße ans Vorderrheintal angebunden wurde, stellte für die auch heute noch ab vom Schuss gelegene Talschaft eine Handvoll Passübergänge die Verbindung zur Restwelt dar. Mit zweien davon, dem Bischolpass und dem Glaspass, macht unsere Route bekannt. Ganz nebenbei wird dabei noch ein aussichtsreicher Grat erwandert.

Ausgangspunkt: Rüti, 1277 m. Anfahrt mit dem Postauto von Safien Platz. Anfahrt mit dem Pkw wegen fehlender Parkmöglichkeiten nicht zu empfehlen.
Endpunkt: Safien Platz, 1315 m.
Höhenunterschied: 1030 m im Anstieg und 1000 m im Abstieg.

Anforderungen: Steiler Anstieg (Saumpfad), bequemer Abstieg (Teer, Pflaster).
Einkehr und Unterkunft: Berggasthaus Beverin in Usser Glas, Tel. +41 81 651 13 23, www.berggasthaus-beverin.com; Gasthaus Rathaus in Safien Platz, Tel. +41 81 6471106, www.gasthaus-rathaus.ch.

Von der Bushaltestelle am Abzweig Gün bei **Rüti (1)**, 1277 m, folgen wir der Straße nach Safien Platz für gut 100 m bis zur nächsten Kurve und steigen dann scharf links in Richtung »Bischolpass« auf einem Fahrweg zur **Rabiusa (2)**, 1196 m, ab. Der Fluss wird auf einer Brücke gequert. Der Fahrweg verengt sich zu einem im Wald ansteigenden, steilen Saumpfad. Nach einer guten halben Stunde treffen wir auf einen nicht ausgeschilderten Querweg, der nun nicht mehr ganz so steil aufwärtsführt. In **Mädelti**, 1591 m, vereint sich unser Weg mit dem aus Neukirch heraufkommenden Weg. Bald haben wir den Waldgürtel unter uns gelassen und halten weiter auf die sanft gerundeten Kuppen über uns zu. Der Wegverlauf ist hier nicht immer eindeutig, wir orientieren uns an den spärlich gesetzten Markierungen. An einem betonierten Wasserbecken kann man links einen Schlenker zur Alp Bischola (2004 m) machen oder geradeaus direkt zum **Bischolpass (3)**, 1999 m, aufsteigen.

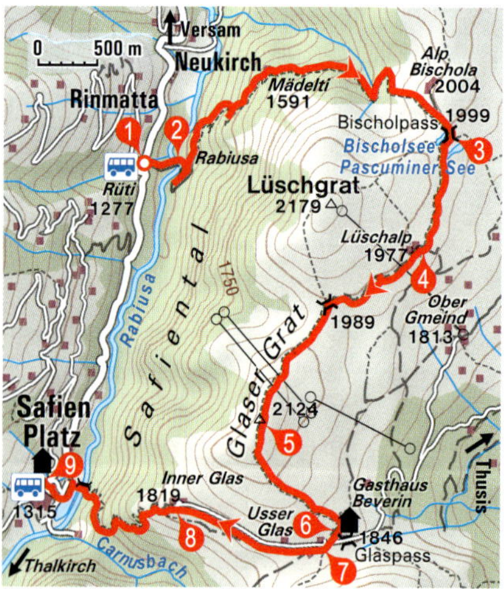

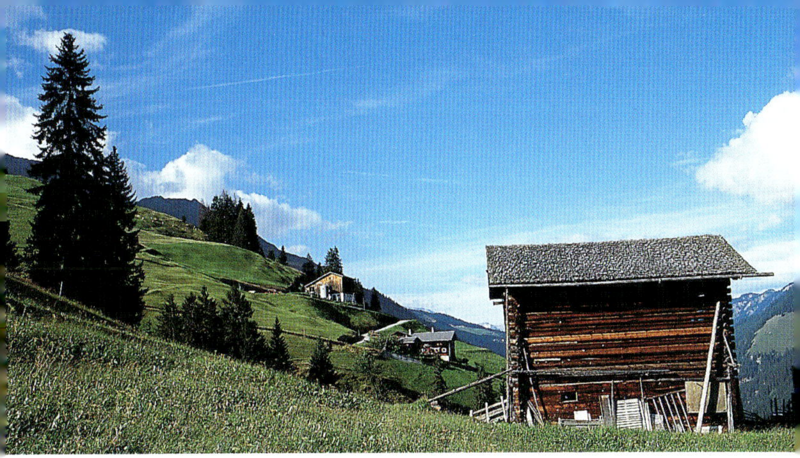

Verwitterte Heustadel setzen im Safiental Akzente.

Die Passhöhe erlaubt einen weiten Blick hinab ins Domleschg. Vorbei am kleinen Bischolsee wenden wir uns auf dem aussichtsreichen Höhenweg nach Süden auf den schroff aufragenden Gipfelaufbau des Piz Beverin zu. An der **Lüschalp (4)**, 1977 m, gehen wir rechts bis zum Ende des Almwegs. Ein Pfad zieht sodann durch Heidekraut den **Glaser Grat (5)**, 2124 m, bergauf, der gegen Westen steil abfällt. Der Weg senkt sich zum **Berggasthaus Beverin (6)**, 1870 m, ab. Von dort erreicht man links in 5 Minuten den Glaspass (1846 m), rechts gelangen wir hinab nach **Usser Glas (7)**, 1846 m. An der Wegspinne vor der Post zweigt links eine alpine Route zum Piz Beverin ab, der von bergerfahrenen Wanderern in 3.30 Std. bezwungen werden kann. Wir lassen jedoch den massigen Berg links liegen und wandern bequem auf einem Teersträßchen nach **Inner Glas (8)**, 1819 m, einem halben Dutzend zusammengedrängter Häuser mit von Schindeln verkleideten Fassaden.

Auf dem nun beginnenden Abstieg ist bald wieder der Waldgürtel erreicht. Der alte Pflasterweg am Rand des Carnusatobels ist stellenweise in die Felswand geschlagen und an ausgesetzten Stellen mit einem Geländer gesichert. Bald taucht das türkisgrüne Staubecken von **Safien Platz (9)**, 1315 m, unter uns auf. Im Talgrund angekommen halten wir uns nach dem Staubecken links und steigen am Gasthaus Rathaus zur Hauptstraße auf.

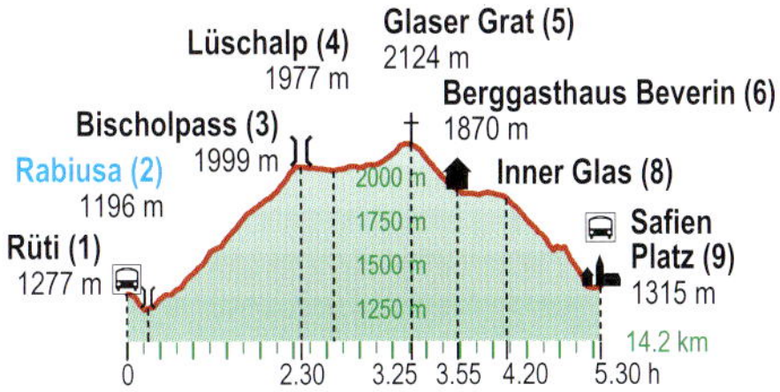

49 Von Thalkirch nach Safien Platz

3.45 Std.

Aussichtsreiche Streckenwanderung über Almwiesen

Die Camaner Hütta bilden auf 1850 Meter Höhe den Siedlungsrand an der Westflanke des Safientales. Wie auf eine Schnur aufgezogen stehen die von der Witterung dunkel gefärbten hölzernen Almhütten nebeneinander und schauen mit dem Giebel ins Tal hinab.

Ausgangspunkt: Thalkirch, 1688 m. Anfahrt mit Postauto von Safien Platz.
Endpunkt: Safien Platz, 1315 m.
Höhenunterschied: Gut 300 m im Anstieg und 700 m im Abstieg.
Anforderungen: Von kurzen steilen An- und Abstiegen abgesehen bequeme Höhenwanderung auf allerdings nicht immer eindeutig markierten Pfaden, die über weite Almflächen verlaufen; zwischen Camanerboda und Hof kaum befahrene Teerstraße.
Einkehr und Unterkunft: Hotel Camana, Tel. +41 81 6306051m www.hotelcamana.ch, geöffnet Anfang Juli bis Mitte August, mit schöner Beizli-Terrasse.

Die Kirche von Thalkirch duckt sich an den Osthang des Safientales.

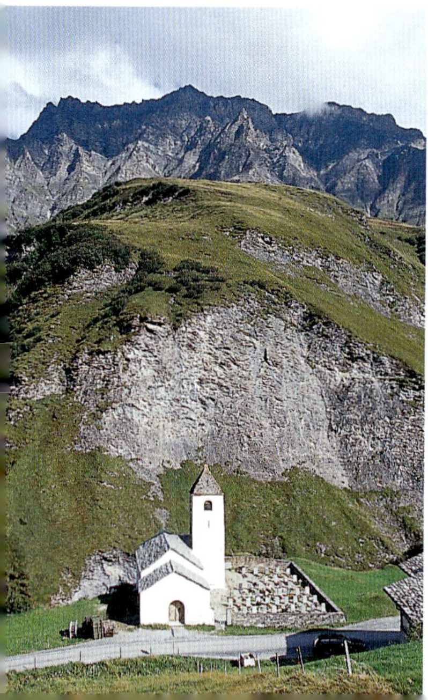

Von der alten Post in **Thalkirch (1)**, 1686 m, gehen wir in Richtung »Camaner Hütta« den Almweg hinauf, der sogleich zum Wiesenpfad wird und an der Thaler Lotsch in den urtümlichen Camaner Wald läuft. Wir treffen auf einen Forstweg, der uns auf eine Lichtung zur **Bächer Hütta (2)**, 1831 m, bringt. Hier queren wir den Bächertobel. Nach einem weiteren kurzen Waldstück zweigt ein Pfad nach Bäch ab, an der Gabelung 50 m danach wenden wir uns an einer Alm nach links und halten nach einem Markierungszeichen etwa 50 m oberhalb des Gebäudes Ausschau. Von dort steigen wir steil zum nächsten Heustadel auf und an einem Weidezaun weiter. Vor den ersten Holzhütten von Camaner Hütta mündet der Wiesenpfad an einem **Parkplatz (3)**, 1917 m, auf einen Almweg. Wir folgen diesem am oberen Rand der in Reih und Glied stehen-

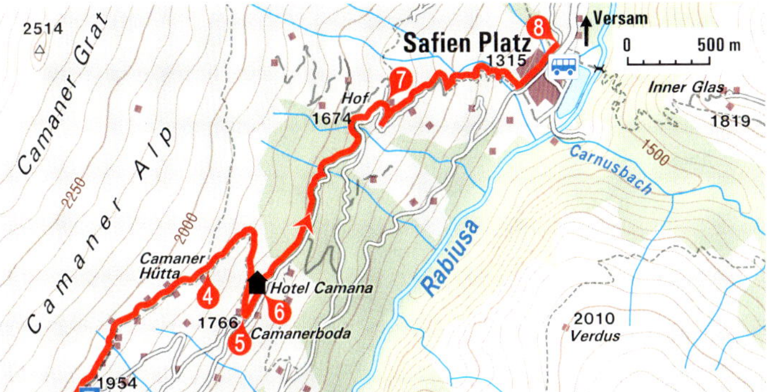

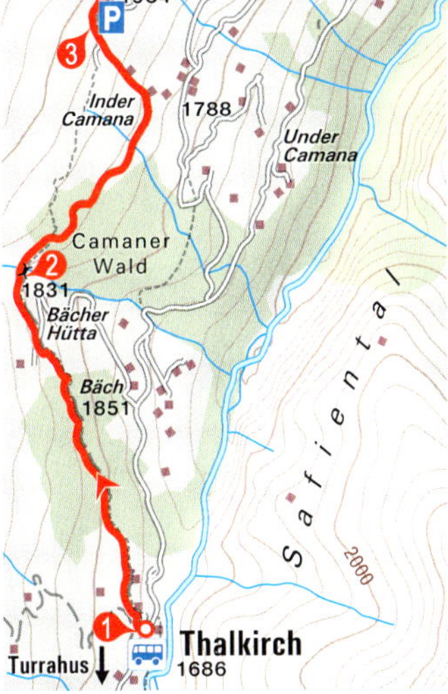

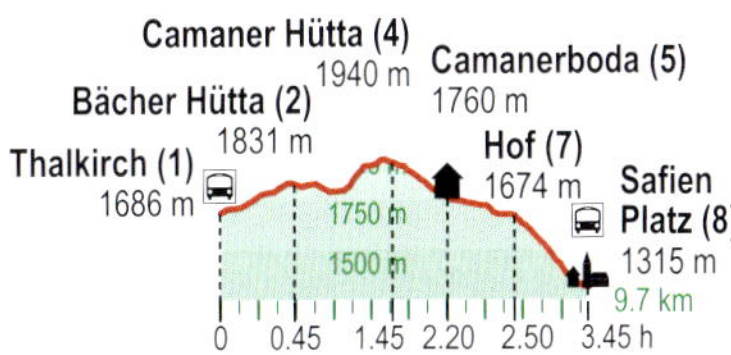

den Holzhäuser entlang, nach 5 Minuten wahlweise auf einem Pfad direkt an den Häusern vorbei oder leicht links haltend auf dem Hauptweg bleibend zur Standorttafel **Camaner Hütta (4)**, 1940 m, an der ein Weg zum Güner Lückli abzweigt.

Wir bleiben weiterhin auf dem Almweg, bis dieser gut 5 Minuten später an den letzten drei Hütten endet. Leicht rechts haltend nimmt uns ein mit Pfosten markierter Wiesenpfad auf, der uns nach einer scharfen Spitzkehre zu den hübschen Walserhäusern von **Camanerboda (5)**, 1760 m, hinabbringt. Von der Standorttafel folgen wir der Teerstraße nach links und kommen sogleich am Safier Heimatmuseum und dem **Hotel Camana (6)**, 1748 m, vorbei. 20 Minuten nach diesem gehen wir an einer Gabelung links nach **Hof (7)**, 1674 m. Kurz nach den Häusern des Weilers steigen wir auf einem anfangs noch geteerten Weg mit Blick auf das Staubecken im Tal nach **Safien Platz (8)**, 1315 m, ab, das letzte Stück auf einem Waldpfad.

50 Alperschällilücke, 2614 m

5.30 Std.

Anspruchsvoller Passweg zwischen Safiental und Rheinwald

Das Gebiet der Splügener Kalkalpen gehört zu den ursprünglichsten Bergregionen Graubündens. Von Turrahus im hintersten Winkel der Talschaft von Safien führt ein anspruchsvoller Steig zur Alperschällilücke hinauf. Von dem alten Passübergang nach Sufers ergibt sich eine tolle Aussicht auf die umliegenden Kalkgipfel. Mit etwas Glück können beim Anstieg Steinböcke ausgemacht werden.

Ausgangspunkt: Turrahus, 1694 m.
Höhenunterschied: Gut 900 m.
Anforderungen: Anspruchsvoller steiler Aufstieg über ausgedehnte Schutt- und Blockfelder, stellenweise weglos (verblasste Markierungen). Vorsicht bei Nässe!
Einkehr und Unterkunft: Berggasthaus Turrahus, Tel. +41 81 6471203, www.turrahus.ch; unterwegs keine Möglichkeit.

Die prächtige Kulisse der Grauhörner vor Augen folgen wir von der Bushaltestelle in **Turrahus (1)**, 1694 m, dem Almweg in Richtung »Alperschällilücke« und passieren nach einem Kilometer das Ausgleichsbecken **Wanna (2)**, 1722 m (Autofahrer können hier parken).

Die Grauhörner und das Alperschällihorn dominieren den Talschluss von Safiental.

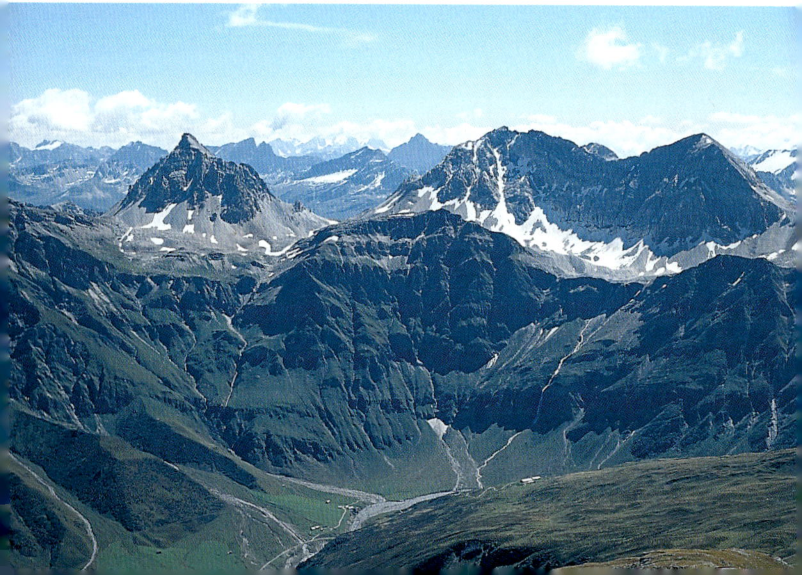

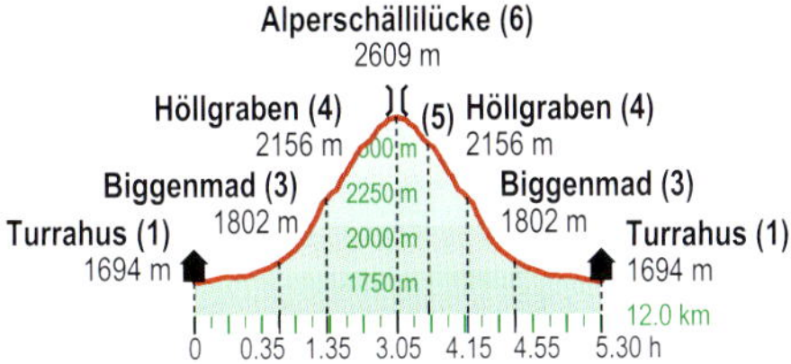

In **Biggenmad (3)**, 1802 m, verlassen wir den Weg links in einen Wiesenweg, der bald als Trittspur an einem Weidezaun zu einem Heustadel (2030 m) hinaufzieht. Unterhalb einer von Zinnen gekrönten Wand wird der **Höllgraben (4)**, 2156 m, gequert. Der Pfad zieht nach rechts hinüber, auf gut 2300 m Höhe umgehen wir auf leicht ausgesetztem Steig eine Felsrinne. Am Fuß der Grauhörner passieren wir den Abzweig nach Wergenstein und steigen an einer **Gumpe (5)**, 2457 m, vorbei zum flachen Schuttsattel der **Alperschällilücke (6)**, 2614 m, auf. Sofern nicht nach Sufers abgestiegen wird (was etwa 2.30 Std. in Anspruch nimmt; von dort gibt es einen Busanschluss nach Chur), gehen wir auf gleichem Weg wieder nach **Turrahus (1)** hinab.

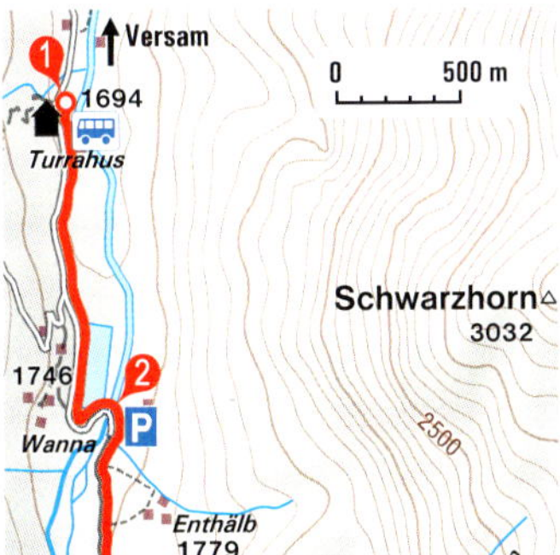
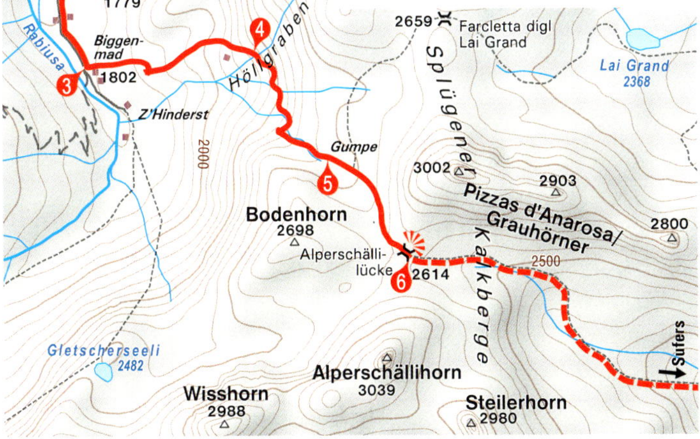

Stichwortverzeichnis

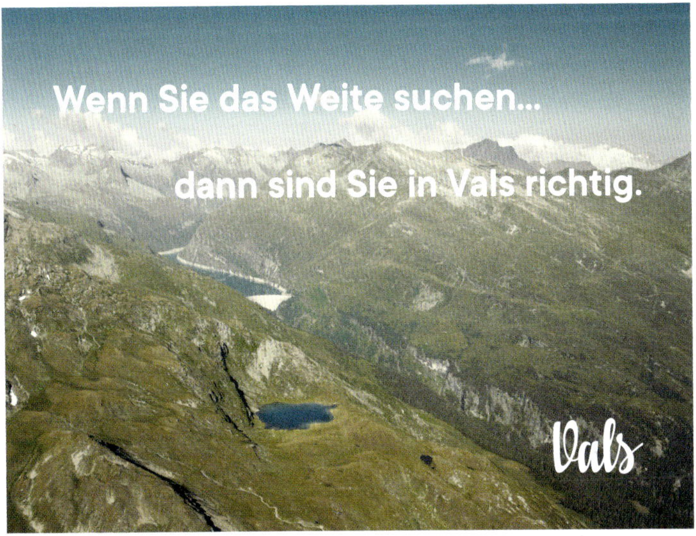
Wenn Sie das Weite suchen...
dann sind Sie in Vals richtig.
Vals

Umschlagbild:
Die Tschingelhörner über dem Unteren Segnasboden
im UNESCO-Weltnaturpark Tektonik-Arena.

Bild im Innentitel:
Der Passweg zum Panixer läuft am Fuß des Hausstocks vorbei.

Alle 117 Fotos von Rolf Goetz, ausgenommen die Abbildungen
auf Seite 10 (z. T. Jürg Schrammel), 14 (Matterhorn Gotthard Bahn),
27 (Toni Fullin), 49 und 52 (Jürg Schrammel)
sowie 126 (Thomas Meier).

Kartografie:
50 Wanderkärtchen im Maßstab 1:50.000 und 1:75.000
Geodaten © OpenStreetMap und Mitwirkende,
Kartografisches Design: Freytag & Berndt, www.freytagberndt.cz;
Übersichtskarte im Maßstab 1:600.000
© Freytag & Berndt, Wien.

Die Ausarbeitung aller in diesem Führer beschriebenen Wanderungen
erfolgte nach bestem Wissen und Gewissen der Autoren.
Die Benützung dieses Führers geschieht auf eigenes Risiko.
Soweit gesetzlich zulässig, wird eine Haftung für etwaige Unfälle
und Schäden jeder Art aus keinem Rechtsgrund übernommen.

6., aktualisierte Auflage 2022

ISBN 978-3-7633-4111-5

FSC www.fsc.org
MIX
Papier aus verantwortungsvollen Quellen
FSC® C021956

Wir freuen uns über jeden Korrekturhinweis zu diesem Wanderführer!
Bitte per E-Mail an: leserzuschrift@rother.de

ROTHER BERGVERLAG · München
D-82041 Oberhaching · Keltenring 17 · Tel. +49 89 608669-0 · www.rother.de